谢为人 著

李汉魂

LI HANHUN
TUZHUAN

图传

团结出版社
UNITY PRESS

© 团结出版社，2024 年

图书在版编目（CIP）数据

李汉魂图传 / 谢为人著 . — 北京 ： 团结出版社，
2024. 10. — ISBN 978-7-5234-1036-3

Ⅰ . K825.2

中国国家版本馆 CIP 数据核字第 202444U13G 号

责任编辑：张　阳
封面设计：阳洪燕

出　　版：团结出版社
　　　　　（北京市东城区东皇城根南街 84 号　邮编：100006）
电　　话：（010）65228880　65244790（出版社）
　　　　　（010）65238766　85113874　65133603（发行部）
　　　　　（010）65133603（邮购）
网　　址：http://www.tjpress.com
电子邮箱：zb65244790@vip.163.com
经　　销：全国新华书店
印　　装：北京启航东方印刷有限公司

开　　本：180mm×260mm　16 开
印　　张：27.25　　　　　　　　字　数：429 千字
版　　次：2024 年 10 月 第 1 版　　印　次：2024 年 10 月 第 1 次印刷

书　　号：978-7-5234-1036-3
定　　价：128.00 元
　　　　　（版权所属，盗版必究）

前 言

谢为人

本书主要参照李汉魂将军留存下来的历史照片、日记和著述，并参考其他有关文献资料，将其从军校毕业到被迫出走美国期间所经历的重大事件细节，以及一些鲜为人知的历史真相，用传记形式写成。

李汉魂是广东吴川人，从小爱读书，崇尚岳飞的精忠报国精神，追求的是三民主义的理想。保定军校第六期毕业，与叶挺、邓演达、张发奎、黄琪翔等人同学。

北伐开始前，李汉魂就加入了第四军，负责训练各级军官。北伐开始时，他在第十二师第三十六团任参谋长，参与指挥平江、汀泗桥、贺胜桥及武昌等战役，与叶挺独立团等一起获得"铁军"称号，以军功晋升为第二十五师师长。

国共第一次合作，第四军成了共产党员最集中的部队，郭沫若、叶剑英皆在其中身居要职。李汉魂任师长的第二十五师，参谋长是张云逸，第七十三团的团长是周士第，参谋长是李硕勋，王尔琢时任连长，林彪时任见习排长。

我们可以从第四军这段历史中，溯源中国人民解放军的前身。

1927 年 8 月 1 日，中国共产党在江西南昌领导武装起义，第二十五师三个团中，有两个团的官兵参与。

起义后由朱德辗转带领保存下来的部队上井冈山，成为中国工农红军的中坚力量。可见这支部队军事素质之与众不同。

李汉魂与叶挺是好朋友，在他留下来的照片集中，与叶挺的合照有好几张，且保存完好。

李汉魂随部回到广东后，驻守惠州，开始插手地方事务，积累了一些行政经验。不久后接连发生的"张黄事变"和广州暴动，李汉魂虽不在场，但作为善后部队，也有一定程度的介入。

北伐结束，第四军被缩编为第四师，李汉魂相继任参谋长、副师长、师长，第四师差点被多疑的蒋介石缴械。第四师因此自行恢复第四军番号，以护党名义，联桂反蒋，参与了蒋桂战争。

1930年5月，李汉魂又率部北上参与中原大战，因孤军深入遭遇夹击，几乎全军覆没。李汉魂深感战争的目的已经偏离了孙中山的理想，他痛惜子弟兵的无辜牺牲，厌倦了频繁的内战，毅然辞职离开了第四军。

后来，主政广东的陈济棠知道李汉魂在香港闲居，力请他回广东任职，先后让他担负绥靖西北区和东区重责。李汉魂履职后，即以为民做好事的目的，倾力于基础建设，改善粤北交通，筹建曲江大桥，又为解决军粮和民粮，创建移垦局，让部队一边练兵，一边种田。另外，还大力促成南华寺的重建。

李汉魂被调往东区潮汕主政期间，日军正为侵华制造借口，在汕头生事挑衅，李汉魂坚持原则毫不退让，让日军无计可施。但其上级陈济棠此时却在暗地里密谋两广独立，对日军的挑衅视若无睹。李汉魂为了维护国家统一，不惜"背叛"上级，毅然封金挂印，通电呼吁团结抗战，最后促成了广东与中央的统一。

复职后，李汉魂即大力整顿吏治，严惩贪腐，端正军纪民风，并带领民众修建潮郡北堤以绝水患。此时日本军舰压境，刻意制造事端，李汉魂毫不退缩，沉着应对，严阵以待。

抗战爆发后，李汉魂被委任为第六十四军军长，本来已经厌战的他再作冯妇，主动请缨北上抗日。

1938年5月，李汉魂奉命率军北上，阵前受命担任第一兵团第一路总指挥，统率本部及第七十四军，克服内黄，反攻兰封，与日军争夺陇海铁路，仅罗王砦一战，激战三天三夜，打通陇海铁路线，保证了徐州会战的中国部队安全南撤。

1938年6月，李汉魂被任命为第二十九军团长，参加武汉保卫战，负责指挥南浔战事将近四个月，先后指挥的兵力达三十多个师，最后致日军一〇一、一〇六两个师团几乎被全歼，赢得了自平型关、台儿庄大捷以后又一重创日军的万家岭大捷，获授"钢军"称号，李汉魂也晋升为第八集团军副总司令。

1939年，李汉魂从战场上被调回广东任省政府主席。在任上，李汉魂除了处理省政事务，领军抗击犯境的日军，还创办战时儿童教养院、农垦局，为拯救难童难侨，解决粮荒，可说竭尽全部心力。从他当时极度消瘦的照片来看，便可想象到他在任上有多辛劳。

抗战胜利后，李汉魂不愿意参加内战，请假出国考察，用两年的时间在农业、制度、经济各方面认真调查研究，只为将来能把欧美的先进技术和先进制度借鉴给中国人民。

李汉魂相信三民主义，也不排斥共产主义，他认为三民主义和共产主义的目标是一致的，但他反对暴力革命，他主张用和平手段达到共产主义。李汉魂提出这种主张，被国民党一些人认为是异端。

回国后，为争取和平解决国内矛盾，李汉魂先后出任总统府参军长和内政部长，为代总统李宗仁出谋划策，却因此引起蒋介石的误解，险遭暗杀，幸得民国元老居正报信，方才避过一劫，不得已之下出走美国定居。

在美国，李汉魂放下身段，以开餐馆维生，在美生活三十多年，犹坚持不入美国籍。

在中国大陆改革开放后的1982年，李汉魂应邀回国，与邓小平、叶剑英、廖承志等会面，一笑泯恩仇。

1987年，李汉魂将军在美国纽约去世，享年92岁。

李汉魂将军一生的经历充满了传奇，而他所留下来的照片，几乎能囊括他所经历的各个重要时期，因此本书以不少的篇幅来登载李将军留存的照片，希望能让读者借书中的照片所呈现出来的细节，看到已然模糊的历史原貌。

目录

李汉魂家的四代祖先图

敬睦勤恤庞氏太夫人（左）

十八世祖孝友惠达巽圃公遗像（右）

敬俭陈氏夫人（左）

二十世祖仁惠香雨公遗像（右）

端顺林氏太夫人（左）

十九世祖友义奇轩公遗像（右）

慈惠庞氏太夫人

二十一世祖朴毅次颜公遗像

第一篇　问英雄出处
入军旅殊途
（1895 年至 1919 年）

李汉魂，1895 年出生于广东吴川岭头村布衣巷，在家中是长子，幼时家境小康。

李汉魂的祖辈都非常重视读书，其父是晚清秀才，在家乡除经营盐业之外，更开办学校，自任校长。在父亲的督导下，李汉魂从小即蒙受诗书之熏陶。

不过，李汉魂从小体质孱弱，身材瘦削，唯读书聪颖过人。在族人的眼中，李汉魂长大后的出路，不外就是发扬光大家庭祖业，务农经商；又抑或是在他父亲开办的育英小学中，当一位称职的教师，著书讲学，成为乡绅文人。

带领李汉魂星夜逃离家乡的
庞冠南老先生

大约在 14 岁，李汉魂就在父母之命、媒妁之言的礼教之下，娶了一位叫陈金的妻子。

吴川地处中国偏远南端，远离中原。令人难以想象的是，区区一介弱质书生的李汉魂，后来何以会在弱冠之年远走他乡，最后成为一代名将呢？

正是乱世出豪杰，英雄是为时势所造也。

李汉魂虽然在乡中埋头读书，但并非两耳不闻窗外事。他出生时的中国，"百日维新"刚刚失败，一场大变革正在酝酿中。清廷腐败无能，令他的家乡成了法国租借地。他的家族中，出了两位追随孙中山的表亲，他们的思想和活动，对李汉魂的成长影响很大，革命思想很早就在他心中萌芽。这两位表亲中，其一名庞玉辉，是李汉魂的表兄，曾任粤军辎重营营长，后在讨逆战斗中阵亡。第二位叫庞雄，后来参加广州起义失败被俘，英勇就义，是黄花岗七十二烈士之一。

李汉魂 16 岁时，正好是辛亥革命爆发的 1911 年。这一年非但国家政体发生了巨变，李汉魂的家庭也发生了巨变。

这一年，李汉魂的父亲突然病逝了！

在那个社会动荡、法制无存、天下大乱之时，各地豪强也纷纷冒起，胡作非为。

李汉魂乡中有位同族叔辈，仗势横行乡里，看到李汉魂家一门寡弱，非但不予同情，还趁机要谋夺李汉魂家田产。

李汉魂此时虽然只有 16 岁，却不畏强势，挺身而出据理力争，严词谴责这位盛气凌人的长辈。这位族叔恼羞成怒，遂起杀机，密谋加害尚未成年的李汉魂。

李汉魂的母亲闻讯，为免不测，拿出家中仅剩的 60 块银圆交予李汉魂，令其即刻跟随舅父庞冠南星夜逃亡广州避难，投靠时为陆军辎重营营长的表哥庞玉辉。

因为亲历了乡间无法无天的乱象，李汉魂到广州不久，即报名考取了广东公立法政大学法科，立志学习法律，希望将来能以法律来伸张人间正义。

但是，现实却没有如李汉魂所愿，因为法政大学的学费不菲。李汉魂发觉，以他当前的经济能力，学业根本难以为继。一个月后，李汉魂听从表兄庞玉辉的劝告，很无奈地转学到学费低廉的广东陆军小学就读。时为 1912 年的 3 月。

弃文习武　转学军校

体力欠佳的李汉魂初到军校，一开始就觉得难以承受极其艰苦的军事训练，才学了两三天就累得支持不住，遂萌生了退学念头，最后还是在表兄的激励下，才咬紧牙关坚持了下来。

当年的军校共分三个级别，相当于今天所谓的初级、中级和高级。初级的陆军小学，在全国各省都设有一所，每年在每县各招收一人入读。中级的全国有两所，吸收各省最优秀的毕业生继续培训。高等的就只有位于河北保定的一所，此校集中了全国各军校的精英学生。

不过，李汉魂入读的陆军小学第六期，却是全国仅有的一期。因为改朝换代的原因，其他各省的军校都停办了，唯独广东为了培养属于革命党的军事人才，在胡汉民的坚持下，在广州黄埔开办了第六期。

正因为开办了这一期军校，之后中国的现代军事人才才有了张发奎、薛岳、黄琪翔、李汉魂、邓龙光、缪培南、韩汉英、吴奇伟、陈芝馨、余汉谋、黄镇球、叶肇和徐景唐等广东著名将领的崛起。

李汉魂进入军校，从广州黄埔的陆军小学，到武昌南湖的陆军中学，再到河北保定的陆军大学，一读就是8年。这期间，他的妻子陈金，于1914年4月在乡下为李汉魂诞下了长子李斌。

年方十九岁的李汉魂初为人父了，不过，在母亲的督促下，李汉魂仍集中精力于学业，很少回家，家中所有事务都由母亲操持。

李汉魂学习非常用功，加上有两位特别优秀的老师指导，到1914年11月毕业时，李汉魂取得了陆军小学全校第二名的好成绩。

李汉魂一直念念不忘，自己的文科及史学水平能在日后得以发挥，皆得益于陆军小学杨果庵和陈伯任两位老师在学术上对他的巨大影响。

完成陆军小学的学业后，1914年冬，李汉魂与该校之前毕业的第三、四、五期共三届的学友共200人，同时进入了武昌陆军预备学校继续深造。该学校位于武昌郊外的南湖。在这里，他与陆军小学第四期毕业的邓演达成了同班同学。

文武兼修　学有所成

在武昌学习的三年，是李汉魂声名鹊起的三年。因为在第一学期的国文考试中，李汉魂的一篇作文获得了素负"国学大师"盛名的教师李蓉航的特别赞赏，破例打了120分。李蓉航还提请校务会通过，让全校师生一起观摩学习该作文。李汉魂的文名自此大盛。

李汉魂本来就爱好文学，乘着这次的激励，在一群同窗好友的怂恿下，他在这所以武学为主的军校，做起了文学创作梦。那段时日，他利用课余时间，写了不少

李汉魂凭记忆抄录的《东瀛放歌》手迹

短篇小说。稿件投寄当地各报馆，居然得以连载面世，李汉魂也因此获得了帮补学习和生活费用的稿酬，可谓名利双收。

之后，李汉魂再接再厉，用了一年的课余时间，写成了一部十万多字的长篇小说《雪梅影》。小说描写主人公雪仇踏足日本，洗雪了甲午战争割地赔款之国耻，尽抒爱国情怀。他的同学如施净瓯、黎民柱、邓龙光、韩汉英和林廷华等，当时都是他的铁杆拥趸，课余时间就聚在一起，为故事情节的创作出谋划策，并为他的文稿誊抄记录。小说手稿抄本在学校中被争相传阅，风靡一时。

李汉魂的小说手稿，之后因为印刷费太贵，并没有付梓成书。他后来把书稿存放于广州东山的家宅中。广州沦陷时，家里遭到日军搜掠，不仅家中财物被洗劫一空，手稿也尽被抄走，从此不知下落。

多年后，李汉魂凭借记忆，在他的《南华影集》中抄录了写在该小说开头的一首诗《东瀛放歌》：

天外三山远放眸，凄风苦雨黯神州。

炎黄华胄供刀俎，七尺奴躯肯便休？

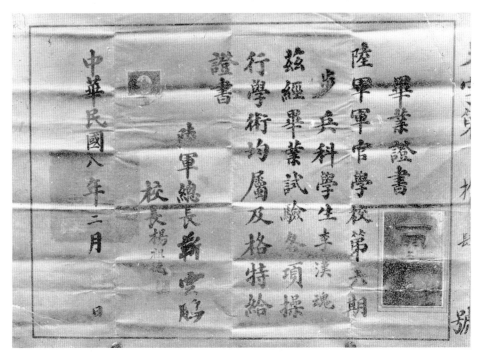

李汉魂在保定军校的毕业证书

枕戈思越石，对影弄吴钩。

誓倾四海水，一洗多年老大羞。

饮马琵琶湖畔，勒石富士山头。

此度来游，万方多难且勾留。

我亦何求？扫穴犁庭志待酬！

问苍天，识我否？记取阿侬号雪仇。

在这首诗中，可以欣赏到青年李汉魂的满腹才华，还可以感受到他的满腔报国情怀。

1915年12月，袁世凯称帝，派孙武将军来军校监督学生宣誓效忠，激起了军校学生的愤慨，反袁运动于是在校内掀起。李汉魂此时也放下了写作，像大多数同学一样积极参与活动，并宣誓加入了中华革命党。

当局下令学校禁止校内学生外出，并对反袁的学生展开围捕拘留。李汉魂机警，乘夜装病外出求医，在一位美国牧师的掩护下逃往了上海。

军校完全被袁派操控后，明令开除了所有反袁的学生，张发奎和李汉魂都名列其中。

此次开除事件，后来有野史演绎说，李汉魂在保定军校内与同学打群架被开除了，没能读到毕业。这不过是移花接木和凭空捏造，短暂的开除事件发生在武昌，不是保定，起因是反袁，而不是打架。

在李汉魂的影集中，有他的保定军校毕业证书可以作证。

袁氏称帝的闹剧很快落幕，形势逆转，武昌陆军预备学校随即复课，李汉魂等被开除的学生被召回校继续学业，只有张发奎等少数人没有返回学校。

就在这段动荡日子里，李汉魂的妻子陈金因病去世，令李汉魂情绪非常低落。

1917 年，李汉魂在武昌陆军预备学校毕业后，进入河北保定特设的军官候补生队受训半年，最后踏进了保定军官学校深造。

保定军官学校在当时是中国最高等的军事学府，相当于美国的西点军校。

这一期的保定军官学校可说是精英云集。邓演达、顾祝同、叶挺、朱晖日、黄琪翔、余汉谋、缪培南、吴奇伟、邓龙光、李扬敬、叶肇、黄镇球、陈克华、陈公侠、上官云相等，都是李汉魂的同期同学。这批军事专才，在此后的北伐和抗日战场上可谓叱咤风云，名震华夏。

1919 年 2 月，已经 24 岁的李汉魂结束了他的军校生涯，在保定军校毕业。

第二篇　多情伤战乱
六载惜蹉跎
（1919 年至 1924 年）

李汉魂等一大批年轻人，经过长达 8 年的军校学习生涯，毕业之后，究竟何去何从呢？

1919 年，已是中华民国成立的第八个年头，然而国家并没有完成和平统一。

自从孙中山让位袁世凯之后，北洋政府又几经易主，中国陷入了军阀割据的局面。北方直皖奉系既互不相让，南方滇桂粤系更大打出手，孙中山的护法军政府也是一筹莫展。

1919 年年底
李汉魂从北京回到广州时的照片

山西见习　北京遇友

当时各省军阀集团都在尽力巩固和扩充地盘，军队是为实力的资本，为免被吞并，这批保定军校毕业的军事人才，成了各路地方诸侯争夺的对象，无论他们去北方，还是去南方，皆大受欢迎。

品学兼优的李汉魂，受到了山西军阀阎锡山的青睐，被电调到了太原。阎锡山对李汉魂的才干很是欣赏，接见后，除派他到商震将军麾下见习之外，还让他协助部队编辑《军事杂志》。

虽然受到了器重，但李汉魂的耳朵没有为自己争气。李汉魂患有耳疾，到山西后水土不服，最后到了难以安心于实习的程度。实习两个月后，李汉魂不得已请了病假，前往北京就医。

李汉魂的耳聋，在国民党高级将领中是出了名的。有传闻说后来蒋介石每次召开军事会议，总是特别关照李汉魂坐近他的身边。这不是因为器重他，而是怕他听不清楚。

李汉魂的耳聋，也曾成为个别历史研究者热衷的话题。有人说李汉魂的耳朵是在北伐战争时被炮声震聋的。也有人说，他是在保定军校与北方同学打架，被人家一记耳光打聋的。

这种传说也是闲人杜撰的。李汉魂曾对家人说过，其实那是他小时候自己不小心，把耳膜掏穿了。

李汉魂刚到北京没几天，竟然在医院碰见了他儿时最好的同学林立群。原来林立群这时在北京大学就读，不幸患病住院了。两人他乡遇故知，多年不见，自是喜出望外。

回乡教书　再娶贤妻

在北京求医一个多月后，李汉魂的耳疾并未得到有效的治疗。到了年底，也就是1920年的年头，李汉魂决定回乡与家人团聚度岁，于是跟林立群告辞，回到吴川。

兴冲冲踏进家门，揭开锅盖，李汉魂看到的不是过年的佳肴，而是番薯稀粥，原来家里已穷得连饭都吃不起了！

李汉魂的妻子陈金已经去世三年，儿子李斌才五岁，全靠母亲抚养。眼看弟妹们都未成年，所有困难都要靠母亲一身承担，家境如此不堪，李汉魂感到非常难过，不禁起了惭愧之心。

李汉魂在军校8年，积蓄有限，还经常要母亲从家中寄钱济助。想到这个家本来应该是由他来挑大梁的，但是他长年在外，没有尽到长子的责任，还成了家庭的累赘负担，李汉魂不由得良心大受责备。

刚刚度过了一个并不开心的春节，李汉魂正打算返回山西，却获悉尚在北京中央医院留医的好友林立群病情危重，极重友情的他匆匆赶往北京看望。

林立群的病情非常严重，李汉魂在中央医院守护了一个月，最终林立群病重不治，离他而去了。

面对一连串打击，李汉魂心灰意冷，遂放弃了回山西的计划，亲自护送好友的灵柩回乡安葬。

回山西的归期已经耽搁，李汉魂干脆

李汉魂的母亲庞氏夫人

留下来了。身为家中长子，他觉得必须要负起养家的责任，于是到吴川县立中学找到一个教授地理和体操的教职，赚取一点薪酬帮补家用并就近照顾家人。

李汉魂的母亲，却是一位高瞻远瞩的女性。她认为李汉魂既受国家栽培多年，就应该执干戈以卫社稷，不同意李汉魂留在家乡荒废光阴，并一再以岳飞的事迹，激励他要胸怀大志，值此国家多难的时候，要以多年所学报效国家。

结果，李汉魂在吴川中学只当了一个学期的教师，便辞了职。

这年的暑假，李汉魂在母亲的撮合下，再娶了一位妻子庞芷馨。

这位庞芷馨夫人，自此成为李汉魂的正室妻子。

庞芷馨是一位典型的贤妻良母，自嫁入李家，即悉心孝敬婆婆，对陈金所生的儿子李斌视同己出，悉心培养，让李汉魂的后顾之忧大大减少。

重出江湖　怀才不遇

婚后没几天，李汉魂就背起行囊，硬着心肠再度迈出了家门。

时逢乱世，前路茫茫，李汉魂虽然满怀壮志，但此时孙中山护法失败，避难上海，各路军阀纷争不断，李汉魂一时竟找不到栖身立命之处，只好辗转于广州、汕头等地。在一些军伍单位中，他担任过连长、参谋、兵站分站长等差事，还当过铁路巡警，但始终都因为用非所长而郁郁不得志。

李汉魂调任粤军第三师第六旅少校副官，重遇了他的保定军校同学韩汉英

1921 年 5 月，孙中山在广州军政府就任"非常大总统"，开始了第二次护法运动。孙中山所倚赖的军事力量，以粤军为主。一些保定军校毕业后回到南方的广东籍同学，都云集到了孙中山的麾下。张发奎、叶挺和薛岳这三位昔日的军校同窗好友，这时都已经当上了孙中山警卫团的营长，贴身保护孙中山。

由于这几年的一再蹉跎，在仕途上，李汉魂跟这些同学已拉开了很大的距离。

1922 年春天，李汉魂投奔广西桂林，在孙中山设立的北伐军大本营，担任了守备营的副营长。

1923 年，陈炯明败退东江时，李汉魂转到江门任大本营少校秘书，随后调任粤军第三师第六旅少校副官，在这里，他重遇了他的保定军校同学韩汉英。

李汉魂的《南华影集》中，有一张排得较前的照片，正是一身戎装的韩汉英。韩汉英此时任第三师的第九团中校团副，比李汉魂高了一个军阶。

韩汉英是广东海南文昌人，毕业时曾与李汉魂一样，到山西投入阎锡山的部队。李汉魂离开后，韩汉英仍留在山西，第二年就升任连长了。韩汉英是 1921 年才回到广东加入粤军的。

从 1922 年到 1925 年，因为时局的不断变化，李汉魂既身在江湖，就免不了要经历很多惊涛骇浪。

1923 年 4 月的一天，李汉魂随部队攻击沈鸿英叛军，占领四会并一度进到清远城，可惜此仗因为友军抵敌不住而最后不得不后撤。

广东罗定县同善事务所成立摄影甲子夏历四月

这张集体照，是同善会成立数月后的一次合照。座中有何彤（第二排左五）、李汉魂（前排左七）、韩汉英（前排左八）、邓龙光（前排左一）、陈芝馨（前排左六）等人

在清远附近渡河撤退时，李汉魂因力气不济遇溺，几乎丧命，幸有懂水性的卫士奋身相救，才得以大难不死。

5月，李汉魂被任命为中校参谋，跟随团长何彤进攻与广西接壤的都城。

此时，又有多位保定军校同学投奔到他所属的部队来，其中有他最好的朋友邓龙光。

与李汉魂从小一起长大的莫逆之交邓龙光，获委任为中校团副，陈公侠和陈芝馨则分别当了少校副官。

身边多了一班广东籍老同学，能经常聚在一起，李汉魂觉得心情愉快了很多。

初次用兵　心生隐恻

也是在此时，李汉魂奉命率领他的一个营，与沈鸿英属下陈天泰所部激战于都城。

这是李汉魂的首次独立用兵，心情紧张而兴奋。开战之后，因为寡不敌众，一度败退，一直等到援军来到，才大举反攻，一鼓作气把沈军残部驱逐出广东，并攻占了梧州。

经历过初战的洗礼，李汉魂虽实践了八年所学的军事知识，但内心深处，却对战争的残忍、士兵的牺牲产生了一丝恻隐之心。

当时，一个合儒、释、道三教于一体的"同善社"在中国相当风行，李汉魂与他的上司何彤、同学陈芝馨等人，对此信仰十分推崇，于是就一起组织了一个"同善社"分社，军务之余，早晚打坐修炼静功，还从湖南请来了一位教师作为指导。

这张集体照，是同善会成立数月后的一次合照。座中有何彤、李汉魂、韩汉英、邓龙光、陈芝馨等人。

战事结束后，李汉魂奉调率军回到广东四会，担任了第十一团第二营营长。12月，李汉魂又奉命领兵夺取与广西交界的、仍在沈鸿英控制下的罗定县。

沈鸿英当时刚刚接受北洋政府吴佩孚委任的广东军务督理一职不久，其下属吕春荣率一个师驻在罗定。

经过一场激烈战斗，罗定城被攻下，吕春荣率残部逃走了。

这张集体照，是部队驻守罗定时，在罗定菁莪书院门前所摄，书院在1923年12月被粤军第三师第六旅第十一团占作团部。照片中有团长何彤（前排居中者）、团副邓龙光（前排右五）、陈公侠（前排右二）、陈芝馨（前排右四）、李汉魂（前排右三）

1924年7月14日罗定激战后，李汉魂（中）与上尉副官邓方中（左）、黄世途（右），祭悼阵亡将士

李汉魂在粤军第三师第六旅第十一团第二营的同袍陈敬缉

李汉魂的同袍邓方中（左）和黄世途（右）

李汉魂驻军潮安期间，游览当地名胜，在清光绪丁亥年长沙人郑万林书刻的"游目骋怀"巨石前留影

1925 年 8 月 15 日，李汉魂与他的部属军官在广州东校场合照。前排左起第四人为李汉魂，左起第三人为陈公侠

这张集体照，是部队驻守罗定时，在罗定菁莪书院门前所摄，书院在 1923 年 12 月被粤军第三师第六旅第十一团占作团部。照片中有团长何彤、团副邓龙光、陈公侠、陈芝馨和李汉魂。

进驻罗定后，李汉魂即请假回乡与家人团聚度岁。

1924 年 7 月，兵败的吕春荣联合了龙春煊的部队千余人，前来偷袭罗定。

这次的战斗令李汉魂精神上受到更大的冲击。他率领的一个营只有三百余人，要与数倍于己的敌军作战，形势非常险峻。李汉魂率领三个连士兵，死守罗定县城东门岗，激战数天，才把来犯敌军击退，勉强取得惨胜，守住了罗定城，可是士兵伤亡已过半，两位连长阵亡，一位连长重伤。李汉魂侥幸没有受伤，但军服上的标志红领带被打出了两个弹孔。

此战之后不久，李汉魂又奉命率领部队移防四会，不久再往广宁，接着又攻占了怀集。

参与了这一系列的军阀混战，李汉魂显然并未看到他所向往的革命前途，反而对战争的结果感到迷茫。

就在这段混沌迷茫的日子里，李汉魂接获了一个喜讯。1924 年的农历十月初四，他又一次做了父亲。他的庞氏夫人，在广州为他诞下了次子李焕。

当时，李汉魂的家乡吴川遭逢变乱，盗匪横行，李汉魂的家人为了避乱，已经迁来广州东山避难。

1925 年，孙中山不幸在北京去世。不久，廖仲恺又遇刺。国民党内部一时各派系互相倾轧，争夺领导权的斗争愈演愈烈。当时舆论之中，粤军部分首领被疑涉刺杀案，于是被授予调查事件权柄的蒋介石，乘机率领他的黄埔学生军，一举把粤军第一师和第三师都缴械遣散了。

就在部队被缴械前不久，李汉魂与他的第三师步兵第六旅第十一团第二营的干部，刚刚在广州东校场拍了一张大合照。这张大合照就成了他在粤军时代的最后一张照片。

西樵避世　岁晚还家

当第三师官兵被缴械时，李汉魂刚好请假回到广州东山居所探亲，避过了被缴械的尴尬。得到消息后，李汉魂精神大受打击，对革命前途再度大失所望。

时值初冬 11 月，极度颓丧的李汉魂携带一大堆孙中山的著述，以及曾国藩的日记家书等，独自离家出走，前往数十里外的西樵山进行静养自修。

每天，李汉魂都要爬上白云寺后"飞流千尺"瀑布顶的巨石上打坐、读书、思考，历时达一个多月。

李汉魂的一班军校好友黄世途、邓龙光、陈公侠、陈芝馨等闻讯，相继赶到西樵山作陪，劝他早日回家。

　　时近年底，天气渐凉，李汉魂才下山回到广州，与家人共度 1926 年的新年。

　　这次西樵之行，也留下了一张照片。

　　李汉魂给这张照片题名为"红尘照不到的地方"，在此照片说明中，他提到祉晋、蓁燃两兄也相袂来游。

　　此邓祉晋乃邓龙光的兄长。

　　另一位蓁燃则未经查实为何人，估计也是来自吴川的李汉魂故交，很有可能就是赖翰伯。赖翰伯是茂名人，比李汉魂大三岁，后来曾任国民革命军第四军第二十五师的后方主任，曾兼任广东廉江县长。抗战时曾任第六十四军上校参议，胜利后当选国大代表、广东省参议。

　　这几人都是李汉魂的儿时好友，现在大家都相继结婚生子，有了下一代。乘着这次的小聚，在大人的陪同下，小字辈们一起游玩了广州城，并在一家照相馆留下了一张合照。

　　李汉魂的大儿子李斌已经十岁。次子李焕还小，才一岁多，未能玩在一起。

李汉魂在西樵山"飞流千尺"瀑布顶的大石上读书静修时，他的军校好友闻讯前来作陪并劝他早日回家。
照片里各人位置是：黄世途（左上）、邓龙光（左下）、陈公侠（右上）、陈芝馨（中）、李汉魂（右下）

李汉魂的长子李斌（中）与几位小朋友合照

李汉魂的长子李斌（中）十一岁时，与同辈小朋友邓璘和赖汉一起合照

李汉魂与少年时代的好友谭伯扬（右）在广州东山合照。两人皆为林立群的挚友

第三篇 执教逢机遇
赴琼入四军
（1926年1月至4月）

自从第三师被缴械之后，李汉魂回家赋闲了好几个月。

随着讨伐陈炯明的东征结束，1926年初，两广的局势渐趋稳定，北伐的呼声也开始高涨。

在中国现代史中，此时段被称作大革命时期，也叫第一次国内革命战争时期。

广州国民政府实行了"联俄联共"政策，组成了国民革命军的七个军准备进行北伐。原来的粤军经过整顿，被编为第四军，由李济深担任军长，副军长是陈可钰。

为即将进行的北伐，国民革命军开始积极练兵，保定军校的毕业生们因此有了他们的用武之地。

第四军第十二师官兵进占琼崖后大集结。前排中间戴墨镜者就是叶挺，叶挺旁向左数依次是张发奎、黄琪翔、朱晖日。在群像中还可以看到蔡廷锴、周士第和吴奇伟等众多将领的身影

受邀渡海　追溯南征

1926 年元旦刚过，李汉魂便应邀到第四军设在广州的军官学校担任教官，为第四军军事学校的学生上课。

这份差事是保定同学黄琪翔介绍的，黄琪翔此时在第四军第十二师担任第三十六团团长。李汉魂新一阶段军事生涯从此开始。

然而，李汉魂这一段教官生涯，仅维持了两个月就结束了。因为国民政府下达了新指示，所有各军开办的军校，全部并入中央军官学校。

正在不知何去何从的时候，李汉魂接到了一封来自琼崖的电报。这封电报，决定了李汉魂此后的前途。

原来，电报是他的军校同学、第四军第十二师副师长张发奎发来的。张发奎邀请李汉魂前往琼崖任职。

此前第四军的南征部队刚刚攻占了琼崖。率先领军渡海的正是这位李汉魂的保定同学张发奎。

第四军北伐前的南征，是一场值得一提的战事。

1925 年 3 月，孙中山赴北京不幸逝世后，被冯玉祥推为中华民国执政的段祺瑞，借机扶植反孙势力，乃任命曾经拥护袁世凯称帝、后又成为陈炯明部将的邓本殷为八属善后督办，还派出军舰帮助邓本殷守卫其大本营琼崖。此时的邓本殷，虽与南方革命势力为敌，但还未能立即威胁到国民政府的安全。

至廖仲恺遇刺身亡后，蒋介石对粤军进行大清洗，粤军纷纷被缴械遣散，李汉魂所在的第三师也是在那时被缴械的。

并不是所有人都像李汉魂一样，被缴械后只是上西樵山静修读书，有很大一部分的粤军官兵，是不甘心束手就范的，他们中有不少人为了生存，纷纷转投到邓本殷旗下。邓部因此坐大，成了威胁国民政府的极大隐患。

1925 年 9 月，坐大后的邓本殷部队自两阳出兵，攻击江门，北洋政府还派出军舰南下，协助其进攻。

至 10 月 24 日，邓本殷的部队攻占了罗定，步步进逼江门，迫使原来驻守罗定的陈铭枢部撤往开平县单水口。邓本殷随即进攻单水口，幸好国民革命军援军赶到

1926年初，李汉魂应邀到琼崖任职，结识了时任第十二师第三十六团第三营营长的欧震（左）

1926年春，李汉魂到达琼崖任职，在第四军第十二师师部前的草坪上留影

发起反攻，才将邓本殷部击溃。

为消除后顾之忧，国民政府要在北伐之前进行南征，已是势在必行。

10月31日，广州国民政府以国民革命军第三军军长朱培德为总指挥，指挥南征军进攻邓本殷部。

不久之后，第四军军长李济深接任了南征军总指挥之职，率领自东江调回的陈济棠第十一师、张发奎第十二师，加入了南路的战斗。

张发奎的第十二师，就是后来被誉为"铁军"的第四军前身。当时的副师长由朱晖日担任，参谋长为许志锐，下辖第三十四、三十五、三十六团。三位团长分别是叶挺、缪培南和黄琪翔。

11月初，国民革命军攻占两阳、罗定，进取高雷、钦廉。

在高州指挥的邓本殷本想出兵救援两阳，但是桂军俞作柏部已经从广西陆川进入广东，逼近化州、高州，邓本殷只好撤往雷州。此后，国民革命军南征部队接连攻克高州、化州和廉州。陈济棠更率第十一师继续逼近雷州，邓本殷自知不敌，只好率残部退回琼崖。

这段时间，李汉魂还在西樵山上打坐读书，两耳不闻窗外事。

1926年1月，张发奎率领他的第十二师强渡琼州海峡登陆，八属联军各部纷纷投降。邓本殷见大势已去，只好乘坐日本船只逃跑了。

国民革命军第四军占领了琼崖，随即以琼崖作为军部驻地，开始筹备北伐。

在李汉魂保存的《南华影集》中，有一张第四军第十二师大集结的照片。李汉魂的标注为"十二师初进琼崖"。照片中可以清晰地看到当时第十二师部分干部群像中，有叶挺、张发奎、黄琪翔、朱晖日、蔡廷锴、周士第和吴奇伟等众多将领的身影，其中还有部分将领的身份因为缺乏资料对照，尚待继续求证确认。

李汉魂当时还未到琼崖，所以并不在此照片中。

兼文擅武　刻苦多劳

张发奎与李汉魂同学多年，自然深知李汉魂的能力，当他得悉当年的保定才子李汉魂此刻正在四军军校任教官，便立即向李汉魂发出电报，邀请他前往琼崖，委他担任十二师中校参谋处长一职。

李汉魂到任后，张发奎又给他增加了一个职务，担任军官教导队队长，让他组织和抽调各级军官进教导队训练，为培养和补充各级军事干部做北伐准备。

李汉魂来到琼崖后，即忙于制订训练计划并加以实施，把在军校学到的那套军事知识尽快传授给这些中低级军官。

李汉魂初到第十二师，除了与一大群旧同学重聚之外，还认识了一批新的战友，其中之一就是欧震。

欧震乃曲江人，从军前曾当过教师，粤军讲武堂毕业，当时任第十二师第三十六团第三营营长。因为他平日喜欢写诗词，跟李汉魂志趣相投，因而两人很快就成为好友。

3月上旬，十二师政治部筹备纪念孙中山逝世周年大会，由共产党员担任的政治部主任廖乾五，知道李汉魂善文，便吩咐他帮忙起草《全师官兵告各界书》。文字稿完成，廖乾五大为赞赏，随后就叫李汉魂继续帮他代拟《师党部成立宣言》，以及《告本师同志书》等，李汉魂都不负所托，圆满完成任务。

国民革命军当时的风气是讲究民主，政治部尤为活跃，经常要举行各种各样的集会活动。李汉魂除了兼任军官教导队队长，参加党务活动，还几乎要包揽撰写所有活动所需的文件，忙得不亦乐乎。

在百忙之中，李汉魂还抽空游览了琼崖多处名胜古迹。

在古代，琼崖曾经有过很多名士被贬谪到此，如苏东坡、李纲、李光、胡铨、赵鼎等，还有清官海瑞的故乡也在这里。李汉魂对这些名士十分敬仰，并立志一生效法之。

清明祭祀　兴伐誓师

这一年清明节前的4月2日，第四军第十二师在琼州府城北较场举行了一个阵亡将士祭奠仪式，悼念在南征作战中牺牲的官兵。

师部除李汉魂之外，所有干部包括张发奎、朱晖日、黄琪翔、叶挺、吴奇伟和许志锐都参加了。

李汉魂并没有参加这个仪式，是因为他刚好请假回乡祭祖了。第十二师已接到命令，除让刚组建的新第三十四团留守琼崖之外，其他部队5月份要全部集中广州，准备参加北伐。

李汉魂这次请假，目的是要回广州跟母亲及妻儿告别，他的家人都因为家乡吴川盗匪横行，为避祸全部迁到广州了。

李汉魂还独自回了一趟吴川乡下，除了拜祭祖先及亡妻陈金，还到好友林立群墓前祭扫，一一郑重其事。

李汉魂经历过战争，知道战争的残酷，此次出征，国民革命军是以寡敌众，必将经历九死一生的考验，因此他已做好了马革裹尸还的打算。

叶挺原来的第三十四团，已经改名为独立团，派驻肇庆。第十二师另外组建的三十四团，由师参谋长许志锐担任团长，奉命留守琼崖。

祭奠仪式一完，叶挺即从琼崖赶回肇庆，率领他的独立团出发，率先开赴湖南，增援唐生智的第八军去了。

李汉魂也于5月初从乡下渡海赶回了琼崖，整队出发赴广州。

5月15日，国民党第二届中央执行委员会临时全体会议通过决议，接受海内外迅速兴师北伐的请愿。

6月5日，中央执行委员会召集临时全体会议，通过迅速兴师北伐案，正式任命蒋介石为国民革命军总司令，李济深为参谋长，由此揭开了大规模北伐的序幕。

蒋介石受命后，立即传令各军，除酌情保留部分必要的兵力以绥靖地方外，所有部队均须悉数参加北伐。

参谋长李济深受命留下镇守大本营，另任命白崇禧为行营参谋长，随军出征。

7月9日，蒋介石在广州的北伐誓师大会上宣誓就职，并颁布动员令，公布各军战斗序列。

李汉魂次子李焕两岁时的照片

1926 年 4 月 2 日，第四军第十二师在琼州府城北较场举行了一个阵亡将士祭奠仪式，悼念半年来在南征作战中牺牲的官兵。图为张发奎（右四）、黄琪翔（右三）、叶挺（右二）、许志锐（右五）、吴奇伟（右一）和朱晖日（右六）等人

各军兵力为：

何应钦的第一军全军；

谭延闿的第二军全军；

朱培德的第三军全军；

李济深的第四军两个师（陈铭枢的第十师和张发奎的第十二师，由副军长陈可钰统率）；

李福林的第五军第十六师一部分（该军因为成分复杂而且战斗力不足，所以大部分留守原地）；

程潜的第六军全军；

李宗仁的第七军九个团；

唐生智的第八军全军。

其时早在蒋介石宣誓就职之前两个多月，第四军的叶挺独立团和第十师以及第十二师，都已提前陆续出发了。李汉魂与他的战友们，也已经在湖南打了好几场大仗。

第四篇　南兵辞百粤
北伐破三关
（1926 年 5 月至 8 月）

军官教导队于 5 月中旬解散时，黄琪翔（右一）和李文鸾（左二）刚从广州回到琼崖，与李汉魂（左一）及十二师同袍吴奇伟（左三）、缪培南（左四）、许志锐（左五）等合影

　　1926 年 5 月，第十二师接到正式命令，全体参加北伐的官兵务必在 19 日集中广州候命，整队出发。

　　事实上，北伐战争已经在 4 月底打响。作为先头部队，叶挺率领他的独立团，4 月底已经跨境进入湖南。

　　紧随叶挺独立团出发的，还有第四军第十师的陈铭枢部，以及第七军钟祖培率领的第八旅。

　　出征在即，第十二师的军官教导队宣布停课解散，所有学员归队。李汉魂也被派到三十六团任职参谋长，协助黄琪翔。

5月中旬，第四军所有出征将士都已经离开琼崖集合广州，整装待发。

6月底，广州黄沙火车站繁忙异常，随着一声声汽笛长鸣，一列列开出的火车，满载着斗志旺盛的北伐军官兵，向韶关方向飞驰。（黄沙火车站当时是粤汉铁路的终点站，后来改名为广州南站。）

一场血腥残酷的大规模内战，以正义的名义，正自南而北，开始席卷中国。

雄师北上　叶挺首功

1926年6月的广州，国民革命军陆续出师北伐，留守广州的国民革命军总参谋长李济深这天也来到广州黄沙车站，给出征的总司令部政治部主任邓演达和代总参谋长白崇禧送行。

由于第四军军长李济深需要坐镇广州大本营，第四军两个师的出征部队就由副军长陈可钰率领。这两个师分别是陈铭枢的第十师和张发奎的第十二师。陈济棠的第十一师留守广州。

这一去一留，第四军即一分为二，从此这两支部队分道扬镳，却想不到数年后会以兵戎相见，大动干戈。

6月底，浩浩荡荡的北伐部队，由第四军第十二师先行，从广州坐火车沿粤汉

1926年6月，国民革命军出师北伐，留守广州的国民革命军总参谋长李济深（侧面者）来到广州黄沙车站，给出征的总司令部政治部主任邓演达（被李济深挡住半边脸者）和代总参谋长白崇禧（位于邓演达左边者）送行。旁边还有李福林（左一）和薛岳（左二）等将领

张发奎（左二）和李汉魂（左六）与独立团团长叶挺（左三）、参谋长周士第（左四）、第三营营长欧震（左五）和第一营营长曹渊（左一）在北伐出发前合照

铁路抵达韶关，而后行军经乐昌，陆续开入湖南境内的永兴、衡山、攸县。随后而来的依次还有第三军、第六军和第五军的四十六团。

国民革命军之所以能浩浩荡荡进入湖南境内，畅通无阻，是因为叶挺独立团率先出兵，扫清了障碍。

早在6月3日，叶挺的独立团已经在湖南安仁，配合在湖南境内受到威胁的唐生智第八军，与吴佩孚派出的沈鸿英残部激战，并取得了胜利。

4日，独立团继续与敌军在黄茅铺和碌田等地激战。

6月5日，独立团攻下了攸县。

北伐的首战，叶挺独立团付出了三十六名官兵伤亡的代价。敌军方面也伤亡了一百多人，还有一百多人被俘。

敌军大败而逃，一部分退往江西边界，一部分退向醴陵。湘南一带此时已成了北伐军的地盘。

这是整个北伐战争最关键的一仗。李汉魂后来在他的著述《我是沙场过客》中中肯评述："叶挺独立团跨出广东北境，即迅速抢越郴州，急赴永兴，插进安仁，把由攸县南下的吴佩孚部队驱返攸县，从而再攻克攸县，这样一来，既使唐生智的第八军无背腹暴露之虞，湖南一带又肃清了敌踪。叶挺独立团的首次告捷，是团长叶挺与参谋长周士第和全团官兵以及举国上下同心一德创造出来的。"

李汉魂在晚年所写的著述中,对叶挺和周士第的军事才能和功绩推崇备至,对他们参加中国共产党的南昌起义,拉走了他大半部队的旧事毫无芥蒂。

李汉魂还在他的《我是沙场过客》一书中提及,中国军队中团一级设参谋长的建制,就是从叶挺独立团的周士第开始的,沿袭至今未变。这典故是很多人都不知道的。

1926年7月初,李汉魂所部第四军第十二师抵达湖南郴州时,当地乡民纷纷赶来欢迎,可见当时民心所向。

7月正是盛暑,部队行军十分艰苦。第四军第十二师,仍然能保持军纪严明,秩序井然,沿途备受当地民众的赞誉。

第十二师大部队全部抵达攸县后,当地民众即为他们举行了盛大的欢迎会。

1926年7月初,李汉魂所部第四军第十二师抵达湖南郴州,当地各乡民众纷纷赶来欢迎

1926年7月,第四军第十二师进驻湖南攸县,当地民众举行盛大欢迎会

大战醴陵　轻取浏阳

吴佩孚军在湘南失利，仓皇退守长沙和岳阳后，即一面从湖北和河南调兵南下，一面赶紧向江西的孙传芳求援。

国民革命军也加紧部署，调兵遣将。第四军的第十师和第十二师，此时奉命开赴湘江东岸地带，任务是向北攻击醴陵和株洲，除配合西岸第七、第八军的行动外，还要监视江西方面孙传芳的动向。

第四军的陈可钰副军长，此时尚未抵达前线，两个师的行动，经商定暂时由第十师的陈铭枢负责统一指挥。

醴陵之战开打，陈铭枢拨出他属下第十师的一个团，与第十二师的缪培南三十五团一起担任主攻，由张发奎负责指挥。

黄琪翔和李汉魂的第三十六团在此役中担任警戒策应任务。

此战由于陈铭枢与张发奎合作无间，加上当地民众自发组织了一个平民救国团，除协助运输、侦察等外，还制作了一张详细的地形图。根据这张地图，张发奎重新调整了部署，很快就拿下了醴陵，避免了一场因不明地势导致的重大损失。

第十师和第十二师两支劲旅此次同心协力并肩战斗，俨如兄弟，没有人会想到数年后，他们之间会势成水火、互相火拼。

7月10日，醴陵被攻陷。

7月11日，醴陵当地各界隆重举行悼念阵亡将士仪式。

1926年7月11日，第四军在醴陵战斗结束后，与当地各界一起隆重举行悼念阵亡将士仪式

李汉魂与邓龙光的合照

1926 年 7 月，第四军第十二师进驻湖南浏阳县，当地民众举行盛大欢迎会。主席台上就座的有师长张发奎（右五）、副师长朱晖日（右六）、师参谋处处长薛岳（右三）、三十六团团长黄琪翔（右四）、三十六团参谋长李汉魂（右二）

醴陵既下，浏阳已经无险可守，第十二师乘胜追击，轻而易举地拿下了浏阳。

与此同时，第七、第八两军也乘势一举攻陷了长沙。

1926 年 7 月，第四军第十二师进驻湖南浏阳县，浏阳民众为欢迎国民革命军的到来，也组织了盛大的军民联欢会。

第十二师在浏阳驻扎了 20 天。据李汉魂回忆，在这段历时大半月的时间里，他们的三十六团做了一些很有意义的工作。

其一是给民众施医送药。当时天气炎热，霍乱流行于军中，也流行于民间。他们的随队军医仁心仁术，既为官兵诊病，也为民众施医送药，在当地广受称誉。

其二是解决民众的食盐短缺问题。由于北方军阀之前在岳阳一带截留充公食盐，使当地严重缺盐。国民革命军拨出大量军用食盐，解决了民众的需要。于是，国民革命军更加得到了广泛的拥护和支持。

除此之外，李汉魂认为，在政治宣传上取得了很好的效果，部队中负责政工的共产党员功不可没。

国民革命军是国共合作组建的军队，这支军队里有非常多的共产党员，尤其是第四军第十二师。可以说，李汉魂身边有很多人是共产党员，而这些共产党员的工作能力，给李汉魂等国民党人留下的印象是非常良好的。

抢占高地　直下平江

不久，副军长陈可钰前往长沙开会，带回了攻击平江的命令。

这次的战斗，由十二师师长张发奎指挥，黄琪翔、李汉魂的三十六团和叶挺、周士第的独立团担任主攻。

平江位于汨罗江畔，周边多山地峡谷，敌守军兵力合四个师约五万余人，且已经筑起坚固的防御工事。黄琪翔和叶挺的两个团，合起来只有一千余兵力，双方力量对比非常悬殊。

李汉魂很相信张发奎是军事天才，认为张发奎对敌情的判断很少出现差错，所以并不担心寡不敌众的问题。

战斗打响之后，战事果然进展得相当顺利。叶挺独立团居左，迅速抢渡了汨罗江，沿江右翼直逼平江城东。黄琪翔三十六团居右，抢攻平江城东北面。

三十五团的炮兵营，则以猛烈的炮火压住正面之敌，张发奎亲率直属部队抢攻城东童子岭，掩护叶挺独立团进抵北门。

李汉魂则指挥三十六团第一营从正面击溃敌军，冲入城内，将军旗插上城头，同时分兵抢占城外高地。独立团随即赶到，协同三十六团展开巷战。

平江之役一气呵成，第十二师所向披靡，前后仅约十小时即完成了战斗。

吴佩孚属下的第二十五师第五十混成旅旅长陆沄因兵败自杀身亡，该部两百多人被俘。国民革命军缴获大量枪支弹药和军用物资。

三十六团共有四名士兵阵亡，一名排长和十九名士兵受伤。

平江之战意义之重大，是因为平江乃湘东北之门户。门户已被打开，国民革命军不日即可长驱直入湖北。

平江刚刚攻下，第四军就把善后战场交与后续部队，乘胜追击溃退的敌军。

北撤的残敌，不敢恋战，纷纷向湖北铁路线上的汀泗桥逃窜。

1926年8月19日，在平江之役中缴获的军械

北伐军攻克平江之后，平通防御司令陆沄吞枪自尽（《第四军纪实》插图）

短兵汀泗　亡命吴军

湖北有个小镇叫汀泗桥镇，镇前有一条汀泗河，河上有一座汀泗桥，是通往武汉的必经之路，贯通南北的粤汉铁路就在此桥上通过。

小镇以小桥命名，足见汀泗桥名气不小，它是湖北最古老的石拱桥，始建于1247年。

此桥是三面环水，后有黄塘湖，东面有一座山叫塔脑山，地势险峻，居高临下俯瞰汀泗桥。

吴佩孚调集重兵，在塔脑山修建了工事，准备凭天险聚歼北伐大军。

几年前，吴佩孚就是在这里倚靠优势地形，打败了赵恒惕的数万湘军，所以此次自觉胜券在握。

敌阵易守难攻，北伐军面临的将是一场空前的恶仗。

陈可钰副军长指定黄琪翔和李汉魂的三十六团拨归军部直接指挥，担任攻桥主力。第十师负责左翼进攻，第十二师负责右翼进攻，叶挺独立团作为预备队候命，负责打掩护佯攻的，是缪培南为团长、邓龙光为参谋长的第三十五团。

26日清晨，三十五团从中火铺出发，十点半抵近汀泗桥南左侧高猪山后，随即率先开火，击溃据守该处之敌，从正面直逼汀泗桥南端。

敌人也不示弱，立即以机枪交叉火力封锁路面，两军开始隔河遥相对峙。

　　还在敌军以为对手束手无策时，第十师的三个团已经悄悄从山峡冲出发，向赤岗亭方向挺进。

　　8月26日晚，李汉魂与黄琪翔兵分两路。负责主攻的三十六团将士轻装出发。李汉魂率领一部绕道迂回到张兴国（地名），抢占了高地，并与后来赶到的第十师会合。

　　通过实地考察，他们决定改变原来的攻击方案，由迂回到达的第十师守住高地，李汉魂则在深夜率领三十六团继续深入，绕到敌方背后的桥北中央高地的主阵地，以阻断敌军退路。

　　部队衔枚疾进，敌人虽然发现了他们，但由于天色太黑不敢出击，只能用机枪盲目向大路方向轮番扫射。

　　为不暴露目标，李汉魂命令不准还击，冒死前进，结果在这段夜袭之路上，被敌人的机枪扫射死伤的三十六团官兵，竟达八九十人之多。

　　27日拂晓，恍如天兵天将从天而降，三十六团将士突然出现在敌方中央阵地上，杀声震天。其他尾随而到的第十军第三十团也一拥而上，与措手不及的敌军展开了白刃战，很快就抢占了中央阵地的几个制高点。敌人的增援部队赶来，企图夺回阵地，但屡次都被击退。

　　张发奎在另一边看到敌军突然乱了阵脚，立即抓紧战机，亲率叶挺的独立团和三十五团，借着熹微天色，从正面迅速冲过汀泗桥。

　　天亮时，第十二师已经控制了汀泗桥头的主阵地。

北伐军攻克汀泗桥（《第四军纪实》插图）

1926 年 8 月 27 日，第十二师的官兵攻下汀泗桥后，正沿着铁路前进

在各部队的配合下，桥北的敌军无路可逃，只好弃械投降。

上午十点后，咸宁城也被攻陷。

汀泗桥之役，国民革命军与敌军皆伤亡上千人。黄琪翔和李汉魂的三十六团伤亡最惨重，官兵损失三分之一。而敌军方面的损失更严重，有三名团长战死，三十九名连长只剩五名，士兵死伤过半。

国民革命军对俘获的两千多敌方官兵实行了优待政策，一律发给路费让他们回乡，伤病员一律送医。

当时在由南向北的大路上，行进着两支浩浩荡荡的队伍，一支是北进的国民革命军，另一支是回乡的获释俘虏兵。

汀泗桥之役，在北伐战争的历史中是非常关键的一役。这里是易守难攻的天险，五年前湘鄂内讧时，赵恒惕就是在这里损兵折将，大败而回的。如果国民革命军在这里受挫，吴佩孚之后也不会落得全面失败的下场。

第五篇　扬威争贺胜
围城下武昌
（1926 年 9 月至 10 月）

　　直系军阀首领吴佩孚，雄霸中原多年，实力雄厚，当初就并不把国民革命军放在眼里，直到其精锐部队宋大霈部在汀泗桥全军覆没，才感到情况有点严重，连忙率领他的卫队团，并调派心腹爱将刘玉春率领第八师，张占鳌部第十二混成旅，还收容了陈嘉谟等残部，共计五万多兵力，扼守通往武昌的贺胜桥。

南军贺胜　吴帅蒙羞

　　虽然此前连战皆北，但吴佩孚仍对此战的胜算颇为乐观，以为有他亲自出马，就必能挽回败局，扭转乾坤，所以在临战之前，写了一首豪气万丈的七律，给自己和部下打气，诗云：

才游塞北又长江，坐罢火车上火船。

塞外风云能蔽日，江中波浪更兼天。

但凭豪气撑今古，哪怕南兵过万千。

寄语征蛮诸将士，奋身踏破洞庭烟。

　　好一句"奋身踏破洞庭烟"，读来颇有岳飞"驾长车踏破贺兰山缺"的壮怀。连战连败，吴帅尚如此自信，也不由人不服！

　　前清秀才的文学功夫，无疑是相当扎实的。如果此仗胜了，吴大帅此诗很有可能流芳千古，只可惜败了，佳句变成了后人的笑柄。

北伐军隔江远眺汉阳城

　　吴佩孚自视过高，似乎不知道国民革命军的目标，是要直取湖北的武汉三镇，而且志在必得，此役肯定会不惜代价先把贺胜桥拿下。

　　国民革命军自攻取汀泗桥后，士气高涨，乘胜穷追残敌，前锋转眼已经逼至贺胜桥附近。

　　李宗仁、唐生智和陈可钰，几大主将也齐集咸宁会商，确定了分兵破敌之策。

　　其一是唐生智率第八军，撇开贺胜桥，由金口渡江，先去袭取汉阳，目的是孤立武昌。

　　其二是李宗仁的第七军，负责拔除周边的敌人据点。

　　进攻贺胜桥的任务，就交给第四军独力承担。

　　看来国民革命军也没怎么把吴佩孚放在眼里。

　　至于第四军会让谁去对付不可一世的吴大帅，就由陈可钰副军长决定。

　　按一般惯例，第十二师在前一仗主攻汀泗桥，这一仗应该轮到第十师的。

　　可是，陈副军长这次并没有墨守成规，仍指派十二师担负主攻任务，让第十师作预备队。

　　陈可钰对他的老部下张发奎非常信赖，要对付吴佩孚，他觉得张发奎更有把握。

　　陈可钰对张发奎特别器重是有原因的。当年陈可钰任孙中山的警卫团长时，手下的三位营长张发奎、叶挺和薛岳，就是他一手提拔的。现在除了薛岳在蒋介石的第一军任师长，张、叶两位都在他麾下，对于他们的军事才能，陈可钰深信不疑。

张发奎欣然受命，即率领他的第十二师直属队，于 29 日傍晚七点行军到达官埠桥附近。

按部署，独立团也迅速接近贺成铺向贺胜桥展开攻击。三十五团各营紧靠独立团，尽量靠近敌警戒部队，以配合进攻。

三十六团作为预备队，由黄琪翔、李汉魂率领，在夜色的掩护下，枕戈待命。

十二师的炮兵营，在第四军参谋长邓演存的指挥下，展示了强大威力，向各敌阵连番开炮，以掩护各团的进攻。

枪炮声彻夜不停。

30 日凌晨，天将破晓，独立团在叶挺的指挥下，已经攻破了吴军第一道防线。

李汉魂率领第一营和机枪连，用交叉火力封锁铁路，以防敌人的装甲列车冲出，并掩护独立团和三十五团前进。

一声冲锋号划破长空，已逼近敌阵的各团战士一跃而起，如潮水般涌入敌阵，短兵相接，白刃交辉，战况异常惨烈。

吴佩孚坐镇装甲车上，亲临前线督战。他一面指挥他的卫队手持大刀压住阵脚，后退者斩，一面组织部队向左翼的三十五团作反包围。

候命已久的第十师随即派出第二十八团增援三十五团。

吴的计策不能奏效，溃兵如潮。吴佩孚的卫队挥舞砍刀，不但无法将溃兵堵住，反而还遭到溃兵的射击，最后只好退守二线。

此战中，居高临下的炮兵表现得非常出色，炮火频频击中吴军的麇聚点，吴军被打得毫无还手之力。

1926 年 8 月 30 日，贺胜桥破敌后，第十二师的官兵沿铁路线追击溃退的吴军　（《第四军纪实》插图）

经不起第四军将士的乘胜冲击，吴军在第二线阵地尚未站稳脚跟，也迅速崩溃了，溃兵纷纷涌上贺胜桥狼狈后撤。

叶挺率独立团乘机捷足先登，在乱兵之中快一步冲上贺胜桥，抢先到达北岸，控制了桥面。吴军三道防线都被攻破了。

李汉魂随即在桥南高地上指挥机枪连，猛烈扫射企图夺回桥头的吴军。

来不及过桥的吴军走投无路，只有缴械投降。

吴佩孚盛怒之下，亲手处决了几名退却的旅团营长悬首示众，但败局已定，形势无法逆转了。

偏在此时，邓演存指挥下的炮火，准确无误地命中了目标，把停在北岸铁路线上的吴佩孚专列炸断了几节。

吴佩孚眼见大势已去，专列又被炸，担心被俘受辱，顾不上他的残兵，就急忙爬上火车仓皇逃跑了。

8月30日上午十一时，战事基本结束。

从发起冲锋到夺取贺胜桥，第十二师只用了六个小时。

此战吴军伤亡一千多人，俘虏官兵二千五百多人。国民革命军方面，伤亡也几近五百人。

由吴佩孚亲自指挥的一场大战，居然就这样草草收场了。堂堂大帅，如此不堪一击，着实威风扫地，颜面无存。

在打扫战场时，邓龙光给李汉魂出示了他搜获的前面提到的吴佩孚手写的七律诗，众人读后捧腹大笑。

攻坚失利　重兵围城

贺胜桥大获全胜，张发奎的第十二师夺得头功，但伤亡也不少，因而奉命留下来一边打扫战场，一边休整。

陈铭枢的第十师在此仗中未能得以尽情发挥，自然不甘落后，对溃退的吴佩孚一阵穷追猛打，追得吴佩孚连喘一口气的机会也没有，就仓皇逃进了武昌城内。

吴佩孚逃进武昌城后，立即委任刘玉春为守城司令，协同湖北督军陈嘉谟，统辖城中一万六千兵力死守，自己则带兵去守汉口，同时向江西孙传芳紧急求援。

汉阳方面则由刘佐龙扼守。

国民革命军乘胜追击，连夺战略要地土地堂和纸坊后，三万大军很快就兵临武昌城下了。

总司令蒋介石与行营参谋长白崇禧，此时亲临南湖，召集各军首长部署攻城方案。第七军军长李宗仁被任命为攻城司令，负责左翼攻城；第四军陈可钰副军长则任攻城副司令，负责右翼攻城。各部也接受了各自所担负的任务。

总司令蒋介石提出了组织奋勇队突击登城墙的方案，得到了多数将领的赞成。

第十二师被指定负责通湘门至宾阳门一带的攻城。

师长张发奎根据指定任务，向属下各团布置了具体分工，兵分两路，第三十六团和独立团，各自担负突击攻城的任务。

三十六团以营长欧震为奋勇队（敢死队）队长，攻击白骨塔至宾阳门。

独立团以营长曹渊为奋勇队队长，攻击通湘门至宾阳门。

第三十五团这回作预备队，守候在洪山听从攻城司令调遣。

炮兵阵地也选在洪山，由第四军参谋长邓演存指挥。

吴佩孚委派的守城司令刘玉春也是一员猛将，对吴佩孚忠心耿耿，被人称为吴佩孚的"赵子龙"。

1926年9月，国民革命军缴获装甲小火轮，在长江江面上执行任务

1926 年 10 月，第四军参谋长邓演存指挥攻击武昌的洪山炮兵阵地

9 月 4 日晚，夜色降临，黄琪翔和李汉魂率领三十六团，从四眼井出发，在刘家湾偷偷渡过护城壕沟，直趋城下。

凌晨三点，奋勇队队长欧震带领奋勇队，架起云梯，摸黑向城头攀登。

攀城行动很快就被居高临下的守军发现了，城头上的枪声随即爆发，偷袭失败，只好变成了强攻。

敌军居高临下，占尽了优势。在机关枪的猛烈扫射下，处于劣势的奋勇队队员们纷纷中弹坠下，一时伤亡惨重。

另一边的叶挺独立团奋勇队遭遇相同，而且伤亡更惨重，身为队长的共产党员曹渊，也不幸中弹当场牺牲。

眼看天将拂晓，攻击毫无进展。

敌人占尽地利优势，再攻也是徒劳，行动只好取消。奋勇队退入壕沟暂避，一整天动弹不得，等至天黑才悄悄撤离。

事实证明强攻之法已经行不通。

武昌城城墙太高而且坚固，攻城司令部一时也束手无策，只好采用全面封锁的办法，将武昌城团团围困起来后，然后分兵去攻打汉阳和汉口。

唐生智的第八军奉命攻打汉阳，结果毫不费力，因为守将刘佐龙未发一枪就宣布起义投诚了。

汉阳不攻而克，窝在汉口的吴大帅闻报，竟如惊弓之鸟，同样不发一枪，就带着他的卫队，撤退到孝感去了，第八军又一举占领了汉口。

两镇瞬间失守，武昌彻底成了孤城。

长江航道于是被国民革命军完全控制，缴获的装甲小火轮在江面上警戒，切断了武昌与外部的一切联络。

然而此时的形势并未乐观，因为江西方面的孙传芳已经发来了援兵，水陆并进，来势汹汹，既欲解武昌之围，又要抄国民革命军的后路。

总司令蒋介石闻报，立即命李宗仁率第七军北上鄂城大冶，堵截来犯的陈调元部，自己则亲率第二、第六军和薛岳的第一师，前往江西堵截孙军。

李宗仁被调走，攻城司令之职务，便改由陈可钰担任了，围城部队，也只剩下第四军的两个师和第八军的一支小部队。

武昌被围多日，外部消息和物资供应均已全部断绝，吴军连同城内居民都与世隔绝并面临严重缺粮困境。

9月19日晚，司令部接获报告说，敌人已经军心动摇，开出了投降条件，但要求缓期两天作准备。不知是否是缓兵之计。

等了两天，依然未见敌军有所动静，陈可钰司令乃决定开挖地道，炸毁城墙。挖地道的任务交给叶挺独立团负责。

按叶挺的建议，司令部派出两节车厢改装成铁甲车，乘夜用火车头拖至通湘门外作屏障，由独立团派出士兵，率领一批采矿工，在机枪的掩护下开始挖掘地道。

1926年9月，第十二师独立团用于进攻武昌所用之铁甲车

此举引起了城内敌军的恐慌。

正在矿工们奋力挖掘之际，突然，通湘门旁楚望台的小门大开，三千多吴兵蜂拥而出，一下子包围了铁甲车。城头上，吴军更以猛烈的炮火作掩护。顷刻之间，铁甲车落入了吴军手中。

李汉魂在阵前，观察到敌军并无后续部队配合行动，判断敌人此举并非突围，只是狗急跳墙，目的之一是阻止挖地道，其二是夺回他们在城外的粮仓。

三十六团当即与独立团联手，以两个团两千多兵力，一部由檀门口直冲车站，将铁甲车反包围，一部乘势冲向敌开的楚望台小门。

楚望台守小门的吴军慌了手脚，顾不上让他们的自己人撤回，便急忙把门关上了。已冲出城的吴军没有退路，顿时成了瓮中之鳖，全部束手就擒。

抢粮失败，又无法阻止挖地道，武昌城内吴军眼看已经粮草断绝，期望中的援军又被各路国民革命军堵住，缓兵之计无效，死守也没有希望，遂派出投降代表与攻城司令部接洽，商定停火。

此时出现了一段鲜为人知的小插曲：

李汉魂在他所著的《我是沙场过客》一书中透露，唐生智的第八军部队，早已奉命前往攻取汉阳，仅剩下大概一个团的兵力在武昌外围待命。但就在吴军被围困

1926年10月，第四军在武昌之役中俘虏的大批吴军官兵

多日，派人出城联络投降的时候，唐生智就背着攻城司令陈可钰，来了一招调虎离山，以其军长的名义擅自发命令，以支援江西战场的借口，命令十二师各团速往金牛集合，另派他麾下的两个营部队前来十二师的阵地接防。

第十二师不明就里，以为有重大突发任务，所以立即移交阵地向金牛出发。

谁知到了指定地点金牛，他们才发现被告知的是虚报的敌情，整整一师的部队调来此处，仅是为了接替第八军属下一个营执行的警戒任务。

两天后，攻城司令陈可钰才发觉十二师被无故调走，十分生气，立即电令他们火速赶回。陈可钰强调，没有攻城司令部的命令，任何攻城部队都不得离开阵地。

而就在第十二师刚刚被调离后，唐生智的小部队便立即开始着手与守城敌军接洽投降事宜，但结果却没有成功。

十二师急速赶回到武昌的阵地后，全体官兵都觉得唐生智此举纯粹只是为了抢功，所以愤愤不平。

陈可钰告诫大家，为顾全大局，应该消除内部猜忌以保证团结，希望大家不予追究。此事虽然不了了之，一直都没有外传，但李汉魂却记在他的日记上了。

攻心降敌　大获全胜

1926 年 10 月，被邓龙光活捉的武昌守城司令刘玉春，是中国历史上第一个以"反革命分子"罪名定罪的人（《第四军纪实》插图）

10月6日、7日，吴军开始派人出来接触谈判。但是两天谈判，守城司令刘玉春都没法全部接受国民革命军开出的收编条件，谈判陷入了僵局。

不过，大部分守城的吴军已经失去斗志，其中他们的第三师师长吴俊卿，背着上司刘玉春，再度派人出城议降，最后商定，由他们第三师私自于10月10日凌晨秘密打开城门，迎接国民革命军进城。

10月10日拂晓，吴军第三师依约打开了保安门、中和门和通湘门。国民革命军迅速在各门外据点加强警戒，确保后面的部队安全进城。

1926年10月10日，北伐军攻取了武昌城，第四军副军长陈可钰（中）与第四军参谋长邓演存、苏联军事顾问尼基金率部队进入武昌城内

第十二师由通湘门进城，随即派兵抢占了位于市区的蛇山高地。

攻城司令陈可钰、参谋长邓演存和苏联军事顾问尼基金，率领直属部队，从中和门进入武昌城。

城内还有部分不愿意投降的吴军，进行了零星抵抗，但很快就弃械投降了。

"赵子龙"刘玉春在化装逃跑时，被三十五团参谋长邓龙光活捉。随后陈嘉谟也被第八军部队擒获。

武昌城破之日，刚好是辛亥首义十五周年纪念日。武昌，在短短十几年中，就有了两个10月10日成为重大纪念日。

对于这场相持了长达四十天的围城之战，李汉魂总结说，此役一开始就以不惜牺牲进行强攻的战术是很不恰当的。

吴军将领刘玉春和陈嘉谟被捉后，武昌的民众要求对他们进行公审，武汉"人民审判委员会"遂将案件定名为"刘陈反革命案"。

1926年10月，第四军在武昌之役中俘虏的大批吴军官兵

　　这是中国历史上首次使用的"反革命"罪名。不过刘陈二人后来还是被释放了。此后刘玉春还被聘为军事参议，后来更一度当过何键的江左军北路总指挥。

　　武昌之战，共俘获吴军官兵近万人，除了刘陈两名主将被公审，其余将校乃至士兵全部释放并给资回乡，不想回乡的，则加以改编训练，补充各军。

　　国民革命军攻下武昌城之后，第四军的任务是：维持秩序，恢复交通，协助民众清理危房，复工复业复课等。

　　李汉魂此时向团长黄琪翔及师长张发奎进言，执行这一任务必须结合政治工作。官兵中如有破坏军纪，损害民众利益的，一律严惩。他的意见得到了全力支持和很好的贯彻执行。

　　第四军的声誉，在执行此项任务后达到了前所未有的高度。

在武昌之役中殉难的军人和民众的墓葬

第六篇　铁军赢盛誉
援赣胜南浔

（1926年10月至1927年1月）

直系军阀首领孙传芳，一年前成功驱逐苏皖地区的奉系势力后，成为浙闽皖苏赣五省联军总司令。

不久前孙传芳出兵增援吴佩孚之举，其实是按兵不动作壁上观，他的如意算盘是等到吴军与国民革命军两败俱伤时，好坐收渔人之利。

但他始料不及的是，吴军居然不堪一击，国民革命军越战越勇，自己反倒引火烧身，被国民革命军出动重兵围剿。现今的他唯有采取守势，沿铁路布防，力保他地盘内的南浔铁路线不要丢失。

国民革命军攻占武昌后的第十天，第四军即奉命开赴江西增援。

第十师师长陈铭枢被任命为武昌卫戍司令，没有随部队出发，他留下了两个团留守武昌，另外两个团则拨归第十二师师长张发奎指挥，参加援赣。

独立团因为在武昌之战中损失较大，也被留在武昌进行休整。

陈可钰副军长因为身患严重疾病，也没有随军出发。

如此一来，第四军东征援赣的指挥大权，便全部落在张发奎手上了。

马不停蹄　转战江西

出发前，第四军在武昌公共体育场举行了誓师大会。

与第四军一起出发援赣，担负左翼进攻德安和马回岭的，还有李宗仁的第七军

1926年10月20日，第三十六团随第四军出发援赣，参谋长李汉魂召集全团官兵进行战前动员

以及贺耀祖的独二师。

由于张发奎的职务还是师长，第七军军长李宗仁便顺理成章地成了援赣任务中最高职务的指挥官。

1926年10月20日，李汉魂接到准备出发的命令，立即集合全团官兵，进行战前动员，鼓舞士气。

李汉魂的训话，除了解释作战目的，还严令所有官兵，途经村寨墟镇时，绝对不可扰民。这是第四军一贯以来特别强调的军人纪律。

当天，张发奎便率缪培南和邓龙光的第三十五团、黄琪翔和李汉魂的第三十六团，以及蔡廷锴和蒋光鼐的第二十八、二十九团等，从武昌码头乘轮船沿江东下。

李汉魂所部翌日就到达鄂城登岸。

鄂城是中国著名的文化古城，遍布名胜古迹。部队在鄂城驻军数日，李汉魂趁空闲时间，匆匆游览了古城。

隔江遥望黄州赤壁当年苏东坡唱出千古名篇《赤壁赋》之处，李汉魂情不自禁，

第四军在武昌公共体育场举行援赣誓师大会 （《第四军纪实》插图）

1926年10月20日，第四军第十二师师长张发奎（前中）与第四军参谋长邓演存（前右）在武昌乘船出发援赣

也写下七绝数首。在此录其中二首以窥李汉魂当年情怀:

赤壁临江自古今,寄身天地自浮沉。

滔滔未了刀兵劫,愁对空山独自吟。

烽火今宵似曩时,月华无恙世情移。

可怜一样无巢鹊,难向江南觅旧枝。

字里行间,隐约可感受到李汉魂对于战争的忧虑。

10月28日,李汉魂率部到达台水街集中候命。不久接获命令,第四军的第一个任务,是切断南昌至九江的铁路交通,并与第七军一起进攻德安。

11月1日,李汉魂率领几位营长,到前方探察地形。经过分析所搜集到的情报,他们了解到德安敌兵并不多,其重兵多集结于德安北面的孤山、万家岭和马回岭一带,与先前的预估完全不同。

因应敌情的变化,大家都认为,现在敌军主力大多集中在马回岭一带,以独二师的实力,恐怕独力难以应付。而德安之敌不多,留给第七军解决更好,因为以他们的实力,对付德安之敌绰绰有余,于是做出决定,由第四军主力率先进攻孤山、万家岭,并增援进攻马回岭的独二师。

张发奎任命黄琪翔为此战的指挥官,派缪培南的第三十五团负责进击万家岭。李汉魂则率领第三十六团和炮兵连进击孤山和骆驼山。

孤山和骆驼山,两山距离仅数百米,防守孤山和骆驼山的是马登瀛旅的一个团,还有赣军总司令邓如琢的一支部队。

协攻德安　先打孤山

11月2日清晨,在黄琪翔的统一指挥下,李汉魂率主力,在孤山下的依塘坂及泗溪渡开始与敌军接战。

根据观察,判断孤山的制高点是敌军主力所在,李汉魂即指挥炮兵向山顶开炮,机枪连配合部队在东南面发动进攻,又派出一部分兵力绕到孤山北面,切断了近在咫尺的骆驼山敌军增援的通路。

孤山此时即成了真正的孤山,但由于敌军居高临下,仍然占有很大的优势,所

1926 年 11 月 2 日，李汉魂率领三十六团的两个营，与第七军在德安合力夹击孙传芳部队后，在城外作短暂的休息

以敌军的顽强对抗，对发动仰攻的三十六团造成了很大的伤害。

不过，三十六团的官兵全部都是熟悉山地战的广东人，广东人擅长攀山越岭，再加上不怕死的勇气和敏捷的身手，他们仍然得以迅速逼近敌阵，与敌展开近距离的搏斗。

战斗打得非常激烈，双方伤亡非常惨重，第三营营长陈特也在激战中阵亡。

到了中午，孤山已被攻陷，骆驼山上的守军不敢恋战，相率溃退。溃兵沿着铁路，向德安方向望风南逃。

李汉魂率领轻装的第二、第三营，向南紧追不舍。黄琪翔带领其余部队与辎重断后，一路追至德安城外铁路桥北端。

此时第七军已经攻占了德安城南一带，三十六团即与第七军合力夹击敌军，下午四点，两军胜利合兵会师。

经过数小时短暂休息，三十六团于晚上又接到命令，立即北上驰援马回岭。

马回岭地势险要，由孙传芳部颜景崇、上官云相和马登瀛麾下的三个旅据守。

张发奎一向惯用急攻战术，经常是趁敌军尚未做好准备而一鼓作气破敌，这次也不例外，在派出三十六团协攻德安后，即亲率其余三个团北上，协助独二师攻击马回岭，不让敌人有喘息机会。

1926年11月4日，黄琪翔和李汉魂率领的三十六团准备出发攻击马回岭

在横山一带的遭遇战中，乘胜追击到马回岭前的三十五团，却碰上了激烈的抵抗，战况惨烈。对方颜景崇的部队是一支训练有素的军队，作战非常顽强。

马回岭位于庐山南麓，终日云雾缭绕，所谓"不识庐山真面目"，敌军利用天气环境之便，一再发动反攻，幸第四军各团反应敏捷，组织严密火力网反制，才未让敌军得逞。

11月4日拂晓，李汉魂率三十六团赶到，张发奎乃指挥各部向马回岭发动了总攻击。

缪培南率三十五团由正面猛冲敌阵，战斗激烈进行之际，第三营阵地却被敌军突破，双方展开白刃战。正在危急关头，三十六团赶到，一部协助进攻，一部将敌军包围。血战达一个小时，敌军不支，开始败退，马回岭方告攻破。

这支颜景崇的部队，可说是第四军北伐以来所遇到的最善战的部队之一，除作战能力强之外，官兵受伤乃至被俘也不肯缴械投降。李汉魂战后感叹，这样的部队竟然为北洋政府效命，实在是可惜了。

三十五团在马回岭战斗中损失了三分之一的人员，死伤三百多人，第二营营附缪五常也阵亡了。缪五常是该团团长缪培南的侄子。

德安告急　友军争功

就在马回岭被攻下的时候，德安方面传来了告急报告。

李宗仁的第七军攻占了德安后不久，就遭到卢香亭所部的猛烈反攻，双方正激战于九仙岭。

张发奎闻报，立即命蒋光鼐率三十六团、二十八团和三十团增援德安，他自己则率其余部队向九仙岭进发。

李汉魂的部队在两日前才到过德安，熟悉地形。当他们到达八里铺时，正好遇上敌增援部队沿铁路向第七军发动猛烈的进攻。

李汉魂即令机枪连抢越铁路，占领右方高地，以 10 挺机枪集中火力，掩护各营官兵对敌援军发动猛烈冲锋。

经过一场激战，敌军全线崩溃。

战斗结束后，在缴获的敌军作战部署计划机密文件中，李汉魂看到了孙传芳的五省联军作战计划，不禁额手称幸。原来，孙军在德安设下的是空城计，他们打算等国民革命军进入德安后，即由马回岭和涂家埠出兵，来个南北夹击。

按照李宗仁原来的方案，第四军和第七军若一开始就合攻德安，肯定就会落入敌人预设的圈套。而马回岭方面，实力不足的独二师如果独力攻打兵力充足的敌军，就更加没有胜算了。

三十六团通过德安的铁桥

想不到张发奎并没有按原计划行动，而是出其不意地先打孤山、骆驼山和马回岭，然后率大队人马去支援弱旅独二师攻打马回岭，令敌军南下夹击德安的如意算盘完全落空。

在马回岭之战中，第四军对独二师颇有微词。因为独二师本来负责主攻，由第四军协攻，但独二师为保存实力，并没有尽力，处处回避取巧，令第十二师第三十五团损失惨重。到攻占马回岭之后，他们却坐享其成，获得了大量战利品。

自从武昌粤侨联欢社把这面铁盾赠送给第四军后，"铁军"的称号名扬天下（《第四军纪实》插图）

对于李宗仁，张发奎也是一肚子火。

11月5日，李宗仁命令第十二师出发攻取九江。而11月6日第四军行军到沙河，再坐火车抵达九江时，才知道九江早已经被独二师攻取，令他们疲于奔命白跑一趟。

11月8日，李汉魂又奉李宗仁令，要他们率团协同第十师渡江，追击从鄂赣边境武穴向黄梅退去之敌。当李汉魂正要出发时，叶挺从武穴赶来，告知说第八军已经到广济截击了，他们此去毫无作用。

李汉魂在他的书中透露，张发奎为此大发雷霆。

事缘张发奎领第四军远道赶来德安，只是为了给李宗仁的第七军解围，岂料李宗仁非但不领情，反而担心第四军抢头功和占地盘，处心积虑把第四军调来调去，处处扑空。张发奎为此愤怒至极，一赌气离开了部队，独自返回武汉。

张发奎离开后，第十二师暂时由黄琪翔任代理师长，暂驻九江。

铁军盛誉　实至名归

11月9日，闻报蒋总司令即日到九江视察，九江各界闻风而动，纷纷前往欢迎。李汉魂也派了一个营前去等候，不料蒋介石并没有出现。第二天再接通知也是未见踪影。直到 11 日下午五点，蒋介石才来到九江。总司令驾到，自然大受各界欢迎。

14 日，又有古应芬以国民政府慰劳专使名义到九江慰劳第四军。因为通知太晚及风雨天寒，李汉魂便让部队好好休息，独自骑马前往迎接。对于其他部队均集合部队在寒冷的风雨中恭候，李汉魂觉得太过劳师动众，实在没有必要。

援赣任务宣告完成。第四军奉命回师武汉。

11 月 17 日，李汉魂率领他的第三十六团，在九江乘船，循水路回武汉，于 19

1926 年 11 月 22 日，李汉魂的第十二师第三十六团克复鄂赣后回到武汉，官佐悬亲纪念照于武昌黄鹤楼。图中前排右起第六人是李汉魂，右起第七人是黄琪翔，右起第五人是欧震（注：背景可见黄鹤楼当时原貌，该楼已经在 1957 年被拆毁，原址成为武汉长江大桥引桥部分。今人看到的黄鹤楼是另外选址重建的。）

日中午抵达。数日后，全军回到武昌。

1926 年 11 月 22 日，第十二师第三十六团全体排级以上干部齐集于武昌黄鹤楼前拍照留念。

此照片是李汉魂影集中极为珍贵的存照之一。图中前排右起第六人是李汉魂，第七人是黄琪翔，第五人是欧震。

如果读者对当时的历史人物有研究，相信还可以从照片中认出其他风云人物。

照片背景犹可见黄鹤楼当时原貌，该楼已经在 1957 年被拆毁，原址成为武汉长江大桥引桥部分。今人看到的黄鹤楼是另外选址重建的。

李汉魂与众人登上黄鹤楼，参谋罗藜乘兴作七律一首，李汉魂即时连和两首：

其一：

黑白相持尚未休，

槐柯蟟梦付东流。

劫灰历历留三镇，

战地斑斑遍九州。

大梦正酣醒不易，

众生多孽解无由。

色空自怅拈花意，

不复人间作楚囚。

其二：

英雄淘尽大江流，

烽火连天夜不收。

故国新亭声泪断，

孤城落日血腥留。

登楼已自无黄鹤，

争席犹疑有白鸥。

我正望云归未得，

黄江红树不胜收。

回师武汉不久，武昌当地的粤侨联欢社，在 1927 年 1 月铸造了一面铁盾送来军部，铁盾正面有"铁军"两个大字，上款题：国民革命军第四军全体同志伟鉴，表彰第四军的功勋。铁盾背面还写着：

烈士之血，主义之花，

四军伟绩，威震遐迩；

能守纪律，能毋怠夸，

能爱百姓，能救国家；

摧锋陷阵，如铁之坚，

革命负担，如铁在肩；

功用若铁，人民倚焉，

愿寿如铁，垂亿万年。

自从武昌粤侨联欢社把这面铁盾赠送给第四军后，"铁军"的称号便不胫而走，名扬天下。

不过，后来很多人都以为"铁军"仅仅指的是叶挺的独立团。其实，此称号是属于随第四军出征的北伐部队的，计有第十师和第十二师合共六个团，最高首长兼攻城司令是陈可钰副军长，还有两位师长陈铭枢和张发奎。而战功最大的，应该数第十二师的三个团。他们分别是，黄琪翔和李汉魂的三十六团、缪培南和邓龙光的三十五团，以及叶挺和周士第的独立团。

第七篇　恻心容友党
劲旅撼河南

（1927年1月至5月）

国民革命军第四军班师回到武昌后，李汉魂即被委任为第四军军官队队长，军衔从中校升为上校。

数月来的战斗，连、排级军官损失严重，加紧训练各级军事干部成为第四军的当务之急，李汉魂于是重执教鞭。

当李汉魂为部队训练而忙碌的时候，共产党领导的轰轰烈烈的工农运动，正在席卷南方数省，发展到后来，国民党和国民政府内部以及国共之间，因为彼此不同的理念，产生了难以调和的矛盾。

1927年春，随着北伐的进程，国民政府决议从广州迁都武汉。

正当大批政府官员乘火车北上武汉之际，李汉魂却兴冲冲从武汉赶回广州。因为他刚刚得到一个喜讯，他的第三个儿子在广州出生。

李汉魂给他的这个儿子起名为李敢。李敢，后来成为抗战名将邓龙光的女婿。

1926年11月下旬，李汉魂随部回到武昌后，即被委任为第四军军官队上校队长

1927年正月，李汉魂的第三个儿子李敢在广州出生

宁汉对立　国共分歧

4月，以蒋介石为首的国民党新右派在上海发动四一二反革命政变。蒋介石与汪精卫翻脸，在南京另组政府，国民政府一分为二，形成了宁汉分立的局面。

第四军因为驻守武昌，无可避免地成了武汉政府所倚重的军事力量。

国民革命军中，与共产党观点相近且拥有兵权的国民党人仍然非常多，尤其是在第四军。他们中的代表人物，就有邓演达、黄琪翔等。可以说，这时候第四军中的共产党员并没有受到冲击。

邓演达曾任黄埔军校教育长、北伐时任国民革命军总司令部政治部主任兼武汉行营主任，地位举足轻重。

宁汉分立后，邓演达严厉指责蒋介石的行为，提出了东征讨蒋的主张，只是因为没有得到汪精卫的首肯，才没有付诸行动。

第四军军长张发奎虽然只信奉三民主义，但善待共产党人。他重用共产党员叶挺、周士第等人。有人说他是利用共产党人来立功升官，此说也欠厚道。张发奎不

宁汉分立后，邓演达指责蒋介石的行为，提出了东征讨蒋的主张，但没有得到汪精卫的首肯。中为汪精卫，右为邓演达

谙政治，性格豪爽，既不争权，也不贪财，他只是以江湖义气待人处事。

黄琪翔与共产党人过从甚密，人尽皆知，叶剑英到第四军任职参谋长，就是由黄琪翔推荐的。

李汉魂也与叶挺等人过从甚密，他们同为保定军校同学，加上在北伐战役中并肩战斗的经历，两人私谊笃厚。

李汉魂的《南华影集》中，不但珍藏有叶挺的照片，还存有一张共产党员董朗赠送的照片。

董朗当时在独立团当参谋，与李汉魂是经常见面的。董朗后

在叶挺独立团当参谋的共产党员董朗

来随叶挺参加了南昌起义。当他们撤往广东，被国民党部队追击打散后，周恩来和叶挺等领导人都撤到香港去了，董朗带领剩余队伍在潮汕地区坚持到最后。

李汉魂当时只是一名校级军官，军人以服从命令为天职，对于党派之间的是与非，他还未有明确的立场。像大多数国民革命军官兵一样，他觉得北洋军阀才是主要敌人，国共两党就像兄弟一样，有矛盾需好好商量如何解决，没必要翻脸。

扩军北伐　各行其是

为应形势变化，武汉国民政府开始扩军，把驻武汉的第四军两个师扩编成两个军。第十师扩为第十一军，第十二师则承袭了第四军的番号。

原第十师师长陈铭枢升任为第十一军军长后，因为立场亲蒋，不久就辞了职，独自投奔蒋介石阵营去了，遗下的第十一军军长一职，就由张发奎兼任。张发奎于

是变成了两个军的军长。

国民政府的分裂内斗，导致北伐大军无所适从而止步不前。

本来，吴佩孚和孙传芳在湖北和江西全面败北，把持北京政府的奉系张作霖已然大感惶恐，想不到南方政府内部出现分歧，给他提供了一个反胜的好时机。

于是，张作霖派遣他的儿子张学良少帅，率领奉军沿京汉铁路南下，打算会合吴佩孚残部，一举消灭首鼠两端的国民革命军。

吴佩孚在失去武昌，退守河南后，凭借武胜关之险，作为暂时阻挡国民革命军北上的屏障，以等待张学良的援军到来，再行大举反攻。

令吴佩孚万万没想到的是，张学良抵达河南后，竟然趁火打劫，强行进占了郑州，将他的部队缴了械。

军阀本性使然，张学良此举，自以为是一举扩大了地盘，殊不知是为自己的失败埋下了伏笔。

吴军镇守天险武胜关的守将，是河南保卫军总司令靳云鹗，他本来一心只等与北伐军决一死战，孰料老巢郑州被南下的奉军所占，不由勃然大怒，立即挥军北上兴师问罪。奈何他兵力有限，寡不敌众，很快就被来势汹汹的奉军击败了。

腹背受敌的靳云鹗一怒之下，索性效法吴三桂，向国民革命军献关投诚。

这意想不到的事态发展，也是促成武汉政府下决心继续北伐的重要因素。

武胜关自古以来便是兵家必争之地，如今既可以避免一场恶战，兵不血刃地过关，不费吹灰之力，武汉政府又何乐而不为！

挥师讨奉　进军河南

审时度势权衡利害后，武汉国民政府决定暂时放下与南京方面的分歧，挥师北上，进攻已经抵达河南的奉军。他们相信，南京方面虽然与自己分庭抗礼，但总不会冒天下之大不韪，乘机来袭击他们。

出发前，武汉政府再次将所辖部队扩编为第一集团军，下辖三个纵队，其中的第一纵队由张发奎任司令。

第一纵队除了统辖第四军、第十一军的五个师之外，在湖南收编的贺龙第二十

宁汉分立之后，武汉政府决定继续北伐。升任第三十六团团长的李汉魂接受命令之后，集合部队，作再次北伐的战前动员

军，也被划归到了张发奎麾下。

大战在即，干部教导队宣布停课。李汉魂放下教鞭，升任十二师三十六团团长，替代了黄琪翔的职位。原团长黄琪翔此时已经升任为第四军副军长。

李汉魂而今要独当一面，自然深感责任重大。到任后，他立即集中全团官兵训话，作再次北伐的战前动员。

4月18日，第四军在武昌南湖机场举行了誓师大会。

20日，部队在京汉铁路车站出发，宋庆龄女士亲自前来送行，并送上一个大花篮致意。

武胜关是我国历史上著名的九大名关之一，春秋时期称直辕、澧山，秦始皇统一中国后，改名为武阳关，到南宋时又改名为武胜关。

武胜关关口，"青分豫楚、气压嵩衡，襟扼三江"，为秦岭褶皱山系东段桐柏山脉和大别山脉的东西交界处，中国南北地理的中点，中国南北方的分水岭。

千百年来，武胜关就是北望中原，南眺江汉的兵家必争之地，可能东北少帅张学良并未意识到这一点。

4 月 20 日，第四军部队在京汉铁路车站出发，宋庆龄女士亲自前来送行，并送上一个大花篮致意（《第四军纪实》插图）

铁路上的第四军宣传列车

铁路上的第四军宣传列车

4 月 22 日，李汉魂与他的第十二师第三十六团乘火车北上，迅速且轻而易举地通过了河南信阳武胜关。

第四军的大部队很快就来到河南驻马店集结。第四军的司令部，就设在驻马店的天主教堂。

驻马店，因古代为南来北往的信使、官宦驻驿歇马之地，因此而得名。旧时又称为"天中""驿城"和"驿都"，古时还被人们认为是天下最中心的地方。

驻马店的天主教堂，成了第四军的临时司令部

1927 年 4 月 25 日，第四军与驻马店的民众举行联欢大会

1927 年 4 月 25 日，第四军与驻马店的民众举行联欢大会

秦朝丞相李斯、法家思想代表人物韩非以及近代英雄人物杨靖宇将军的故里都在驻马店。还有重阳节和梁山伯与祝英台的爱情故事，也都在这里发源。

1927年4月25日，第四军与驻马店的民众，一起举行了一场隆重的联欢大会。

此时，张学良率领的奉军也已经大举南下，来势汹汹，占据了豫中沿铁路线一带。河南大地战云密布。

洪桥争夺　上蔡招降

5月初，国民革命军各部按计划到各指定地区集中，整装待发。

5月14日，战端首开，第一纵队以开封为目标，攻击前进。

国民革命军首个攻击目标是上蔡城。

奉军第十一军赵恩臻率第六旅、第十二旅和第四十六旅，还有一个骑兵团和一个炮兵团，已经集结于上蔡一带，严阵以待。

奉军第十一军，也是一支号称"铁军"的强悍部队，南北两支"铁军"在此处狭路相逢，难免会有一番恶斗。

首日进攻，国民革命军由骑兵团与七十四团打头阵，进攻在上蔡西南阵地的奉军第十二旅富双英部。

这支骑兵团来自陕西，是第四军在驻马店时才收编的，共有一百多匹蒙古骏马，组成三个连，由指挥部直接指挥。

由于整天下大雨，加上奉军的顽强抵抗，第一天的战事没有进展。

第二天，奉军开始大举反攻，攻势猛烈，第二十五师的进攻部队受到了重创。

第三天，双方经过多番反复争夺，第二十五师官兵终于把城外的敌军全部逼退回上蔡城内，然后迅速将所有通往城内的电话线都割断了。

上蔡城被围，城中奉军与外界失去联系，彻底变成了孤军。第四军决定不急于攻城，只以两个团的兵力将其围困，其他各部队分头北上，攻击东、西洪桥，以断上蔡城敌军退路。

16日拂晓，李汉魂奉命率三十六团由李家寨附近向上蔡北之西洪桥挺进。下午一时左右，他们的部队在十里铺与两个团的敌军相遇。

李汉魂立即率全团官兵奋力迎击。敌军虽然人多，但很快就抵挡不住三十六团的攻势，纷纷向西洪桥方向溃退。

驻守在东、西洪桥的敌人，正是奉军的"铁军"第四十六旅和第六旅。

张发奎和黄琪翔亲自到东洪桥附近侦察地形，部署各部队兵力。

各部队按命令就位，李汉魂的三十六团的战斗位置被安排在水寨。

据李汉魂所编《第四军纪实》记载：

十六日下午，我军部署已定，缪师长培南即以七十团向敌攻击。敌方为奉军第六旅全部，据险抵抗，战斗甚烈。入夜暴风大起，敌屡图乘机渡河，均被击退。上

5月14日，骑兵团与七十四团打头阵，进攻在上蔡西南阵地的奉军第十二旅富双英部。这个来自陕西的骑兵团，是第四军在驻马店时收编的，共有一百多匹蒙古骏马，组成三个连，直属指挥部

骑兵团整装待发

在攻克西洪桥后，黄琪翔在桥头与部属留影

东洪桥（《第四军纪实》插图）

西洪桥（《第四军纪实》插图）

蔡城中之敌复以炮火掩护敌军，火力炽盛。我军以兵力单薄，子弹不敷接济，前线颇危。幸我三十六团沉着守御，相持至十七日拂晓，始反守为攻，向敌猛进，炮火虽烈，北稍畏却。鏖战至十时，敌军全线开始动摇，我军乘势压迫，冲锋数次，敌大崩溃，向陈蔡铺方面窜退。

在各部队互相配合之下，第四军各团轮番苦战了三天三夜，激烈的战事达六七次之多！

17日早上，第四军奉命开始全线反攻，激战至中午，终于攻陷了东、西洪桥。

奉军号称"铁军"的第十一军被击溃。至下午五时，国民革命军已完全占领华陂及扶台集一线。

东、西洪桥之战中缴获的平射炮。此役，第四军缴获步枪千余支，机关枪十几挺，大炮十几门。图中还可见第四军的士兵，很多还是十四五岁模样的娃娃兵

东、西洪桥一役，俘虏奉军数百名，缴获步枪千余支，机关枪十几挺，大炮十几门。困守上蔡城的奉军旅长富双英知道大势已去，无路可退，只好率领全旅官兵开城投降。

富双英也是李汉魂在保定军校早一届的同学，毕业后成了张作霖麾下的一员将领。投诚国民革命军后，其部被改编为第四军第二十一师，富双英仍任师长。

富双英后来成了汪精卫的忠实追随者，抗战期间，他投靠了汪精卫的汉奸政府并任高职，抗战胜利后以汉奸罪被处决。

国民革命军在此役中伤亡两千多官兵，其中仅李汉魂的三十六团，伤亡已达七百人之多，第二营营长梁秉枢和工兵营营长都受了伤，李汉魂为此伤心不已。

第八篇　逍遥临颍战
　　　　决胜取开封
（1927年5月至6月）

东、西洪桥一役，奉军的"铁军"被国民革命军的"铁军"打败了。

第四军这一仗制胜的关键，在于指挥官判断的准确，决心坚定，各部队协同一致，夜间运动迅速等因素密切配合，缺一难以奏功。

逍遥大战　气势如虹

5月20日，第四军留下部分部队负责收编上蔡城的降兵，张发奎和黄琪翔兵分两路，从上蔡出发，各自取道向逍遥镇挺进。

第十二师在曹市的宿营地

5 月 22 日，第十二师从上蔡出发，向逍遥镇挺进

奉军万福麟麾下的陈震东旅约五个团兵力，正据守在铁路以东的逍遥镇一带。凭借沙河天险，准备迎战国民革命军。

奉军大部分守在北岸，南岸的老吴寨和北岸的朱阁也有部分奉军占据着。

经过侦察地形，第四军决定采用夹攻战术，先由独立十五师从东面渡河，偷偷绕到敌人背后。

23 日，李汉魂率三十六团，按照部署，占领了大路李至老吴寨附近一带。

24 日拂晓，从东面渡河已经到达敌人背后的独立十五师发起突袭，枪声冷不防在近距离响起。

奉军的防守部署都在正前面，一时措手不及，阵地乱成一团。

黄琪翔率领预备队第二十八团也正好赶到助战。奉军经不起两军合力的强势攻击，仓皇后撤，向临颍方向溃退。下午六点，逍遥镇已经告破。

南岸的奉军基本肃清。李汉魂率三十六团，在贺龙指挥的炮兵猛烈炮火掩护下强渡沙河，与据守北岸朱阁和南仓的守军展开激战。

25 日，第三十六团拿下了朱阁和南仓两个据点，继而向东宋庄方向推进。

26 日，奉军的增援部队，以九个团的兵力，向宋庄的第十二师展开反攻。

第十二师仅有三个团的兵力，面对三倍于己的强敌，师部传令，全师分左、中、右三翼，严阵以待。

逍遥镇之战中，第四军缴获奉军的枪支弹药

在5月的逍遥镇之战中，第四军缴获奉军步枪千余支，野炮两门，迫击炮十余门，机枪十余挺，以及大量军用物资等

李汉魂按指示向全团下达命令，全体将士必须保持冷静，非敌进至八百米之内，不得开火。

奉军步步进逼，见毫无动静，正以为进入无人之境，突然间枪炮齐响，杀声四起，惊天动地，一时猝不及防，被猛烈的炮火打得蒙头转向，立时阵脚松动。

李汉魂随即率领全团发起冲锋。第十二师三个团的将士一跃而起，齐声呐喊，排山倒海般冲入敌阵。

突如其来的炮火，已经让奉军死伤一大片，突然出现在面前的国民革命军，更把奉军打得丢盔弃甲，溃不成军。短短四十分钟，战斗已经结束。

这一仗，奉军有数百官兵阵亡，一名旅长被击毙，两名团长和数百名士兵被俘。国民革命军缴获步枪千多支，野炮两门，迫击炮十余门，机枪十余挺，以及大量军用物资。

逍遥镇一带的奉军被击败后，其余沿铁路线的奉军，都后撤至临颍附近布防。

少帅张学良，此刻在临颍四围聚集的兵力已达十万之众，而且拥有飞机、坦克和大炮。

相较之下，国民革命军的武器要落后得多，能让他们占优势的，就只有高昂的士气。

5月26日，第十二师第三十六团在占领逍遥镇后，集合部队准备出发进攻临颍

苦战临颍 贵在坚持

张发奎率第一纵队在占领逍遥镇后，即向临颍进发。

在行进的路上，张学良派出的两架侦察机就被国民革命军的子弹击落了。

临颍前面有两道屏障，第一道是十里铺，第二道是七里铺，奉军在此两地驻有重兵，七里铺更有坚固的工事。

5月27日拂晓，进攻临颍的战斗打响。

副军长黄琪翔带领第十二师和第二十六师，向据守临颍东北面的奉军展开攻击。

贺龙的独立十五师，负责南面的进攻。

张发奎率领主力部队及预备队作正面攻击，留下蔡廷锴的第十师作后卫。

战斗一开始就打得十分激烈，从早到晚，敌阵久攻不下。奉军武器精良、人数更数倍于第四军，第四军官兵大量伤亡，损失惨重。

28日，十二师决定兵分三路，由李汉魂的三十六团与吴奇伟的三十四团担任正面进攻，左翼由马少屏的三十五团负责，右翼由二十六师蒋先云的七十七团负责。

拂晓，战斗再度打响。由于奉军的工事非常坚固，弹药充足，炮火猛烈，负责中路进攻的两个团尽管英勇善战，也一直无法取得进展，伤亡尤其严重。

中午时分，忽闻右翼阵地枪声非常激烈。李汉魂担心右翼战况，遂将三十六团的二、三营暂时交给师长黄琪翔代领，自己带着第一营向右翼方向侦察增援。不久李汉魂发现，蒋先云的七十七团情势十分危急，正要发命令调派第二营前去增援，忽然接报正面中路的战事已经升级，所有部队都已上了火线。李汉魂只好放弃了增援右翼的打算，火速带队跑步回到中路，三十四团团长吴奇伟已经负伤了。李汉魂只好接手，同时指挥两个团的战斗。

右翼七十七团的处境已经非常严峻，官兵伤亡过半，团长蒋先云不幸阵亡，战场失去了指挥官，战局陷入混乱。

李汉魂得知右翼危急，赶紧再派出两个营前往增援，暂时保住了右翼阵地。

副军长黄琪翔闻报，当即发出电令：所有前线附近官兵，一概归由李汉魂团长指挥。有违令者，自营长以下准予就地枪决。

李汉魂临危受命，自知责任重大，当即集中兵力，坚持正面，以守待援。

此时，各团中下层军官大部分伤亡，有的营仅剩下一名排长。

由于后勤伙食供应无法保证，整个部队第一天只能吃粥，第二天无以为继，有两个团还一整天粒米未进，饿着肚子坚持战斗。

邓演达和苏联顾问铁罗尼等得知战况不利，致电前线，建议立即撤退。

张发奎却提出异议，他认为，如果大白天撤退，奉军就会乘势追击。我军没有足够的火车车厢供士兵快速转移，那样就极可能被奉军消灭，所以就算要撤，也必须坚持到晚上，乘夜色神不知鬼不觉悄悄地溜走。

如此一直坚持到下午近三点，负责后卫警戒的蔡廷锴第十师奉命火速赶来增援，与坚守在前线的李汉魂部一起再度发动猛烈的进攻。

奉军经过两天与第四军的较量，损失同样惨重，并且士气低落。面对国民革命军的猛烈攻势，少帅张学良老早就沉不住气了，再也经不起这一轮突如其来的猛攻，赶快传令弃城撤退，他怕再这样打下去，东北军的老本就会全部被他丢光了。

临颍城于是告破。

这一仗，是第四军自北伐以来打得最艰苦的一仗，伤亡将士数千人。

张学良的奉军经此一役，主力部队基本被消灭，元气大伤了。

双方可谓两败俱伤！

第四军惨胜。奉军则惨败，落荒而逃，他们的炮兵团跑不了那么快，只好向第四军乖乖投诚。意外获得的十几门迫击炮，让第四军一下子拥有了一个炮兵营。

奉军的一辆坦克也来不及开走，成了第四军的战利品。

临颍之战后，第二十五师缴获大量奉军的武器。图为张发奎（右）在摆弄缴获的重机枪

临颍铁路线上繁忙的备战场面

临颍之战后，十二师缴获了大量武器。以手叉腰者为张发奎

临颍之战后，十二师缴获的步枪

临颍之战结束后，第十二师抓获的奉军俘虏

临颍之战中阵亡的士兵伏尸

临颍之战中阵亡的士兵被集中埋葬

　　不过，因为不懂得操作，这辆坦克在他们手上没有派上用场，几位将领跑去拍了几张留念照片后，就将其上交给国民政府军委会了。

　　临颍之战，是第二次北伐所有战事中最血腥最残忍的一场内战！

　　张发奎在他的口述回忆中说，如果当时山西的阎锡山履行承诺，在奉军南下河南时，出兵石家庄，切断奉军的后方补给线，奉军势必阵脚大乱，就不会给北上的国民革命军造成这么大的伤害。

　　但以阎锡山的老谋深算，当时自然不会贸然出兵，因为万一国民革命军输了，他就立马成了奉系首当其冲的敌人，他有那么笨吗？

　　临颍之战后，李汉魂与军部副官王超一起，回到七里头和十里头战地视察，收集两军阵亡将士遗骸安葬。

　　面对战后惨象，李汉魂又一次被战争的残酷所震撼。

临颍一战，奉军大败，他们的一辆坦克来不及开走，成了第四军的战利品。这是南方军队之前从来没有见过的武器，所以吸引了一众长官纷纷攀上坦克拍照留影。照片右面第一人是纵队司令张发奎，张发奎背后的就是三十六团团长李汉魂，正中坐在高处的是七十一团团长欧震

我进敌退　轻取开封

6月2日，第四军、第十一军和第二十军即掉头东指，兼程向开封进发。6月4日李汉魂率部队抵达朱仙镇。

朱仙镇是中国四大名镇之一。南宋时，这里就是岳飞大破金兵的地方。岳飞是李汉魂最崇拜的偶像，所以对这著名的小镇特别神往，但这时候的朱仙镇已经非常残破，只剩下几条小街，唯有镇中的关帝庙保存完好。

第十二师的师部设在朱仙镇的关帝庙内。李汉魂当时还童心大发，爬上神坛与神像来了一张合照。

开封城的守将，是张学良的部将奉军第三十七旅旅长兼开封警备司令何柱国。何柱国是南方人，也是李汉魂的保定军校同学。

奉军出师不利，一败涂地，何柱国自知也逃不出失败的命运，已经无心再战，在国民革命军抵达之前就匆匆撤走了。

开封已无战事可言。

第十二师浩浩荡荡地开进了开封府，沿途没有遭受任何抵抗。

6月6日，李汉魂便抽空到了开封著名的古迹龙亭公园游览，摄下了三幅龙亭公园照片。

6月4日，第十二师抵达朱仙镇，师部设在关帝庙

开封著名的古迹铁塔，始建于北宋皇祐元
年，素有"天下第一塔"的美称。铁塔高
55.88米，八角十三层，又称"开宝寺塔"

第十二师的师部设在朱仙镇的关帝庙内，李汉魂童心大
发，爬上神坛与庙内的神像合影

　　龙亭园在北宋和金代时都曾是皇宫，后来几经变迁，逐渐败落。1922年冯玉祥主政河南时又派兵拆掉牌坊扩建道路，名胜几乎被毁。李汉魂所摄下的照片就是当时的面貌。此园之后又被改为中山公园，至1953年才重新改回原名龙亭公园。

　　开封还有一处名胜，就是著名的古迹铁塔，李汉魂的镜头当然没有把它漏掉。

　　此塔始建于北宋皇祐元年，素有"天下第一塔"的美称。铁塔高55.88米，八角十三层，又称"开宝寺塔"。

　　河南的奉军已经被肃清，河北近在咫尺。然而正当官兵们摩拳擦掌，准备乘胜追击，继续北进，一举拿下北京的时候，政局又有了新的变化。

　　汪精卫在郑州召开会议并做报告，指称因为南方的农民协会发动骚乱，导致后方不稳，所以北伐不可能继续进行，部队必须尽快回师武汉。

　　第四军于是把河南的驻守任务移交给同时率军抵达开封，但只能驻军城外的冯玉祥负责。

　　其实此时的冯玉祥只是表面上支持武汉政府，暗中已经跟蒋介石的南京政府秘密接触。

开封古迹龙亭公园一角

1927 年 6 月 6 日，李汉魂抽空到了开封著名的古迹龙亭公园游览，摄下了三幅龙亭公园照片。此园在北宋和金代时都曾是皇宫，后来几经变迁，逐渐败落。1922 年冯玉祥主政河南时又派兵拆掉牌坊扩建道路，名胜几乎被毁。李汉魂所摄下的照片就是当时的面貌。此园之后又被改为中山公园，至1953 年才重新改名龙亭公园

开封古迹龙亭公园一角

1927 年 6 月 8 日，国民革命军第一纵队开拔，离开开封古城南返武汉。第二次北伐，至此画上了句号。

根据李汉魂《南华影集》记录，李汉魂在离开开封城之后，还曾率部进占山西，不过，有关这段历史的文字记录，暂时还找不到有关第四军曾经到过山西的记载。然而，李汉魂的影集中确实保存着一张照片，是他在山西关帝庙的忠义圣武牌坊前，为张发奎拍的留念照，这张照片或可以证明第四军第十二师的确到过山西，或至少是李汉魂与张发奎曾私自跑了一趟山西。

根据史载，阎锡山那段时间正在太原举行仪式，正式宣誓就任武汉政府任命的国民革命军北方总司令职务，张发奎和李汉魂很可能是去参加仪式的。

不过，当时阎锡山的立场与他们并不一致，因为他紧接着就在山西实行了"清共"政策，开始向蒋介石的南京政府靠拢。

6 月中旬，李汉魂随部队返抵武汉。

1927 年 6 月，李汉魂在山西运城关帝庙的忠义圣武牌坊前，为张发奎拍了一张留影

第九篇　武汉酿"分共"　九江谋起兵

（1927 年 6 月至 8 月）

1927 年 6 月，第四军从河南班师回驻武汉后，奉命再度扩编为第二方面军，由张发奎任总指挥，统辖第四军、第十一军和第十二军共三个军。黄琪翔、朱晖日和贺龙分别担任各军军长。

李汉魂在数场大战中战绩突出，因此一再获得升迁，先是调升为第四军干部教导队和军官队上校队长，兼第二十五师参谋长，而后任第二十五师副师长，代师长。扩编后则正式获晋升为中将师长。

第二十五师原师长朱晖日已经调任为第十一军军长，新任第四军军长的黄琪翔就把老搭档李汉魂从第十二师调过来接替自己的师长之职。

李汉魂的升迁可说是相当快，出发北伐时，他还是中校团参谋长，一年后已经升为中将师长了。

叶挺也获晋升为第十一军第二十四师师长。

无意"清党"　有心"联共"

李汉魂升任第二十五师师长，副师长是张弛，参谋长是张云逸。

张弛是九江人，辛亥革命时曾任九江军政府参谋，后赴德国学习军事，回国后历任广东石井兵工厂警卫团团长，粤军第一师第二团团长等职。

张云逸是共产党员，海南岛文昌人，曾参与黄花岗起义，加入粤军后曾任香山

第四军从武汉来到江西九江后，李汉魂（右）即获升二十五师中将师长。图为李汉魂和师参谋长张云逸（左）与原师长、刚刚调任第十一军军长的朱晖日（中）合影于师部

李汉魂与叶挺部队官佐的合照。中排坐者，右一为李汉魂、右二为欧震、右四为叶挺、右六为李硕勋

护沙营营长，还曾在许崇智部队当过旅长（李汉魂所编的影集因手误，把张云逸的名字错写成张云亮。查实张云亮另有其人）。

第二十五师下辖三个团，分别为第七十三、第七十四、第七十五团，三位团长分别由周士第、黄世途和李江担任。

第七十三团团长周士第是共产党员，海南岛琼海人，在军中资格很老，曾任孙中山元帅府铁甲车队队长，又曾经是叶挺独立团的参谋长。第二次北伐后，独立团改为第七十三团，周士第升任团长。也就是说，这个团的前身就是大名鼎鼎的叶挺独立团。

第七十三团的指导员叫李硕勋，也是共产党员。是周恩来专门把他安插进来担任此要职的。

众所周知，第一次国共合作时，周恩来在黄埔军校曾担任过政治部主任。大量的共产党员之后在军校毕业，被安插到各部队中担任要职。而共产党员最集中的部队，就是第四军，尤其是叶挺的独立团。

第七十四团团长黄世途是广东大埔人，早在粤军时代，他就已经与李汉魂在一起打拼，现在与李汉魂一起从十二师调来二十五师，任七十四团团长。因原团长张驰已被调升为第二十五师副师长。

此团的参谋长王尔琢也是中共党员，还有两名连长也是中共党员。

第七十五团团长李江是广东台山人，李汉魂的保定六期同学，原第二十五师师长朱晖日的同乡。这个七十五团，是以叶挺独立团的直属队为基础扩编的，所以其前身也是独立团。

中国十大元帅之一的叶剑英，也在此时成为李汉魂的同袍，被任命为第四军的参谋长。

曾任黄埔军校教授部副主任的叶剑英，北伐开始时，曾任国民革命军第一军总预备队指挥部的参谋长。跟随蒋介石攻克南昌后，叶剑英转任国民革命军新编第二师代师长。

南京政府"清党"开始后，叶剑英就脱离南京来到了武汉，通过黄琪翔的引荐，加入了第四军。

7月1日，李汉魂奉命率第二十五师移驻鄂城。

鄂城是武昌的古城，叶挺和贺龙的部队当时都驻在这里。叶挺是第二十四师师长，贺龙是第二十军军长。

难得在古城有几天的闲暇，据李汉魂自己描述，在这段日子，他每天都与叶挺和贺龙在一起喝茶聊天，畅谈对时局的看法。

李汉魂在他的《忆怀》中描述："七月中旬，我师与叶挺部开抵九江。我与叶挺更是常常在一起谈心，彼此也只是对大局深表忧虑，未见其异。"

李汉魂是心思细腻之人，他当时究竟有没有看出叶挺有"异心"呢？相信多少还是有看出来的，而且有可能叶贺二人都曾暗示性地对他作出过试探，希望李汉魂能与他们共襄义举。

叶挺与李汉魂有那么多年同窗之谊，还有北伐期间的患难之交，彼此的性情都特别了解。

李汉魂的次子李焕教授曾忆述，叶挺在皖南事变中被捕后，张发奎和李汉魂都曾努力想方设法进行营救。

事变发生后不久，叶挺从江西被转到重庆关押，李汉魂就专门派了一辆军车，护送叶挺的妻女儿前往探望，李焕当时就与她们母女俩同车远赴重庆。

变脸武汉　异动九江

自从蒋介石"清共"以后，武汉政府仍然执行"联共"政策，容许在辖区内实行土地改革，打倒土豪劣绅的宣传。

但工农运动的发展，触动了国民革命军内工商业出身将士的切身利益，引起了部队内部的激烈反弹，许克祥、唐生智等军队先后倒戈，投向南京政府。

汪精卫见势不妙，便也在 7 月 15 日宣布与共产党终止合作，准备实行"分共"。

7 月 26 日，武汉政府宣布免去中共党员在各机关中职务的决定。

第四军中的共产党员，大多集中在第二十五师。张发奎位居中枢，不会不清楚汪精卫将要采取什么行动。

共产党也因此坚定了组建属于自己军队的决心。

在这个非常敏感的时刻，张发奎发了一个命令，要第四军和第十一军移防前往江西省的九江市。

叶挺从来就不隐瞒自己的共产党员身份，所以如果张发奎要执行"分共"命令的话，肯定是第一个就会拿下叶挺，但张发奎这时却让他率部远行，自己留在了武汉，不知是何用意。

如果张发奎想对他部队中的共产党员下手，大可以在武汉动手，怎么会让叶挺有机会率领大部队离开他的视线范围呢？

据传闻形容，张发奎就是一位很讲江湖义气的纯粹军人，他一向把叶挺等共产党人视为兄弟，共产党也一直把他视作争取对象。

张发奎做人做事有自己的原则，对于一起出生入死的兄弟，他不会痛下杀手。

当时的武汉政府，也并非由汪精卫一人说了算，张发奎固然举足轻重，国民政府委员会成员中还有孙科、谭延闿、宋子文和徐谦等人，他们的影响力都不容轻视，宋庆龄在政府中也很有号召力。

而且这些文官们全都没有军权，就算他们想大开杀戒，也要看张发奎听不听他们的话。

1927 年 7 月中旬，李汉魂也奉命率二十五师离开鄂城，到达九江。

一连几天，李汉魂仍是与叶挺、贺龙在一起喝茶聊天，相处几天后，才率部移

1927 年 7 月 30 日，李汉魂登上庐山

1927 年 7 月 30 日，李汉魂去庐山开会

驻马回岭。

李汉魂的师部设在离马回岭北面约六公里处的黄老门村，属下三个团则分别驻扎在铁路沿线一带。周士第的七十三团驻在马回岭。

李汉魂的第二十五师离开后，叶挺的二十四师和贺龙的二十军，也开始从九江开拔，向南昌方向移动。张发奎知道后，曾下令他们迅速返回九江，但他们没有执行命令。

下旬，汪精卫及张发奎一起发了一个通知，要求各军的军长和师长，月底到庐山来开军官会议。

29 日，李汉魂让参谋长张云逸代理日常事务，自己则动身前往庐山赴会，30 日到达庐山牯岭。喜欢游山玩水的他，还利用开会前的空闲，跑马看花，用他的照

1927 年 7 月 30 日，李汉魂在庐山拍摄的五老峰
风景照片

1927 年 7 月 30 日，李汉魂在庐山拍摄的白龙潭
风景照片

1927 年 7 月 30 日，李汉魂在庐山拍摄的温泉风
景照片

1927 年 7 月 30 日，李汉魂在庐山拍摄的牯岭游
泳池风景照片

相机在周围拍了一些风景照片。

　　李汉魂是准时到会的，但是，贺龙和叶挺、蔡廷锴等人都没有现身。少了几位
主要人物，会议没有开成。

庐山流会　南昌"兵变"

　　当张发奎和李汉魂等人都仍在庐山上翘首等待之际，一场惊天动地的"兵变"
正在距庐山百余公里外的南昌酝酿爆发。

　　李汉魂的第二十五师部队驻军所在地马回岭和黄老门，此时也在密锣紧鼓地准
备着配合起事。

　　聂荣臻在他的回忆中提到，那几天，周恩来派他到了马回岭七十三团驻地，向
二十五师的中共党员传达叶挺和贺龙在南昌准备起义的决定，让他们随时准备起兵
前往策应。

　　师长李汉魂离开部队之后，参谋长张云逸便瞒着七十五团团长李江，与七十三

南昌起义后，李汉魂（中）在南回途中与部属孔可权（左二）、李江（右二）合影

团团长周士第约定，只要南昌方面一有动静，便立即以演练的名义，指挥两团部队离开驻地，开到德安，然后乘坐火车开往南昌。

庐山方面消息完全闭塞，叶挺和贺龙等将领无故缺席，很不寻常，李汉魂和张发奎都意识到事有蹊跷了。

8月1日早上，李汉魂便匆匆下山赶回黄老门的第二十五师师部，通知各团团长速来师部开会。

这个时候，南昌方面起义的枪声已经响起。当李汉魂赶回师部，驻守师部附近的七十五团，已经在周士第带领下，瞒着李江，全部离开了黄老门的驻地。

驻守在六公里外马回岭的七十三团负责断后，此时也已经出发，向德安方向开拔。

只有黄世途的七十四团没有参与行动，他们的驻地在马回岭以南。

因为预感到部队有异动迹象，张发奎随后也带了两名苏联顾问从庐山下来，赶到黄老门与李汉魂会合，然后一起乘坐火车赶往德安。

火车经过马回岭，进站时开始减速。突然，他们听到车头方向传来一阵枪声。

凭直觉，张发奎与李汉魂都预感到火车头在前面遭遇劫持了，两人都同样机警，立即不约而同跃身跳下车来，紧随他们同时跳车的，还有好几名卫士。

被劫持的火车随即加速，仍在车上的苏联顾问及其他人全被载到德安去了。

张发奎和李汉魂下车后，远远还看到走在最后面的殿后部队。七十三团大部分人已经离开了。

张发奎等人仗着自己与部属一向相处和谐，便拔腿一边跑近前，一边高声下命令，要他们立即停止行进。

为防止事态继续扩大，李汉魂立即赶回七十四团驻地，集合全团官兵训话。

想不到这个团也没能保持完整，机枪连和侦察连都被拉走了。

聂荣臻带领着第二十五师的两个团和一个机枪连，在德安乘坐火车，连夜赶到南昌。他们在南昌与叶挺、贺龙的部队会合时，已经是8月2日凌晨。

南昌方面的战斗已经在8月1日当天结束，贺龙的第二十军一举攻占了朱培德的第五方面军总指挥部。

这就是后来载入史册的"八一"起义，这一天也成为中国人民解放军的建军节。

南昌起义对中国共产党意义非常重大，因为从那天开始，他们首次拥有了一支真正由他们领导的正规部队。

第十篇　应邀回南粤
　　　　奉命驻东江
（1927 年 8 月至 9 月）

1927 年 8 月 3 日，李汉魂奉命率领第十二师、第二十五师和第二十六师，出发"围剿"起义部队，向南昌方向开进。

李汉魂此时麾下仅剩的部队只有黄世途的七十四团了。张发奎只好从第二十六师中把第七十六团抽调过来归李汉魂指挥，勉强凑成一个师。

经过数天跋涉，8 月 7 日，李汉魂等才抵达南昌城下。此时起义部队已经撤离多日了。

起义部队只在南昌城留驻两天，自知此地不宜久留，已经在李汉魂率部出发的同一天撤离。

还乡心切　追而不击

作为北伐中战斗力最强的第四军，由于一向缺乏政治野心，导致他们在武汉并没有想到需要找个立足之地。而唐生智当时的势力已经控制了湖南、湖北，第四军暂时栖身的江西却还是是朱培德的地盘，所以李汉魂等官兵，其实早就回乡情切，对于此次接到追击"叛军"任务，可说是求之不得。

大家都知道，他们追击的"叛军"，不但是昔日生死与共的战友，还是同声同气的广东兄弟。

李汉魂挥兵尾随起义军，于 9 月初进抵赣州。几近一个月，他们都没有与"叛

1927年9月初，李汉魂等率部从赣州出发，经江西南康，越大庾岭到南雄始兴，进入广东地界

军"发生过直接军事冲突。

这段时间，国民政府内部的形势已经发生巨变。蒋介石在徐州被孙传芳打败，威信受挫，李宗仁却凭借打败了孙传芳之功，在南京政府中掌控了主动权。

由于武汉政府已经展开"分共"行动，南京政府方面众多要员都认为，既然两边政府目标已经一致，便应该尽早和解联合。于是在李宗仁带头下，呼吁与武汉政府联合，并召开国民党一中全会。

不过，武汉政府方面却不肯原谅蒋介石过往的行径，所以"宁汉合流"的实现，最终要以蒋介石的下野为代价来促成。

而汪精卫的死对头蒋介石虽然下野，短暂重归一统的国民政府，却被军权坐大的李宗仁新桂系把持了。汪精卫受到桂系排挤，也在9月愤而下野。

宁汉再度分裂，主角已经不再是蒋汪，而是掌握军权的李宗仁新桂系，对垒唐生智为代表的原武汉政府部队。

南昌起义的叶挺贺龙部队，就是在这种情势之下，一路经福建汀州，进入了广东潮梅地区。

李汉魂等人名义上是在追击，实际上只是远远地尾随。对起义军进行围追堵截的，还数蒋介石的亲信钱大钧最卖力。

南昌起义部队本来是李济深的旧部，但如今归来不但不归自己管辖，还成了他的心腹大患。

南昌"兵变"后，李汉魂率剩余部队在南返广东途中休息

对于另一支归心似箭的旧部，李济深也有忧虑，自从第四军一分为二，出征的第四军在张发奎这位原下属的率领下，已经打出了一个响当当的"铁军"招牌，功高震主，现在他们回来，自己也许已经无法驾驭他们。只是如果不让他们回来也实在说不过去，第四军官兵都是广东人，他们出征任务完成后，回乡是名正言顺、理所当然的。

如今共产党的南昌起义部队压境，李济深要对付叶挺劲旅，手下虽然还有陈济棠等可以依赖，但仍恐力有不逮。与叶挺劲旅抗衡的把握并不大，除了联合张发奎、李汉魂等猛将，他不知道还能找谁。

李济深主意既定，当即请出原副军长陈可钰前去当说客，表达邀请第四军回广东助一臂之力的诚意。陈可钰是张发奎和李汉魂等人十分敬重的前辈，有他从中斡旋，当有希望携手合作。

站在李汉魂等广东籍军人的立场来说，回广东正是他们梦寐以求的愿望。他们本来就是广东子弟兵，参加北伐之后，一直在外省征战。只因宁汉分裂，分属了两个阵营，才令他们有家不能归。此时向广东方向追击"叛军"，正是他们回家的大好时机，就怕李济深到时不让他们入境而已。如今获得李济深的邀请，自然双方一拍即合。既然可以堂而皇之地以追击"叛军"的名义回了，他们又何乐而不为呢？

1927 年 8 月 20 日，第四军开始从江西向广东开拔。

9 月初，李汉魂等率部从赣州出发，经江西南康，越大庾岭到南雄始兴进入广东境内，于 9 月 21 日抵达韶关。当地大批军政要员和团体民众纷纷从广州赶来热烈欢迎，高呼"铁军万岁"的口号，盛况空前。

回到广东后，第二方面军的番号取消了，部队改为隶属李济深的第八路军。

广州的防务，由第四军缪培南的十二师负责。

许志锐的二十六师驻韶关。

李汉魂则奉派率领第二十五师调驻惠州。

进驻惠州　处决胡谦

为了安置第四军的南回部队，李济深命令原驻守惠州的军政首领胡谦移防赣州，让李汉魂的第二十五师接管惠州。

胡谦是蒋介石的亲信，曾任黄埔军校教育长，1925 年的第二次东征时，蒋介石任命他为总指挥部总参谋长。惠州被攻克后，蒋介石就让他留守惠州，任命他为第十八师师长兼惠州警备司令。

胡谦任职惠州之后，在当地积极推行蒋介石的"清共"政策，据说他还借镇压工农会组织之机，大肆搜掠民财。这种过火的镇压，引起了当地的民愤。

听闻第四军将要进驻惠州，当地民众纷纷递状投诉，要求对胡谦加以严惩。

第二十五师进驻惠州翌日，李汉魂就召集当地各界民众，举行了一场惠州军民联欢会。

胡谦作为当地首长，自然会到场。在一片热烈的气氛中，异乎寻常地是在会场周围的墙壁上出现了"肃清腐化分子"的大字标语。

李汉魂客客气气地把胡谦请到主席台就座后，就开始发表演说。

会场中心是一个宽敞的茅草棚，里面坐着手持木棍的本地奋勇队和第二十五师官兵。

李汉魂向民众报告了北伐的经过。期间，事先布置好的二十五师官兵迅速包围了会场。李汉魂在台上看到一切均已按计划进行就绪后，话锋一转，说到有些地方高官腐化堕落，欺压民众的话题，接着还掏出他所收到的状纸读起来。

端坐台上的胡谦顿时脸色大变，知道自己今天误赴鸿门宴了，只有走为上策，

1927 年 9 月，李汉魂率部回粤并移驻惠州，当地举行隆重的军民联欢会

便急忙起身拔脚就走。

　　李汉魂没有理会胡谦，掏出一张早已拟好的纸张，开始历数胡谦的罪状。

　　胡谦带着几名随从卫兵，急匆匆冲出会场。

　　会场上已经群情汹涌，民众纷纷高呼，"枪毙胡谦"的声浪此起彼伏。

　　胡谦的第十八师已经撤走，胡谦是无兵司令，手下只有几名卫兵，走了不远，就被李汉魂的部队围捕捉获，关押起来。

　　李汉魂将消息立即电告李济深和张发奎，请示如何发落。李济深命令李汉魂，立即将胡谦押送广州让其亲自审理。

　　张发奎却另外给李汉魂秘发了一道密令，让李汉魂在押送途中以反抗逃跑为由，把胡谦处决。

　　张发奎很了解李济深的心计，他知道李济深到时一定会放掉胡谦，到时李汉魂就会成了替罪羊，胡谦日后必然会找机会报复。张发奎也是为了免留后患才决定痛下杀手。

　　李汉魂最后让押送胡谦的士兵执行了张发奎的密令。胡谦就这样丧了命。

1927年9月，李汉魂率第二十五师剩余部队回粤并移驻惠州。图为李汉魂在惠州举行的联欢大会上发言。台下坐着手持木棍的本地奋勇队和第二十五师官兵

李汉魂派兵搜查胡谦的家，据说搜出白银和烟土各十余万两。如属实，指证胡谦为腐化分子也不算太冤枉。

据李汉魂次子李焕先生说，李汉魂对于这次的执行密令仍有点懊悔，毕竟胡谦是国民政府的功臣，他本该放他一条生路。那个年代法制不全，地方大员贪污腐化大有人在，并非仅止胡谦一个。

李汉魂杀胡谦，姑莫论对错，就他当时的动机，也不过是执行上司命令，公事公办，无可厚非。

1927 年 9 月，李汉魂率部回粤并移驻惠州，当地举行隆重的欢迎
大会，会场上戒备森严，并张贴了"肃清腐化分子"的大字标语。
当日惠州警备司令胡谦被李汉魂突袭拘捕并处决

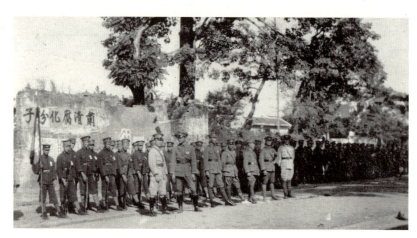

1927 年 9 月，李汉魂率部回粤并移驻惠州，当地举行隆重的欢迎大会。第二十五师官
兵在会场外警戒待命

1927 年 9 月，李汉魂率部回粤并移驻惠州，当地举行隆重的欢迎大
会。图为会场外的士兵

第十一篇 "张黄"谋夺主 双叶密称兵

（1927年10月至11月）

1927年10月，李汉魂于惠州召开各界欢迎汪精卫和何香凝回粤的大会

继蒋介石在8月13日被李宗仁等逼宫下野后，汪精卫也因为受到新桂系的排挤，在10月愤而宣布下野，宁汉再度分裂。

此时的宁汉对立，实际上是李宗仁和唐生智两大军方势力的对立。

汪精卫下野后，除一边联络唐生智对抗新桂系，还一边打算拉拢第四军，企图在广州另立中央，于是在10月底来到广州号召"救党"，准备重夺领导权。

为了配合形势，李汉魂在惠州也为迎接汪精卫来广东主政大造舆论，召集各界举行欢迎汪精卫和何香凝的大会。

李济深本来是站在桂系南京政府立场上的，本不愿意接受汪精卫，但碍于张发奎的势力，才勉强同意让汪精卫来广州。

　　李济深是广西人，一向与新桂系关系密切，而今新桂系得势，他就算不依附，也不愿意与其为敌，所以并没有真心拥护汪精卫。

军民合作　政通人和

　　李汉魂在惠州处决胡谦之后，即在当地协助民众从事地方建设，并派遣部队清剿各县土匪。

　　在惠州，李汉魂发扬第四军的传统，与民众搞好关系，部队官兵与民间打成一片，提出了"军队民众化"的口号。这在他保存的照片中可以看到当时的氛围。

　　双十节，第二十五师在石龙市召开隆重的军民联欢大会，李汉魂也留有照片。

1927 年 10 月，李汉魂率部回粤并移驻惠州后，师部同人与惠州三中的学生举行排球比赛

1927 年 10 月 10 日，第二十五师在石龙市举行双十节军民联欢大会

1927 年 10 月 25 日，李汉魂与同袍骆应钊、黄治平、涂恃仁、黄宝秋合影于惠州西湖之红棉水榭

1927 年 11 月 1 日，第四军第二十五师师党部改组成立大会在师部大堂举行。师部政治部挂出的横额上书"平民化、纪律化、主义化！"两边柱子上写着："第一步使武力与国民相结合；第二步使武力为国民之武力。"

　　局势初步稳定，10 月 25 日，李汉魂与一众同袍游览了惠州名胜西湖，在红棉水榭前留下了合照。

　　红棉水榭位于平湖红棉岛，相传北宋年间惠州太守在岛上建亭后，此地便成为文人雅士游览聚会吟啸之地。明清时，岛上有两株红棉古树在盛夏季节万花齐放，非常壮观。据知水榭今天已经不复存在，只有红棉树还在年年开花。

　　1927 年 11 月 1 日，第四军第二十五师师党部改组成立大会在师部大堂举行。师部政治部提出了部队"平民化、纪律化、主义化！"的口号，以及"第一步使武力与国民相结合，第二步使武力为国民之武力"的指导思想，成为第四军当时的治军方针。

张黄生事　蒋汪变局

惠州在李汉魂参与治理之下，地方治安渐趋良好，军民关系融洽。李汉魂也在这短暂与当地政府合作中，学到了一些治理地方的宝贵经验，为他日后从政积累了资本。

树欲静而风不止，政局每天都在发生变化。

已经下野的蒋介石，政场失意，却情场得意，趁着无官一身轻的闲暇时间，与宋美龄坠入了爱河，一个华丽的转身，蒋介石就成了已故国父孙中山的襟弟。本来拥汪反蒋的宋子文，转眼成了蒋的小舅子，闭门一家亲了。（蒋宋的婚礼是在 12 月举行的。）

蒋介石见到此时汪精卫在广州举起了反新桂系的大旗，便决定摒弃旧怨，联汪

1927 年 11 月 5 日，第二十五师在惠州举行干部教导队开学典礼。李汉魂在讲台上发言

反桂，派宋子文赴广州对汪精卫进行游说，表示只要将李济深赶跑，他愿意回黄埔办军校，辅助汪重建中央政权。

汪精卫信以为真，他来到广州，正为李济深不愿与新桂系翻脸而伤脑筋。

为了把李济深打压下去，汪精卫与张发奎密谋策划了一出调虎离山计。

1927年11月5日，第四军第二十五师在惠州举行干部教导队开学典礼

1927年11月5日，第二十五师在惠州举行干部教导队开学典礼，图为开学典礼的会场

恰在此时，李济深等提出了召开国民党四中全会解决各派分歧的提议，新桂系虽不反对，但提出条件，大会必须在南京召开。双方争持不下时，蒋介石以和事佬的姿态，站出来当调停人，提议会议在上海召开，最后得到各方同意。

汪精卫的谋划也很周密，他让张发奎假装辞职出洋考察，把军权交给李济深，交换条件是让李济深支持汪精卫反对新桂系。之后汪精卫以赴上海开会的名义，与李济深一起离开广州，以达到调虎离山的目的。另外，还设计诱使桂系留守的黄绍竑来广州主持大局，欲将其一并抓捕。

11月15日，李济深跟汪精卫同船赴上海开会去了。张发奎依计离开广州去了香港，黄绍竑也在当天从南宁来到广州。

11月16日晚上，黄琪翔突然派兵包围了黄绍竑的住所，破门而入后，竟发现黄绍竑已经逃走。据说是财政厅长冯祝万通风报信，让黄绍竑逃过了一劫。

当天，张发奎刚到香港，就立即乘夜坐船回程，17日凌晨已经回到广州，随即宣布自任军分会主席，撤销李济深的职务。广州随即被汪派掌控了。

李济深上了汪精卫的当，非常愤怒，便在上海的第二届四中全会上全力追究汪精卫在"张黄"事变中的责任。汪精卫一时成了众矢之的，受到前所未有的舆论攻击，处境变得非常被动。

为了不让桂系得势，汪精卫提出了让蒋介石复职的动议。因为蒋答应过会辅助自己，汪精卫指望蒋介石能履行诺言。

新桂系的首领李宗仁不想树敌太多，也因此转口表态支持蒋介石复职，于是蒋介石借着两广的不和复出重掌军权。

李济深被驱逐后，薛岳所率的新编第二师被改编为第四军教导第一师（薛岳自此即开始成为第四军的得力人物）。

黄镇球为师长的原新编第三师，加上韩汉英的广东省防军，也在这时合编为第四军教导第二师。

加上原有的第十二师、第二十五师和第二十六师，第四军一下子有了五个师。

政局发生的这一连串大事，李汉魂都没有参与，这段时间，他一直在惠州主持刚刚成立的干部教导队教学和训练事务。

11月5日，第二十五师的干部教导队在惠州举行了开学典礼。这是李汉魂最重视的工作，在各团中挑选有作战经验而且表现优秀的士兵，集中起来，把他八年军校所学军事知识，以及北伐实战经验传授给他们，以培养出更好的军事干部。

空城暴动　回马惊弓

黄绍竑逃回广西后，立即调集广西的第七军精锐部队，向广东大举进攻。

张发奎也不示弱，把留守广州的第四军主力调到肇庆，只留下第四军教导团及一个没有武装的特务营，还有一支市公安局警察保安队在广州维持治安。

第四军的教导团本来就是聚集了大量共产党员的部队，其中有小部分共产党员参加了8月1日的南昌起义，剩下来的官兵则随大部队来到广州。张发奎曾经怀疑其中还有隐藏了身份的共产党员，所以到韶关时曾下令把教导团全体缴械，然后集中在黄埔军校，接受审查甄别。

可能是负责审查的人失职，或其本身就是秘密共产党员，审查很快完成了，结果没有查出任何嫌疑分子，于是张发奎命令给他们发还了枪械，让叶剑英兼任团长，驻扎在广州北较场。

叶剑英自从经黄琪翔介绍到第四军，被张发奎任命为第四军参谋长之后，曾暗中帮助叶挺在南昌发动起义，却完全没有暴露身份，仍然留在军部继续当他的参谋长。教导团通过审查后，因为原团长杨树松赌气辞了职，叶剑英才兼任了团长。而叶剑英后来还托词没有时间管理，只好委托朱勉芳担任了代理团长。

12月11日凌晨2时，叶挺和叶剑英等一批共产党员发动了广州起义，冲进了教导团驻地，会合教导团中的共产党员，杀死了代理团长朱勉芳，接着攻占了公安局，大批警察官兵放下武器，沙河、燕塘的炮兵都被缴械。

接着，叶剑英又带人攻打第四军总部和第十二师师部，但是受到留守部队的顽强抵抗，最后只好放弃进攻。

起义者除了教导团，还有工人赤卫队和郊区农民共三万多人，他们颈上都系着红领带。

当时不少广州市民为了自保，也都系上红领带当护身符。

据李汉魂的次子李焕回忆，他家住在广州东山，当时李汉魂在惠州，家中只有

1927 年，已经三岁的李汉魂次子李焕，在广州东山自家门前玩三轮童车

一群妇孺。忽听门外有人使劲敲门，大家都吓得直发抖，没人敢出声。他家的大门相当坚固，折腾了好久，大概他们以为屋里没有人，最后才走了。李焕当时已经三岁，依稀记得当时情景。

广州起义发生当天，张发奎和黄琪翔也住在东山，他们在半夜被电话叫醒，慌忙渡过珠江到南岸去找李福林求助。

李福林不愿意伸出援手为张发奎派兵镇压，况且他的兵也没什么战斗力，张发奎只向他借了一条船，连夜开到肇庆找许志锐。然后再转往江门，找到邓龙光。

许、邓的两支部队于是连夜出发，向广州开进。

13 日，许、邓的部队包围了广州，与起义者在广州城内展开激烈的巷战。

14 日，起义者不敌，被完全击败，叶剑英和叶挺都化装躲藏起来。

当李汉魂在惠州接到命令回驻广州时，起义已被镇压，全城展开大搜捕，所有被发现藏有红领带的人都被处死。

正是城头变幻大王旗，不少平民分不清青红皂白，以为系上红领带就可以自保，结果糊里糊涂地丢了性命。

白色恐怖人人自危，连李汉魂也成了惊弓之鸟，因为他的家里也藏有红领带。

那是他在罗定与吕春荣打仗时佩戴过的，上面有两个弹孔，李汉魂一直把它当纪念品收藏。为了避嫌，李汉魂回到广州，第一件事就是赶紧偷偷溜回家，找出红领带点火烧掉。

此次大镇压死了五六千人，很多是平民百姓。

张发奎和黄琪翔也被南京政府解除了军职，他们要为中共广州起义造成的后果负责。因为如果他们不发动驱逐李济深、黄绍竑的兵变，就不会使两广开战。如果广州兵力不空虚，广州起义的难度就大了。

汪精卫输得更惨，本以为可以借第四军之力在广州站稳脚跟，再联合蒋介石把新桂系扳倒，想不到蒋介石并没有诚意帮他，在他遭到千夫所指的关键时刻，假惺惺劝他暂时下野避避风头，令汪精卫赔了夫人又折兵，只落得黯然出洋的下场。

蒋介石四两拨千斤，重出江湖。

缪培南和薛岳分别被任命出任第四军的正、副军长，取代了张发奎和黄琪翔。

李汉魂的职务没有变动，因为他没有参与这两次事件。

张发奎和黄琪翔被解职后，跑到日本考察去了。

第四军被命令退出广州，先移师到惠阳集中，再北上接受蒋介石整编。

被汪精卫愚弄了的李济深和黄绍竑等粤桂两系余怒未消，不报此一箭之仇，哪会善罢甘休！

第四军此行，已注定面临十面埋伏。

第十二篇　移师循北进
落难战东江
（1927 年 12 月至 1928 年 1 月）

第二十五师师长李汉魂

张发奎和黄琪翔去职后，以缪培南和薛岳领衔的第四军五个师，奉蒋介石之命撤出广州移师惠阳，准备北上到南京集中，参加第三次北伐。

这五个师分别是吴奇伟的第十二师，李汉魂和李江的第二十五师，许志锐和陈芝馨的的第二十六师，还有邓龙光和欧震的教导第一师，黄镇球和韩汉英的教导第二师。

12 月下旬，全军在惠州完成集合，整装待发。

但数月来发生的一系列事件、均与第四军有关，第四军已经成了两广的李济深和李宗仁誓要消灭的对象，必欲除之而后快。

第四军尚未出发，李济深已经命陈铭枢派他下辖的蔡廷锴第十师、黄质胜第二十四师，以及陈济棠和钱大钧等各部，在龙川、河源、兴宁和五华等处布防，专等第四军北上，在半路上给予迎头痛击。

新桂系黄绍竑的部队，也循水路尾随第四军之后，伺机进击。

第四军的广东子弟兵，即将在广东东北部的莽莽山野中，上演一幕极其令人痛心的自相残杀大惨剧。

这一切，第四军都还不知道。

冒进河源　惨败龙川

12月21日，第四军从石龙开始出发北上，22日抵达博罗。

27日，许志锐率领第二十六师率先抵达河源，因其他各师都还没到，便决定暂时停止前进，等候各部。

29日，许志锐师长获报，钱大钧的部队三千多人已经据守在老隆准备截击。另外陈铭枢和陈济棠的部队，也从潮梅方向来犯，先头部队已经到了汤坑与兴宁之间，距河源不足两百公里。

许志锐闻报后，觉得时间紧迫，来不及报告，如不立即突破前方障碍，必会陷入重重包围，于是决定首先扫除在老隆的钱大钧部队，进占蓝关，以保证第四军主力安全通过，再会合各师于五华岐岭之间，据险阻拦东来的两陈部队。

河源东门外，有一条水流湍急的大河隔断南北通路。第二十六师初抵河源，本计划搭建浮桥即渡河北上，但架桥所须材料极难筹集，因此经三日仍未竣工。

据报钱大钧已经从老隆发兵沿东江而下，许志锐决定不待浮桥完工，立即挥军从东门渡河，沿左岸崎岖山路，冒着严寒风雨艰难前行，只为尽快攻占老隆，以争取主动。

参谋长薛仰忠以敌情未明不宜孤军深入，建议暂停前进，但性情急躁的许志锐回答说："本军素以快打慢取胜，敌情不明，可以打到他明。"

部队在急行军中跨入1928年。1月4日下午，两军先头部队狭路相逢，正是陈铭枢所部黄质胜的第二十四师主力。

双方在险峻的山地中展开了激战，打得难解难分。正当许志锐部稍占上风之际，蔡廷锴率领他的第十师，从龙川渡河，向许志锐部右翼包抄，发动突袭。

蔡廷锴的部队战斗力非同一般，许志锐的部队虽然不弱，但久战之后，终是疲惫之师，不久，师长许志锐腿部中枪，两名营长阵亡，团长黄新和两名营长负伤。

因为经不起腹背夹攻，众寡悬殊，许志锐只好传令撤退。

蔡廷锴军也损失惨重，所以没有追击。许志锐经蓝口退至黄田，才见到黄镇球的教导二师开到。两师长经商议后，决定绕道紫金，待会合其他各部再作打算。

转途岐岭　浴血蓝关

1928年1月7日，李汉魂率二十五师经平山、三多祝、新墟铺、热汤、华阳和旧墟等地，开抵石灰坝，并连夜行军开往潭下墟集中。第四军军部此时也已经到达双头墟和黄田一带。

形势不容乐观，蔡廷锴的第十师、陈济棠的第十一师、黄质胜的第二十四师，还有钱大钧所部，合三万余大军已经从龙川老隆方面，向岐岭鹤市一线集中，准备堵截第四军去路。桂军黄绍竑所部和徐景唐的第十三师，合共也有两万之众，在惠州方向尾随而来。

为了在四面合围的不利形势下杀出一条血路，1月9日，李汉魂率第二十五师，联同第十二师，向铁场、坳子和岐岭的蔡廷锴部主动发起猛烈进攻。双方为争夺玳瑁山，反复展开了十余次肉搏冲锋。

战斗进行到第二天早上，李汉魂亲率直属部队及迫击炮营，向敌方猛烈轰击。玳瑁山上的第七十三、第七十五团，乘势向敌阵发起冲锋。

邓龙光率领教导第一师也在此时赶到，增援第二十五师右翼，向岐岭的陈济棠部进攻，许志锐的二十六师也从紫金方向兼程赶到，加入右翼进攻。黄镇球的教导第二师午后也赶至潭下墟，并派出一团增援玳瑁山。

原在岐岭鏖战中的教导第一师第一团团长吴锡祺，接到增援攻击蓝关命令，指挥麾下两个营赶到蓝关，采用夹攻战术，在早一天晚间已经进攻至距离蓝关坳口数百米处，与敌相持。当他正要发起冲锋一举夺关时，忽接到邓龙光师长命令，要他立即回师增援岐岭。

吴锡祺不敢违抗军令，只好派出预备队第二营驰援岐岭，暂缓攻取蓝关。

10日早上，陈济棠一部渡河时，被教导一师击退，第二营乘胜渡河，占领了南岸高地，直接威胁陈济棠右侧一线。

陈济棠见势不妙，急忙派两团兵力由黄沙屯直扑青溪，以解岐岭之围。

殊不料，第四军军部就隐蔽在青溪。军长缪培南忽见大批敌军汹涌而来，急命于岐岭的邓龙光速来救驾，一面亲自率领军部特务营和卫士奋勇还击。由于岐岭路远，增援迟迟未达。危急之际，忽有许志锐率领第二十六师从天而降，情势才有所缓和。鏖战良久，仍难分胜负。

下午三时，许志锐忍无可忍，一跃而起，身先士卒，率领部队奋力冲锋。

全军集中火力，攻势猛烈，敌阵最后全线崩溃，陈济棠的第十一师仓皇退向铁场。

此时只剩下蓝关之敌，仍然据险坚守。

蓝关古道，有"岭东雄关"之称，是古时穿越秦岭、连接岭南的交通要道，非常险要崎岖。当年韩愈被贬路经，曾作诗描述蓝关："云横秦岭家何在，雪拥蓝关马不前。"

11日，李汉魂率第二十五师在邓龙光的教导一师协同下，向蓝关和丫下墟分途展开猛烈攻击，近午时分，两师即已分别拿下蓝关和丫下墟。

蔡廷锴的第十师主力几乎被全部歼灭。溃军纷纷退向老隆，沿途抛弃枪械旗帜和军用物资无数，俘虏官兵数千人。

缪培南传令由教导第一师派两个团负责追击任务。可是命令还来不及传达，第十二师已经因前进速度太快，径自向老隆方向穷追而去。

此仗在第四军战史中被形容为北伐以来最激烈的拉锯肉搏战。

进兵潭下 折戟马鞍

正面截击的敌人已经被击败，桂军的两万余部队已经绕到第四军的侧背大田、锡平一带，李汉魂攻下蓝关之后，即率二十五师回师潭下墟，准备迎击桂军。吴奇伟的第十二师则由老隆斜出锡坪、大田，包抄敌后。

13日，李汉魂率第二十五师，连同许志锐的第二十六、邓龙光的教导第一师，一起进抵潭下墟。

距潭下墟约五公里的马鞍山高地，敌军主力已经严阵以待。此山高500米，易守难攻。

14日清晨，三个师分左、中、右三路，发起猛烈攻势。

李汉魂率第二十五师在早上八点向潭下墟东南端高地攻击前进。由于敌军居高临下，一直无法取得进展。

负责左翼进攻的第二十六师，由副师长陈芝馨率第七十八团仰攻马鞍山。从早上激战到午后，连夺敌阵数处，控制了马鞍山左侧一带山岗。许志锐师长决定一鼓作气，一举占领马鞍山，便派出一直未出战的生力军独立团上阵。谁知道该团虽然弹药充足，但未经训练的新兵甚多，敌人的猛烈炮火打过来，新兵们竟然退缩逃跑。陈芝馨亲自督阵，一连枪毙了好几名官兵，也无法制止溃逃，阵脚大乱，导致该团大量伤亡。

许志锐见状，亲自率师部特务连一排到独立团阵地督战。独立团官兵见到师长亲自上阵，受到鼓舞，士气大振，向山顶发起冲锋。

枪林弹雨中，许志锐身先士卒，右臂中弹也不予理会，继续指挥。但过了不久，一颗子弹射进了许志锐的腹部。

许志锐随即被秘书朱江送下山抢救，终因伤势过重，于第二天宣告不治身亡。

陈芝馨接替许志锐代理师长，继续指挥战斗。

未几，教导第二团团长黄镇球也中枪受伤，韩汉英再接手继续指挥战斗。

战斗一直在相持中，激战终日，双方死伤枕藉。

想交战双方，不久前还是互相支援、并肩作战的战友，如今自相残杀，令人不胜唏嘘！

李汉魂眼看无数广东子弟兵横尸遍野，禁不住仰天悲叹，不知道自己投身革命所为何来，是非功罪如何评说！

鸣金北撤　午夜闻钟

正当双方对峙两败俱伤的时候，缪培南军长接到南京方面命第四军尽速北上候命的电报，立即召集高级军官会议，布置全线撤退。

15日，第四军开始有序撤出战斗。

第二十五师和教导第一师取道双头、老隆、车田，第二十六师和教导第二师取道五华铁场黎咀，由十二师及各师选调部分部队负责断后掩护撤退，各部皆须按计划向赣边安远集中待命。

撤退还算顺利，因为双方均受重创，第四军主动撤军，粤桂各部因为喘息未及，也无力追击。

过了两天，徐景唐麾下的云瀛桥自告奋勇，率领数团人马追踪而来，被第十二师一个回马枪，死伤甚众，狼狈而逃。第十二师也不追击，随大队兼程北上。

第二十六师师长许志锐

1月24日，全军已经安抵江西边界的安远集合，然后取道赣东北上。

2月4日半夜，李汉魂率第二十五师抵近宁都，远处传来佛寺鸣钟之声。素有向佛之心的李汉魂心中大感震撼，随即草成古诗一首，题为《闻钟有感》：

> 戊辰溯乙未，我生三十四。
> 风尘入命来，未冠从军去。
> 一去十七年，学成频进位。
> 去秋长此师，以后爱增事。
> 豫成固良勋，粤情殊怅义。
> 身心感念多，历尽辛酸味。
> 辛酸亦自甘，为抱澄清志。
> 澄清未可期，变本还加厉。
> 人慾既横流，补苴无是处。
> 众生杀业深，竟把屠刀试。
> 静夜听钟声，浩然有归意。
> 心灯晦复明，彼岸犹堪冀。
> 誓以普贤行，证取文殊智。

觉尽众生迷，浮阎化祇树。

七尺负昂藏，此身来不易，

少壮老几时，休昧惺惺地。

此诗回溯他从军十七年来，满怀救国抱负，却一直深陷无端杀戮之中，诗中充满了对战争的厌倦之意。

1928年2月下旬，第四军路经南昌，李汉魂约几位军校同学同游南昌古迹青云谱，并合照于老桂树下。

青云谱原是一处历史悠久的道院。相传在二千五百多年前，周灵王太子晋（字子乔）到此开基炼丹，创建道场，"炼丹成仙"。明末清初大画家八大山人（朱耷）曾隐居于此，潜心书画创作，终成享誉画坛的一代宗师。

与李汉魂合照于老桂树下的同袍有朱晖日、黄镇球和罗策群。

朱晖日是广东台山人，在第四军初成军时是张发奎的左右手，宁汉分裂后任第

1928年2月4日，李汉魂率第二十五师半夜抵近宁都，传来佛寺鸣钟之声。素有向佛之心的李汉魂心中大感震撼，随即草成古诗一首，题为《闻钟有感》。图为李汉魂抄录此诗的手迹

十一军军长，后回广州任广州公安局局长。抗战期间李汉魂主政广东时，朱晖日任广东省建设厅长。1945 年主持海南岛日军投降的受降仪式。1949 年李汉魂任内政部长时，朱晖日任广州警察局局长。

黄镇球是广东梅县人，时任教导第二师师长。1931 年赴德国学习防空，回国后任防空学校校长。抗战期间主管全国防空，被誉为"中国防空之父"。抗战胜利后任国防部后方勤务总司令。

罗策群是广东兴宁人，时任第四军参谋及军部直属工兵营营长。在抗日战争爆发时，罗策群任第六十六军第一五九师四七五旅旅长，在 1937 年 8 月的淞沪会战时任副师长，率部参与"血肉磨坊"之役，血战罗店九个昼夜。1937 年 12 月任代师长，参加南京保卫战，率部在汤山阻击日军两昼夜，之后接防中华门、水西门和雨花台一线，激战后全师伤亡大半，接到撤退命令后，奉命率部打前锋。罗策群身先士卒，亲自带队从正面突围，不幸中弹殉国，年仅 44 岁。

1928 年 2 月下旬，第四军被驱逐离粤，遭受陈铭枢、黄绍竑等两广部队追击后突破重围，移师北上，路经南昌，李汉魂与几位保定军校同学同游南昌古迹青云谱。图为李汉魂（左一）与同僚黄镇球（左三）、朱晖日（左二）和罗策群（右一）合照于八大山人故居老桂树下

第十三篇 厌战辞军职
求医渡东瀛
（1928年3月至5月）

　　第四军摆脱了陈铭枢、陈济棠和黄绍竑各部的穷追猛打之后，拖着疲惫至极的步伐，向北行进。数月来，装备全无补充，官兵都仅以单衣御寒，风餐野宿。

　　蒋介石派了吴思豫率慰问团来，承诺等他们到达目的地后，就会进行休整。官兵们得此承诺，士气稍振。

1928年3月底，第四军被编入第一集团军第一军团，第二十五师师党部也奉命改组，总主席廖颂扬在改组大会上发表政治报告

部队从江西祁门进入安徽后，于3月中旬在大通、青阳集中，全军随即分批乘船北上，至月底全部抵达江苏浦口。

3月26日，缪培南军长到南京面见蒋介石。蒋介石充当和事佬，把李济深和陈铭枢都叫来与他见面，希望双方消除歧见，同为第三次北伐尽力。

蒋介石并没有实现让第四军休整和补充的诺言，立即就把第四军编入他的第一集团军第一军团，划归刘峙指挥，担任津浦线的作战任务。

军长缪培南性格拘谨坚忍，他觉得也许刚刚复职的蒋介石仍处处受新桂系掣肘，对第四军也是爱莫能助，所以默默接受任务，没有提出要求。

回军部之后，缪培南即按蒋的命令，将损失重大的教导第二师裁撤，兵员补充其他各师，师长黄镇球调任第二十六师师长，顶替阵亡的原师长许志锐。第四军原来的五个师缩减成四个师。

蒋介石派来的一批政工人员也分别进驻第四军各级党部，以实施监控。

李汉魂的职务虽没有变动，但第二十五师师党部则进行了改组。

1928年3月底，第四军被编入第一集团军第一军团，第二十五师师党部也奉命改组，总主席廖颂扬在改组大会上发表政治报告。

为兵力谏　厌战请辞

4月4日，第四军奉令由蚌埠宿州开赴运河东站待命。

4月5日，军团会战命令颁布。

4月6日，全军集中完毕。火车开到目的地，耳边传来隆隆炮声，大家才知道马上就要上战场了，一时全军上下大失所望，怨声四起。

李汉魂的厌战情绪本已积聚于胸中多时，此时见到群情激愤，感觉心里特别难过，刚刚经历了一场苦战，没让官兵们喘一口气，他无论如何也不忍心把他们再次推上战场。但缪培南说，蒋介石已经决定翌日亲临训话，实在难以让蒋收回成命。

李汉魂知道缪军长不敢违逆蒋介石，便决定豁出去，以自己的辞职来向蒋介石进谏，以作最后的努力。

主意已定，李汉魂当即草拟了一道电文，内容如下：

"……本军于东江激战后，步行两月始抵大通，困苦颠连，早邀洞察。蒙派吴主任思豫前来慰问，并传谕将尽先补充及予以休息整训机会。全军感奋，创痛皆忘。嗣令乘船东下，初以为可在徐州、浦口间从事整补，然后再效驰驱。讵料船抵浦口即行转东北上，直抵运河东站，始知前方正在交战，炮声历历可听。而钧座克日参加作战之严令及新派各级政工人员，亦于同时到达。军人义重服从，参加三次北伐尤为此次北上之唯一目的，男儿死耳，夫复何言！唯本军于护党挫败之余，星火赴命，现官兵之喘息未定，脚创未复，装备尚未补充，甚且药品、炊具两缺，落伍者尚未到齐。以此而责令进撼前敌，何异驱赴屠场？闻命之余，全军悲愤！窃以钧座爱护部曲，何忍出此？意必李济深对本军之夙憾未消，适又总参戎幕，遂尔借刀杀人以为快。职虽疲驽，亦不能不为此数万锋镝余生之袍泽冒死请命。唯缪军长只知奉命唯谨，责备有加。钧座又将于明日亲临训话，并且督率前驱。实逼处此，计无复之！乃得星夜双身离队，以示热诚抗议。如必不予矜全，立驱就死，则铤而走险者当不只职一人，且亦不讥职之暗弱也。务恳特赐矜全，变更部署，庶为本军多延一线生机，即为党国多留一分元气。至本师职务，副师长李江当能努力维持，以待后命。冒死上达，不知所云。"

李汉魂把电文拟好后，交与师参谋长胡铭藻命其代发，然后带着副官陈丽泉，4月6日晚乘夜去了上海。

在《第四军纪实》中，没有提到李汉魂发的这封电文，对于李汉魂离职的原因，则只说是因病辞职。

李汉魂的体质向来就比较弱，经数月苦战劳累，耳疾更觉严重也是事实。但他此次离职，更多也是为了进谏。如果为了耳疾，他只要请假离开便是，大可不必发此电文，得罪总司令蒋介石。

李汉魂离开后，蒋介石如期于4月7日来到运河车站检阅了第四军并作训话。

对于李汉魂电文谏议，蒋介石在训话中有所交代："……官兵辛劳，余所深知。现饷弹粮服及一切军事用品，尚未补充齐备，即调赴前线作战，似觉为难。但余素知第四军全体同志，均忠勇耐劳，能征惯战之士，且革命青年，应受劳苦，所以特地调到前线，扫荡军阀余孽……"

总司令虽然说的都是空话，但第四军官兵还能怎么办，只有迎难而上了。

缪培南军长对李汉魂的一走了之很不谅解，第二十五师师长一职，并没有按李汉魂的推荐交给副师长李江，而是由参谋长谢婴白接替了。

李江于是也辞了职，跑到香港去了。

乘舟渡海　会友扶桑

李汉魂的辞职，给第四军换来的虽然只是蒋介石的几句好话，但也多少减少了官兵们的怨气，激励了士气。

李汉魂到了上海，通过报纸知道第四军依旧要出征，未免有点失望，但事已至此，他已经无能为力，不会再有什么作为，于是打发副官返回部队，自己则先找医生治疗耳疾。

李汉魂的耳疾在国内已经多番寻医问药无效，趁现在无官一身轻，他决定投奔身在日本的张发奎和黄琪翔，顺便看看那边的医生是否能治好他的耳朵。

李汉魂此番去日本还有一个目的，就是要看看这个小小岛国有什么能耐，凭什么欺负中国，让中国承受签署丧权辱国割地赔款的《马关条约》屈辱。

4月15日上午，李汉魂登上日轮"上海丸"号，经过一天一夜的航程，16日中午抵达长崎。趁短暂的靠岸休息时间，李汉魂到电讯局给住在神户的黄琪翔拍了一封电报，请他第二天来接船。

张发奎和黄琪翔两人引咎辞职后，双双出洋来了日本神户。但李汉魂抵达神户时，张发奎刚好去了东京。

17日下午两点，李汉魂乘坐的"上海丸"在神户靠岸，黄琪翔已经接获电报，按时到码头来接船。

离别不过才四个月，已恍如隔世，李汉魂与黄琪翔甫见面，说到第四军数月来的惨痛经历，两人都泣不成声。

黄琪翔一开始还责怪李汉魂贸然离开部队，是过于轻率急躁，及至听了前因后果，才觉得李汉魂做得对，因为实在是忍无可忍了。

黄琪翔来日本后，即住在旅日侨商潘直我先生的寓所。

旅日侨商潘直我，是广东梅县人，在日本神户开设了一间"得人和"公司，经

1928 年 4 月 19 日，李汉魂抵达日本东京当天，就在罗翼群秘书李任希的陪同下，与同行的熊略（中）及李朗如（左）前往小金井观赏樱花

1928 年 4 月 19 日，李汉魂抵达日本东京当天，就在罗翼群秘书李任希的陪同下，与同行的熊略（左上）及李朗如（右）前往小金井观赏樱花

营纺织品和日用百货，生意扩展至上海、香港及东南亚各国，成为梅县首富。

潘直我是孙中山的忠实支持者，常以巨资襄助革命。据说广州的黄花岗七十二烈士墓园也是他捐资兴建的。当年很多军政界要人赴日都住在他的公寓里。

李汉魂也住进了潘直我的公寓，同住的还有原先已经住在这里的熊略和李朗如等人。

熊略以前是陈炯明的部属，陈部第五军军长，所部被东征军歼灭后即离开军界，避居海外。

李朗如（澄之）是一位传奇人物，曾参加黄花岗起义，当过孙中山的卫队长。陈炯明炮轰总统府时，就是李朗如强行将孙中山从观音山总统府背到永丰舰，通知蒋介石前来护驾的。当时李朗如还再度冒着炮火跑回总统府，把宋庆龄也背下山来，可谓忠勇无比。

李朗如的身世也是传奇，他还是中国现存最古老的中药老字号陈李济创始人李升佐的后人，所以他还曾经担任陈李济的掌门人。此时李朗如正在日本经营着他家族的陈李济药店。

在神户小住数天后，李汉魂在熊略和李朗如的陪同下，于 4 月 18 日晚乘火车

1928 年，李汉魂在日本东京与来访的
学兄、留东京学生经理处主任李蔚然
合影

邻居邹善群是邹鲁的儿子

前往东京找张发奎。

19 日早上抵达东京，好友罗翼群与秘书李任希，以及李蔚然，还有熊略的女儿载英等人前来接车。

早餐后，李汉魂就想马上去见张发奎，但经不起罗翼群和李任希坚持，遂决定先一起赴小金井赏樱花。因为此时正值樱花盛开季节。

直到傍晚时分，他们径往东京葵酒店找张发奎而不遇，打听后始知他早日去了横滨未回，于是一行数人再乘车前往横滨，几经辗转找寻才得以见了面。

张发奎事前并不知道李汉魂赴日本，突然见到他出现在面前，十分惊讶。

李汉魂于是将第四军的遭遇一五一十复述一遍，张发奎听后，坐立不安，竟然马上就要起程回国。

张发奎将第四军视作他的生命，一切的精神寄托，得知第四军遭受重大损失，情绪几乎失控。

李汉魂坚决不同意张发奎即时回国，因为局势太乱，回去非但根本起不了作用，人身安全更堪虞虑。大家讨论过后，认为还是由李朗如先回去探听虚实，再作下一步打算。

李朗如虽然离开军政界已久，但因为资历老、人面广，与中央及广东当局一直保持联络，此行他以洽谈生意为名义，出入当无大碍。

20 日，李汉魂与张发奎一起到横滨一家广东人开的金陵酒楼为李朗如践行。李汉魂当场写了几封信托他带回去，请他分别转交朱晖日和缪培南等人。

当天李朗如即乘船回国了。李汉魂也在当晚与张发奎告别，与熊略一起乘船返回东京，下榻在李任希的住所。

4 月 21 日，罗翼群即安排秘书李任希陪同李汉魂前往东京庆应大学医学院就医。检查结果是，耳膜凹陷及气管闭塞。

29 日，东京华人青年会集会，反对日本出兵侵犯中国主权。场面激烈，参与者五六十人，多为黄埔及士官学生，沿街游行高呼口号派发传单，最后半数学生被日当局拘捕。李汉魂这天正好去该会找同乡林梅阁，因警察林立，出入都要搜查，李汉魂手持手杖，不予放行，只好返回。

林梅阁是李汉魂少年时代挚友林立群的弟弟，正在士官学校就读。

邹鲁先生的长子邹善群，住在李任希寓所隔壁，经常有来往。邹善群当时在日本早稻田大学留学，归国后，曾任中山大学图书馆主任。1942 年任国民政府立法院第四届立法委员。

这些天邹善群都抽空过来，陪李汉魂上街购买了一些摄影用具回来，教授冲晒技术。李汉魂一向醉心摄影，打算趁现时有空，进一步学会冲晒照片技术。

身在异域　心系四军

李汉魂的好朋友罗翼群，曾任孙中山大元帅府的大本营兵站总监、广东宪兵司令等高职，曾协助筹办黄埔军校。第二次东征时任建国军潮梅军军长。后因积劳成疾，往日本治病，携妻儿赴东京，被任命为中国驻日留学生监督。

罗翼群对当地的医院比较熟悉，所以李汉魂托他帮忙寻找到了一位有点名气的耳科医生。

但经过十多天的通气疗法治疗，耳疾非但没有好转，还造成了耳膜红肿。

李汉魂感到很失望，便在 5 月 4 日转到菊池医院，找到耳科专科医生菊池纯一检查。菊池医生检查的结果就说是左耳膜硬化，须用电疗辅以喷药。

经过一段时间治疗，至 6 月底，李汉魂感觉稍有好转。

李汉魂的影集有两张很精美的照片，是罗翼群当时在日本赠送的。

罗翼群是一个很有风骨的人物，生性秉直，曾经因为不畏权贵及鼓吹和平而屡遭打压，但他这种性格始终不改，导致他终生坎坷。

国共内战期间，罗翼群致力于反对内战活动，被国民党开除党籍。

1949 年后，罗翼群留在大陆，被任为全国政协委员、民革中央委员。

1967 年在"文革"中，罗翼群被迫害致死。

罗翼群的太太徐茝龄，从小善音乐绘画，由第四军先驱邓铿作媒嫁与罗翼群。抗战时徐茝龄曾在李汉魂创办的战时儿童保育会任常务理事，为广东省第一届临时参议会参议员。1949 年病逝。

罗翼群与夫人徐茝龄

1928 年 4 月下旬，李汉魂来到东京，时任中国驻日留学生监督罗翼群帮李汉魂物色耳科专科医生。此为罗翼群赠予李汉魂的照片，照片中人为罗翼群与夫人徐茝龄及他们 6 岁的儿子罗祝年

第十四篇　观潮知国耻
　　　　　仰岳访杭州
（1928年5月至10月）

李汉魂

1928年5月，李汉魂在日本治疗耳疾期间，他通过对日本社会的细心观察，对于为何这个区区小国能比中国强大的疑问，作出了七点总结：

一是日本人注重教育。日本学校林立，人民多识字，少有文盲。

二是日本人讲究科学。蔬果种植和家畜培养都优生善种，人民体格健壮。

三是政府关注民生。境内非森林即农田，没有荒山旷土。政府鼓励人民向海外发展，致力训练殖民职业技能，与中国的"猪仔"移民天壤之别。

四是日本国内交通发达。公路铁路密如蛛网，所有交通车辆车厢整洁，收费便宜。

五是日本人工作认真，秩序井然。市民遵守规矩，公职人员尽职而和蔼，不厌其烦，彬彬有礼。

六是社会言论自由，重视民意。文艺作品多有攻击政府言论，政府听之任之，不会封院捉人兴党狱。

七是日本人团结。日本人崇尚武士道精神，不问是非，一致对外。虽常受政府蒙蔽挑唆，亦一往无前。

李汉魂认为，以上七点，可说是中国一向所缺乏的。小日本之所以强大，并敢于欺侮中国，与他们的上述七种特质很有关系。

日本人的优点固然值得中国人借鉴，但他们为了自身国家的利益公然损害别国利益的行径，则为李汉魂所不齿。

滞留异域　忐忑济南

李汉魂虽然不谙日文，但日本文字与中文释义类同者甚多，所以通过每日浏览日本的报纸报道，望文生义，仍能大致了解中国当时的政局变化以及重大事件的发生。

此时济南惨案的消息传来，极大地震惊了李汉魂。

参加了第三次北伐的第四军，恰在山东直击了日本人所制造的这一惨案。

济南惨案发生于1928年的5月3日，历史上又称"五三惨案"。

当国民革命军所向披靡，戟指山东之际，日本军国主义不能接受现实，他们担心一旦国民革命军北伐成功，中国完成了统一，其对中国北方的控制和掠夺将无法延续，所以必欲横加干涉。

4月28日，日本政府以保护侨民为借口，抢在国民革命军到来之前，悍然派兵进驻济南、青岛和胶济铁路沿线，企图以武力阻挡国民革命军的步伐，并操控北洋政府驻守济南的张宗昌部与国民革命军对垒。不过，亲日的张宗昌根本不是国民革命军的对手，刚接仗即弃城逃跑了，济南瞬间就被日军完全控制了。

国民革命军于5月1日进入济南时，日军已在济南大街上修筑了工事对垒。

济南乃中国领土，国民革命军在城内的行动，居然受到日本人的限制，日军的跋扈行为更引发了部分官兵的不满和抗议。虽然蒋介石三令五申保持克制，双方还是不断发生了一些小争执。

5月3日，一名中国士兵因病被护送去基督医院，竟遭到拦路的日军枪杀，之后日军还公然向中国军队的军营攻击，造成中方官兵大量死伤。

蒋介石为了避免引起外交上的麻烦，命令所有部队一律不加抵抗，并退出济南，绕道北上以息事宁人。

日军有恃无恐，竟将一千多名中国军人缴械并掳走。国民政府派出战时政务委员蔡公时与日方谈判，竟然遭日军极其残忍地施行酷刑，割耳鼻剜眼睛而后再杀害。

蒋介石忍气吞声，一再退让，日军越发肆无忌惮，开炮轰击济南城。中国部分留守的国民革命军忍无可忍，被迫奋起抵抗，最后仍不得不接受蒋介石的命令，退避三舍。

第四军没有直接参与济南事变的战事，当时他们驻扎在济南城外，事件发生后，接到命令折回界首。之后便奉命绕道北上，于5月31日抵达山东省德州市。

此次惨案，中国军民死亡超过四千人，日军死亡仅二十余人。

双方如此悬殊的死亡数字，明显可以看出谁才是肇事凶手。但日本政府仍坚持要国民政府道歉。国民政府因为立足未稳，也只有忍气吞声勉强接受。

李汉魂看到报道，自是非常气愤，国难当头，岂能坐视，他马上联络张发奎和黄琪翔，相约一同回国效力。

张发奎和黄琪翔决定立即回国，但他们却劝李汉魂留下来，一则因为他的耳疾治疗不应半途而废，二来因为第四军现任军长缪培南依旧对李汉魂的辞职耿耿于怀，回去恐生尴尬。

李汉魂刚好接到韩汉英的来信，信中也谈到全军官兵都希望李汉魂早日归队，唯独缪军长仍对他的辞职无法谅解。

李汉魂三思之后，为了不影响部队内部团结，最后决定暂留日本继续治疗耳疾，待时机合适再回去。

5月9日，李汉魂在神户码头，把张发奎送上了"亚洲皇后号"邮船。

李汉魂如此描述他当时的心情：以此别不知何时再会，心中百感交集……值此国家多难，团体分散，客中送客，倍感苍凉！

张发奎临行嘱咐李汉魂，宜留心补习德文，等其回国代为筹集到旅费后，送他赴德国研究政治、经济，将来为国效力。李汉魂早有此理想，很感激张发奎对自己有如此厚望。

黄琪翔也将在12日乘船回国了，李汉魂本想在神户多留几天以便送行，但黄

1928 年 5 月 9 日，李汉魂乘火车赶往神户送别张发奎回国，在大东酒楼晚餐时合影于阳台。照片中右起分别为：李汉魂、张发奎、黄琪翔和熊略，蹲者为韩汉藩（韩汉英之弟）

1928 年 5 月 9 日，李汉魂在日本与黄琪翔（右）合照

琪翔劝他还是尽快回东京治疗耳疾为要。

李汉魂与黄琪翔握别，当晚乘夜车于翌日上午回到东京，随即前往医院看医生和取药。

由于济南事件的发生，东京已经出现了排华风潮，导致大批中国留学生纷纷离开日本回国。

13 日，东京召开"惩膺暴支国民大会"，声讨中国人杀死他们的侨民。

李汉魂当天去诊病，途中看到街上到处是日本民众和学生，人人手持日本旗和反华传单。李汉魂非常悲愤，当日在其日记上记下感慨：……闻极激昂、悲愤，为之顿忆"支弱而非暴"，并谁谓为之，孰令致之，而中国死于此役者，何啻数十百倍？弱国人命虽不值钱，惟所谓同种同文口头亲善之赐，则未免太不恕谅矣！

晚上，李任希夫妇告知他，刚刚某处发生了几名中国留学生被殴打的事件，神田区又有华人被杀，并叮嘱其出门要保持戒心，为安全计，不要轻易开口说话，以免被认出是中国人而惹祸。

1928 年 5 月 23 日，在日本东京学习军事的陈道衡拜访李汉魂。陈道衡正打算请假回国，然后设法转赴法国留学。陈于 1924 年曾任粤军第二师张民达部上校团长

5 月 20 日凌晨，李汉魂在睡觉时还经历了一次长达数分钟的地震。

22 日早上，李汉魂出门去看病，发现门口放着一名弃婴，身上附有一封信。原来是李任希一位相熟的吴姓中国留学生与一名日本女子所生。吴姓留学生已经回国，撒手不管，该女子将婴儿生下来后，就丢在李任希门前，李任希夫妇及李汉魂都束手无策，幸好不久后该女子转头回来抱走，说要送给别人。李汉魂对该吴姓国人始乱终弃的品行操守十分不齿。

5 月 23 日，正在日本陆军士官学校学习军事的陈道衡前来拜访李汉魂。他正打算请假回国，设法转赴法国留学。

李汉魂表示自己也很希望与其同行。

　　陈道衡是广东兴宁人，曾任粤军第一师连长和广东陆军速成学校教官。北伐前在粤军第二师任上校团长，1925 年辞职到日本学习军事，就读日本陆军士官学校第二十期工兵科，后再就读法国巴黎陆军大学。学成回国后，曾任广东绥靖公署少将参议、广西第四集团军总司令部少将高参。抗战期间先后任广西绥靖公署中将高参、第三战区司令部工兵主任、军委会中将参事兼西南国际交通线视察组长等职。抗战胜利后任国防部高级参议，不久即退役回乡，创办医院和兴建学校。1949 年移居美国夏威夷。

　　5 月 25 日，李汉魂还为陈有为先生夫妇送行。

　　在史料和日记上，暂时没找到有关陈有为的记载，但李汉魂的《南华影集》里有一张送别照片，注明是送陈有为夫妇回国。

　　此后，李汉魂继续到菊池医生处治疗耳疾。

　　1928 年 6 月 3 日至 5 日，李汉魂跟罗翼群夫妇和李任希夫妇一起，游览了日本

1928 年 5 月 25 日在日本东京，陈有为夫妇回国前来访时的合影。右一、右二为罗翼群夫妇，右三为李汉魂，右四、右五就是陈有为夫妇

著名的伊香保温泉。在这里，他听到了张作霖在沈阳皇姑屯被炸至重伤后迅速死去的消息，但未知主谋是何许人。

到了6月底，李汉魂经一段时间的治疗，感觉听力有了进步，医生的意见，认为已经不可能再有进步了。

李汉魂于是又听从旁人指点，学了一套灵气疗法，每晚8点到9点，关门下帷，依法修炼，初时似乎有点感觉，久而久之，也是没有什么效果，于是便放弃了治疗，集中精力关注国内局势的发展。

自从国民革命军进入北京，亲日的奉系北洋政府已宣告瓦解，张作霖不愿听从日本方面的死守要求，撤回东北老家，结果在6月4日被炸死在皇姑屯。

此时的中国，除东北诸省外，基本实现了统一。

1928年6月4日，李汉魂在日本伊香保温泉游览，与罗翼群太太（中）和李任希太太（左）合照

1928年6月，李汉魂在东京与李任希同寓，图为李汉魂抱着李任希的儿子合照

1928年6月4日，李汉魂在日本伊香保温泉游览。一起合照的分别是罗翼群太太（右）和李任希太太（左）

上海投闲　西湖祭岳

李汉魂只身留在日本，得知自己为之投身的北伐已经取得成功，心里兴奋，觉得国家已经进入和平时期，现在应该是用人之际，自己不能再置身事外，应该回国效劳，于是便在 7 月 10 日买了船票，12 日回到上海。

回到上海后，李汉魂找到了早前回国的张发奎打探消息。

张发奎和黄琪翔离开日本回国后，原计划回第四军效力，但却因受桂系势力从中作梗，没有让他们归队，只能留在上海继续观望。

李汉魂回到上海听到的第一个

1928 年 7 月，李汉魂从日本短暂回乡探亲。图为李汉魂为母亲与次子李焕（左）、三子李敢拍摄的祖孙三人合影

消息，就是国民革命军总司令蒋介石通电全国，主张裁兵，并已经召集冯玉祥、阎锡山、李宗仁和朱培德等在北京汤山开会，提出分三期裁军的方案。

第一期裁军，要求各集团军自行缩编。缪培南自知第四军并非蒋介石嫡系，且与桂系势力积怨太深，被裁是迟早的事，于是开会商量对策。最后，他们决定以退为进，由团长以上军官集体署名，主动向国民政府和蒋介石提出将第四军完全裁撤的报告。

李汉魂听说部队将要裁撤，张黄二位尚且在上海漂泊，觉得自己回部队的想法既无希望，也无必要了。

在上海闲居的日子，李汉魂并没有闲下来，他邀集了邓龙光和赖翰两位少年时代的挚友，就近前往杭州西湖一游，拜祭慕名已久的岳坟。

李汉魂从小就崇拜岳飞，从军后更立志要像岳飞一样精忠报国。

有感于史籍中还没有比较全面系统地介绍岳飞的书行世，李汉魂很早就立志要为岳飞写一本年谱。就是在此时，李汉魂开始为写此书搜集素材。（《岳武穆年谱》一书经李汉魂将近二十年的努力，方于1946年写成。）

在等待中央的裁撤命令下达之时，第四军于7月23日在德州举行了"追悼护党北伐阵亡烈士大会"。

济南"五三惨案"发生后，李汉魂从日本回国，与邓龙光（中）和赖翰（右）两位少年时代的挚友，前往杭州西湖拜祭岳坟

第四军于1928年7月23日在德州举行的"追悼护党北伐阵亡烈士大会"
（《第四军纪实》插图）

回粤探亲　隔洋受命

7月底，李汉魂离开杭州，回到广州的家中，探望母亲和家人。亲自为母亲与次子李焕、三子李敢拍摄了一张祖孙三人合影。

此时的第四军已经接到移防命令，8月5日开拔，渡河南下，于中旬抵达五岳之首泰山脚下的泰安县。

第四军阵亡烈士纪念碑亭，不日也在泰安建成。此碑建于石蜡村西北角的米面山脚。碑文为谭延闿书写，碑上正面大字为"国民革命军第四军北伐阵亡烈士纪念碑"，其余三面刻有八千多位阵亡将士名录。

可惜此碑在1966年"文革"中被毁，据说碑亭石料被当地人拿来建学校，石碑被砸断几截，成为修筑水渠的"有用之材"。

在家中住了十几天，李汉魂深感此刻仍无用武之地，还是先把耳疾治好再说，于是在8月中旬，再次东渡日本，到东京后入住了阿佐之谷248号寓所。

8月中旬，第四军按照蒋介石的命令，开始进行缩编，至9月下旬已经完成了缩编任务，番号改为国民革命军陆军第四师，下辖三个旅和三个教导团。缪培南留任师长，薛岳辞职了，由朱晖日任副师长。李汉魂在不知情之下，被任命为第四师参谋长。

李汉魂得知获任命后，犹豫了很久，因为他已经计划好赴德国考察。

第四军被缩编时离职的韩汉英，此时也携眷来到东京，与李蔚然夫妇一起探访李汉魂，相约一起游览了日本名胜栃木县日光国立公园。

李蔚然，又名李睿，是李汉魂陆军小学时代高两届的学兄，此时任留东京学生经理处主任。

转眼到了10月，李汉魂接连收到

建于泰山脚下的第四军阵亡烈士纪念碑亭，碑文为谭延闿书写，碑上正面大字为"国民革命军第四军北伐阵亡烈士纪念碑"，其余三面刻有八千多位阵亡将士名录（《第四军纪实》插图）

张发奎和陈可钰的信，内容都是催促他早日回国就职。李汉魂三思之后，决定取消赴德国的行程，收拾行囊回国。

1928 年 8 月中旬，李汉魂短暂回到广州省亲后，8 月再抵日本东京，入住阿佐之谷248 号寓所

1928 年 8 月，李汉魂与韩汉英夫妇、李蔚然夫妇一起游览日本栃木县日光国立公园（上两图）

1928 年 8 月，韩汉英夫妇和李蔚然夫妇访李汉魂时一起参观日本三大瀑布之一的华严瀑布。华严瀑布位于日本栃木县日光国立公园

1928 年 8 月，李汉魂在东京与罗翼群（前右一）及家人、韩汉英（后右一）及夫人、韩汉藩（后左五）、邹善群（后左一）、李任希（后右二）及夫人等的合照

第十五篇　方饮缩编恨
又牵蒋桂争

（1928年11月至1929年7月）

短暂回国一行，李汉魂再赴日本，原计划要前往德国考察，但却接连收到张发奎和陈可钰催促他尽快回国任职的信，只好决定取消赴德行程，返回部队报到。

1928年11月15日，蒋介石亲临山东兖州第四师驻地，检阅部队，并对全师官兵进行训话。

当天，李汉魂乘船回到香港。

1928年11月15日，蒋介石来到山东兖州第四师驻地，检阅部队，并对全师官兵进行训话（《第四军纪实》插图）

11月17日，是"张黄事变"发生一周年，第四师仍对此事件耿耿于怀，于是日举行了声讨桂系的军民集会，指控黄绍竑、白崇禧结党营私。

这个时候，李汉魂还在香港。

下旬，他从香港转道回到广州，探望母亲和妻儿。

1928年11月15日，蒋介石来到山东兖州第四师驻地，检阅部队，并对全师官兵进行训话（《第四军纪实》插图）

1928年11月中旬，李汉魂结束日本的旅程，乘船回到香港时的照片

1928年11月17日，是"张黄事变"发生一周年，第四师仍对此事件耿耿于怀，于是日举行了声讨桂系的军民集会，指控黄绍竑、白崇禧结党营私

山东赴任　军史开篇

12月初，天寒地冻，李汉魂告别家人，从广州乘火车北上，转道上海，下榻于上海东亚旅馆。

冒着纷飞大雪，李汉魂从上海乘坐火车，来到山东兖州报到，履任第四师参谋长职。与一众昔日同袍见了面，自然免不了一番唏嘘。

李汉魂回到部队不久，师部又接到了蒋介石的一道命令，要第四师将三个教导团缩编为两个团。

师长缪培南乃召集团部以上干部，开会讨论如何缩编。

经过讨论，全体一致认为，与其这样任人摆布命运，弄得整日军心浮动，不如一不做二不休，上书请求编遣委员会，索性将全师撤销，一了百了。

于是众人公推李汉魂执笔，以师长缪培南的名义，拟就一封电文如下：

国民政府主席蒋，编遣会议各委员，国民革命军总司令蒋钧鉴：统一告成，训政开始，裁兵救国，实为要图。培南等于去岁中央计划裁兵时，请将所部之第四军全体遣散，以为裁兵先导，乃仅奉准缩编为师，深以未能达到请求为恨！兹者，编遣会

1928年12月初，李汉魂从广州乘火车，转道上海，下榻于上海东亚旅馆

1929年3月，第四师参谋长李汉魂在兖州，与保定同学、时任第十一旅旅长黄镇球（左）合照

开，集全国军事领袖党国中于一堂，共谋大计，行见总理手定之兵工政策，及裁兵计划，不日实现。国防巩固，军阀潜消，建国枢机，端赖于此，群伦瞻仰，炳若日星。培南等凛佳兵之不祥，缅知难而行易，爰掬血诚，再申前请，恳准将职师悉数遣散，党国幸甚。临电不胜迫切待命。

国民革命军陆军第四师师长缪培南，副师长朱晖日，参谋长李汉魂，旅长谢婴白、黄镇球、吴奇伟，副旅长欧震、陈芝馨、马少屏，团长莫雄、黄世途、陈凤韶、林祥、李汉炯、黄国俊、张德能、梁国材等率全体官兵叩皓印。

电文发出后，很快就有了答复。蒋介石没有批准他们的请求，但要他们再进一步缩编，三个教导团只能留下一个。

一再缩编的结果是，又有一批官兵要被遣散，谢婴白等部分高级军官都因此而辞职，另谋高就了。

1928年12月初，李汉魂从日本回到山东兖州，就任第四师参谋长一职。图为庆祝师党部成立时搭建的牌楼

1928年12月，李汉魂站在师部所在地的雪地上留影

第四师师部。隐隐可见外墙上，仍张贴着声讨日本人制造济南"五三惨案"的标语

缪培南觉得第四师在自己手中已经沦落到任人宰割的地步，心里郁闷，便消极托病，辞职赴香港休息去了，师长一职，暂由副师长朱晖日代理。

李汉魂也是心灰意冷，刚好张发奎从上海来信委托他撰写《第四军战史》，他便在 2 月中旬，让陈芝馨代理其参谋长职务，自己躲起来动笔开始写作。

出师讨桂　述职南京

北伐事业已经告成，但国民政府内的蒋桂冯阎四大派系之间，很快就开始为争地盘展开了内斗。桂系的势力，其时几乎遍及大江南北，被蒋介石视为心头大患。

同年 2 月 20 日，暗中倒向蒋介石的湖南省主席鲁涤平，被新桂系主导的武汉政治分会罢了官。

蒋介石乘机发难，以桂系擅自任免辖区内特定人员为罪名，出兵讨伐，并扣押了充当调停人的李济深，蒋桂战争的序幕就此拉开。第四师自此无可避免地卷入了蒋桂战争。

3 月 10 日，第四师奉蒋介石的命令，开往浦口集中。

接到命令，李汉魂放下笔，与代师长朱晖日一起率师出发。

3 月 11 日，第四师各旅从驻地集中兖州进行大动员，李汉魂对全师官兵进行战前训话。训话完毕，即与朱晖日代师长乘火车先往南京述职。

全师官兵在动员大会结束后，由参谋处长邓定远率领，登上火车，从兖州至邹县铁路沿线南下，在当地红枪会的攻击和骚扰下，小心翼翼地通过了藤县。

到了界河站，闻报藤县火车站已被红枪会攻占，又耽搁了一天，然后经临

1929 年 3 月 11 日，第四师各旅从驻地集中兖州进行大动员，准备参与讨伐桂系的战争，李汉魂对全师官兵进行战前训话

城、徐州、蚌埠等站，至当月14日晚上，火车才抵达长江边——南京对岸的浦口。

当天中午，第四师官兵由参谋处长邓定远率领，在浦口登船，溯长江西行。

李汉魂与代师长朱晖日此时正在南京向蒋介石述职。

在南京等候晋见蒋介石期间，他们抽空前往紫金山参观。

紫金山正在兴建中山陵。李汉魂用他的相机，拍下了中山陵主要建筑物祭堂。祭堂当时仍在建设中，已经将近竣工。

南京中山陵在1926年1月开始兴建，李汉魂前往参观时，祭堂的脚手架正开始拆除。（当年6月，孙中山灵柩即迁葬到此，但陵园的全部工程到1931年才告完成。）

述职完毕，李汉魂与朱晖日代师长立即乘船追赶队伍，船经安徽安庆小孤山，李汉魂又按下了快门。

小孤山孤峰独耸，屹立江心，海拔78米，为安徽著名的风景名胜之一，以奇、险、独、孤而著称于世。

1929年3月16日，第四师大部队抵达九江，之后转乘火车继续前行，17日陆续抵达南昌。

18日，各部沿赣江西岸徒步行军再向南行，到距离南昌数十里外的生米镇扎寨宿营。师部仍留在南昌市内。

1929年3月，李汉魂前往南京述职，抽空往紫金山参观仍在建设中的南京总理陵，并拍下了将近竣工的主要建筑物祭堂

1929 年 3 月，李汉魂拍下了建筑南京中山陵祭堂正门的脚手架正在拆卸中的情形

1929 年 4 月，李汉魂在南京述职完毕，乘船追赶部队时经过安徽安庆天柱山之小孤山时拍下的照片，题名为"扁舟傍小孤"

兼程讨桂　旧地伤怀

　　李汉魂和朱晖日赶回南昌的师部后，即传令各部暂时原地休息。

　　部队休息期间，李汉魂游览了南昌著名的滕王阁以及东湖百花洲。

　　滕王阁是江南三大名楼之一，因王勃的《滕王阁序》而闻名于世。此时的滕王阁已经在 1926 年被赣军师长下令烧毁，李汉魂前去凭吊的只是仅剩"襟带江湖"牌坊的遗迹。现在的滕王阁是按照梁思成绘制的《重建滕王阁计划草图》，于 1985 年重建的。

　　26 日，部队开拔，转向西北方向前进，因为蒋介石交给他们的任务是进攻湖北武昌的桂军。

　　27 日，开始连日大雨滂沱，部队踏着泥泞前进，行军变得非常艰辛。

　　4 月 4 日，部队到达修水县，修水河上没有桥，罗策群的工兵营即在山口的来苏渡搭建浮桥，大部队不能只靠几条渡船摆渡过河。

　　山口位于修水县的东南部、修铜两县交界处，历来乃兵家必争之地。来苏渡是当地的名胜，相传苏东坡曾经在这里渡河。

　　5 日清晨，李汉魂随部队出修水，溯流而上，宋代诗人黄庭坚的故乡就在这里。

　　李汉魂的影集中有一张摄于黄庭坚的书法原碑，未知是否摄于此时此地。

1929年4月下旬，李汉魂率第四师在讨桂途经南昌时，游览了南昌著名的东湖百花洲

1929年4月下旬，李汉魂率第四师在讨桂途经南昌时，游览了南昌著名的滕王阁

1929年4月4日，第四师参与蒋桂战争时到达修水县，在山口的来苏渡搭建浮桥。相传苏东坡曾经在此渡河

1929年李汉魂拍摄的黄庭坚原碑

过了诗人故乡，便是崇山峻岭，崎岖难行。6日过黄珠岭，7日过黄金岭，都是异常陡峭险要之途，步步艰难。李汉魂后来在他的书中描述：至今犹记得那壁立千丈的山间险径，行进稍有不慎，则人畜坠山而粉身碎骨。

此时张发奎刚刚获蒋介石任命为讨逆军第一路右翼军司令官，指挥第四师、第十师和第十一师。

4月8日，张发奎偕同薛岳在江西与湖北交界的通山县附近，追上了部队。

武昌方面的桂军得知蒋介石调兵前来讨伐，已经向沙市、宜昌方向西撤。

4月10日，第四师来到贺胜桥。

旧地重游，李汉魂专门来到贺胜桥头，祭奠三年前在此地阵亡的英灵。想到两年前在此桥头与桂系并肩作战的情景，犹如昨日，怎料如今友军已经变成了敌人，不禁唏嘘不已。

1929年4月8日，张发奎和薛岳奉蒋介石之命归队，在江西与湖北交界的通山县附近追上了部队。图为李汉魂与张发奎、薛岳、陈芝馨等在行进中

1929年4月10日，第四师参与蒋桂战争期间，重游当年北伐时曾经历大战的汀泗桥

1929年4月中旬，第四师参与蒋桂战争，在途中为鼓舞士气，举行文艺节目表演，内容是宣传工农兵学商和知识分子的合作

1929年4月20日，李汉魂在监利短暂停留登岸，参观了黄歇口镇伍场村的伍子胥故里

1929年4月25日，第四师在郝穴举行军民联欢会

12 日到了汀泗桥，同样是触景生情，百感丛生。

汀泗桥的照片，可看到一处细节，桥头上汀泗桥的中文名字上，用一行很大的拼音字母书写着 TING SUU CHIAO。

路过旧战场，第四师继续行军。

1929 年 4 月中旬，为鼓舞士气，师部在途中组织文艺节目表演，内容是宣传工农兵学商和知识分子的合作。

至 18 日，到达湖北嘉鱼石矶头，接着乘船溯江西行，20 日在监利短暂停留，参观了黄歇口镇伍场村的伍子胥故里。之后再登船西行，于 22 日抵达郝穴。

收编桂部　进驻宜昌

蒋桂战争还未正式开打，桂军内部即因互相倾轧，被蒋介石用计一一瓦解，第四师到达郝穴时，便获报桂军已经退出武昌。

桂系的胡宗铎、陶钧和夏威等各部都无心与第四师开战，表示愿意在江陵宜昌一带集中，等候接受南京政府的收编。

未发一枪一弹，战局已暂告一段落。第四师奉命停止前进，暂驻郝穴休整待命。

4 月 25 日，第四师在郝穴举行了军民联欢会。

4 月底，李汉魂邀约几位同袍出外郊游，来到郝穴之铁牛座像前留影。

该铁牛座像于 1859 年立于郝穴江边，是荆江沿岸十座镇水神牛之一，郝穴铁牛，又名镇安寺铁牛，为清朝荆州知府唐际盛所铸，重约 2 吨。

照片中右立者为第四师代师长朱晖日，左立者为第十一旅旅长吴奇伟，攀在座像上者为第十旅副旅长欧震。李汉魂是摄影师，所以没有出现在照片中。

1929 年 5 月 1 日，蒋介石正式委任代师长朱晖日为师长，并委任李汉魂为副师长，韩汉英为参谋长。

不过，朱晖日非但没有兴趣坐上师长的交椅，还以身体不适为由，坚决要辞职，并推荐吴奇伟代他的师长职，然后由李江陪同，到上海养病去了。

5 月 3 日，第四师全体官兵在郝穴集会，纪念济南"五三惨案"一周年，悼念济南死难同胞，发誓要向日本讨还血债。

1929年5月3日，第四师全体官兵在郝穴集会，纪念济南"五三惨案"一周年，悼念济南死难同胞，发誓要向日本讨还血债

1929年4月底，李汉魂与同袍在郝穴之铁牛座像前留影。右立者为朱晖日，左立者为吴奇伟，攀在座像上者为欧震。该铁牛座像于1859年立于郝穴江边，是荆江沿岸十座镇水神牛之一，距离沙市约40公里

1929年5月中旬，第四师士兵西进途中休息

1929年5月1日，李汉魂被委任为第四师副师长

1929 年 5 月下旬，第四师进驻荆州沙市后，工兵营即在荆江上搭建浮桥

1929 年 6 月 1 日，孙中山移灵奉安大典在南京举行，第四师全体官兵也同时在沙市隆重集会纪念孙中山

　　蒋介石担心时间拖久了，留在沙市的桂军残部会有异动，乃于 5 月 11 日改委任张发奎兼任第四师师长，并命令其即速返回部队履任，尽早解决对沙市桂军的收编。

　　15 日，张发奎下令移师向观音寺、资福寺方向进逼。

　　27 日，桂军副师长李朝芳、旅长苏祖馨、黄镇远等，率领部下前来郝穴郊外的第四师指挥部，和平缴械。

　　李汉魂为此额手称庆，因为如果双方开战，不知又将会增添多少内战冤魂。

　　第四师将桂军的军官全部遣散，所缴获枪械，大部分用船运回南京上交。挑选精锐的士兵，特别是两广籍人，扩充了第四师。收编工作完成，第四师随即进驻荆州沙市。

沙市面临荆江，从李汉魂保留的十余张第四师在荆江搭建浮桥的照片中，可以一窥当时第四师的军容风貌。

6月1日，国民政府在南京紫金山举行了隆重的孙中山移灵奉安大典。第四师也于同一天，在沙市举行隆重集会，遥祭孙中山。

蒋桂战事已告平定，第四师收缴收编了大量桂军的武器和兵员，一时变得兵强马壮，似有坐大的嫌疑，也引起了蒋介石的强烈戒心。

张发奎觉察到了蒋介石的疑心，立即称病离队，于6月20日到武汉就医，然后赴庐山牯岭休养去了。

师长一职，交给李汉魂代任。

张发奎离队时，李汉魂将他刚写完的《第四军纪实》初稿交给张发奎审阅。

李汉魂从接受写作任务始，有空就执笔，从粤军成军写起，一直写到北伐完成，第四军缩编为第四师，此时已算写完，张发奎不久后还找蒋介石写了序。

1929年6月21日，第四师官兵在沙市童家花园聚餐。童家花园乃当地首富童月江的私宅。民国初年，各路政客军阀都与他结交，童家花园就是他宴客之处。该花园原址如今已成为沙市第三中学的校园。

张发奎离开后，第四师奉命归由湖北各部队编遣特派员刘峙指挥调度。

刘峙的权力很大，直接指挥第四师执行当地绥靖任务，属下各旅团于是被刘峙分别调往各地，除了剿匪，还要对付红军，疲于奔命。

7月18日，李汉魂将第四师师部由沙市迁到了宜昌。

由于政局仍不安定，张发奎又不在部队，第四师地位很不明朗，全师官兵都感到前途未卜，传言纷纷，有说张发奎已经被蒋扣押，更有传说蒋将会派钱大钧来接掌第四师。

第四师前身第四军，自从参加北伐后，一直是武汉国民政府的军事中坚力量，蒋介石的黄埔系和李宗仁的桂系崛起之后，代表武汉政府的汪精卫受到排挤，汪精卫更因为背负因"张黄事变"而酿成共产党的广州起义之责而被迫下野，第四军的地位也一落千丈。

1929年，第四师参与蒋桂之战途中的马匹

1929年6月21日，第四师官兵在沙市童家花园聚餐。童家花园乃当地首富童月江的私宅。民国初年，各路政客军阀都与他结交，童家花园就是他宴客之处。该花园原址如今已成为沙市第三中学的校园

1929年5月下旬，李汉魂在渡荆江时拍下了沙市的江上风光，远处可见沙市名胜万寿塔

　　蒋介石当初让第四军保留下来，很大程度上是想利用他们来制衡桂系，现在桂系已经被击败，兔死狗烹其实也是很自然的铁律。

　　到了宜昌，薛岳也离开了第四师，因为他回部队后一直没有等到合适的空缺，无所事事。

　　此时的第四师正当时运不济之时，令李汉魂意想不到的是，他的桃花运却开始旺起来了。在宜昌，他遇上了他的红颜知己吴菊芳。

第十六篇　古宅缘闺秀
　　　　　夷陵反四师

(1929年7月至1929年9月)

　　1929年7月初，第四师完成了剿匪任务。18日，代师长李汉魂奉命率领全师进驻宜昌，负责绥靖湖北省第五区。

　　练兵，一向为李汉魂所重视，到了宜昌，部队即开始大练兵。在《南华影集》中，宜昌的练兵照，一共存了十五张之多。

1929年7月，第四师进驻宜昌之后，开展大练兵

1929年7月，第四师进驻宜昌之后，开展大练兵

1929 年 7 月，第四师进驻宜昌之后，开展大练兵

访幽名峡　探胜古城

宜昌，古称夷陵，位于长江上、中游之分界处，渝鄂湘三省市之交汇地，历代为兵家必争之地，历史悠久，文化灿烂，名胜古迹遍布，其中最有名的，就是长江三峡的西陵峡。

李汉魂为能驻军于此文化古城，深觉三生有幸。练兵之余，他可以背起照相机，到处寻幽探古，如斯机遇，千载难逢。翻阅《南华影集》珍存，游览宜昌胜迹的照片多达二十多张。

1929 年 7 月，李汉魂偕同一班同袍，结伴游览宜昌名胜西陵峡和三游洞。

天气炎热，正好西陵峡水流不多，李汉魂还与大家一起下到峡中，脱衣戏水来消暑。

三游洞，位于西陵峡外，距离宜昌有 10 公里，三游洞的名字，源于两个典故。其一是，唐代诗人白居易、白行简、元稹三个人曾一同游过此洞。相传唐宪宗元和三年（公元 808 年），白居易在朝廷任左拾遗的时候，同僚元稹遭唐宪宗贬职通州，白居易三次上书为其辩解。七年后，白居易因上书朝政而受迫害，贬职为江州司马。元和十四年（公元 819 年），白居易由江州司马升忠州刺史，其弟白行简同行赴任，意外在西陵峡中相遇元稹。三人在峡口欢聚饮宴，偶然发现此处天然溶洞。元稹提议："吾人难相逢，斯境不易得，请各赋古调诗二十韵，书于石壁"，并由白居易做"序"而纪之。《序》尾言道"以吾三人始游，故为三游洞"。

其二是，宋代诗人苏洵、苏轼、苏辙父子三人，也曾一同来游过此洞。

还有荆州古迹绛帖台及东门外的一带，李汉魂也偕同袍专门去游览了一番。绛帖台乃东汉大学者马融讲学之所，位于荆州城张家巷南。马融在南郡任太守期间，常设高堂，前授生徒，后列女乐教授弟子。

清代时，绛帖台是县文庙的考棚所在。可恨的是，抗战时被毁于日军之手，至今尚未修复。

1929 年 7 月，李汉魂偕同一班同袍，结伴游览宜昌名胜西陵峡，并下到峡中脱衣戏水

1929 年 7 月，李汉魂与同袍结伴游荆州绛帖台

1929 年 7 月，李汉魂携照相机，偕同袍结伴游览宜昌名胜西陵峡，并游览了三游洞

第四师参谋长韩汉英（左）在沙市开往宜昌
的"大亨丸"号轮船上

"大亨丸"号上的日本水兵

1929 年 8 月 15 日，李汉魂在宜昌成立了水陆巡查处

日本势力当时在中国境内无处不在，日本的商船长期在长江上经营航运公司。

汉口至宜昌航线，由日本大阪商船会社经营的"大亨丸"号、"大元丸"号和"大吉丸"号三艘轮船运行，每月发航 4 到 6 次，途中停靠沙市、新堤、岳州。

8 月 15 日，李汉魂在宜昌成立了水陆巡查处，对日本人船只加强监督管理。

同样在 8 月 15 日这天，蒋介石在庐山写好了一篇《第四军纪实》序文，交给了同在庐山休养的张发奎。序的内容如下：

今第四师即未编遣以前之第四军也，其始起于粤，本一独立排耳，追随总理致力革命经十数年，逐渐扩充，由排而连而营而团，以成师旅，克东江，平南路，巩固国防，统一广东，盖以久树铁军之号矣。北伐以来，在湘则有醴陵、平江、贺胜桥、汀泗桥之捷，在鄂则有武昌之攻，在赣则有德安、马回岭之克，在豫则有上蔡、东西洪桥、贺胜桥、逍遥镇、临颍之战，在鲁则有岔河、枣庄、滕县、界首之役。其勋伐之隆，固已冠绝诸军。而其间追击叶贺，回师入粤，弭平共乱，尤为其将士独擅之功已。幸宇内既一放牛归马，前军长张君发奎编纂战史，属稿且竣，持以示余。余既嘉其劳，又感其志，遂述其卓卓在人耳目者，书诸首简，俾后之人有所考焉。

中华民国十八年八月十五日

蒋中正序

张发奎收到这篇序，原计划尽快找印刷厂排版付印，没想到大半个月后，他们就树起了反蒋的大旗，《第四军纪实》的初稿以及这篇序文，也被搁置了将近二十年，方才付梓成书。

赛球演艺　采菊寻芳

第四师在宜昌除了练兵之外，为了丰富将士们的精神生活，还成立了官兵同乐会，组织士兵排练和演出文艺节目。

另外，还有排球和网球比赛，在每周末举行。

李汉魂从军以来，向以部队为家，从不携家带眷，因此在驻守宜昌期间，仍与师部其他几位同袍一样，日间忙完公务，晚上回师部就寝。不过，师部将领中，参谋长韩汉英是例外。

韩汉英携有家眷，住师部不方便，所以就在离师部不远的一处旧道台府租了一个后院暂住。

李汉魂等一群将领，在有空时，经常三五成群上韩家串门聊天吃夜宵。

这道台府前院住的是一名前清官员一家，主人家姓吴。

吴家有女初长成，名字叫吴菊芳，年方十八，知书达理，大家闺秀。

租客韩汉英的太太叫胡韵娴，曾在日本留学学习音乐，热情开朗，住进来后不久，就跟从小爱看戏的吴家小姐吴菊芳成了好朋友。

吴菊芳的父亲吴庄海，在宜昌是有名的绅士，喜吟诗作对，熟悉之后，与李汉魂兴趣相投，经常互相唱酬，十分投契。

第四师官兵同乐会的
成立大会盛况

8月15日，第四师第十二旅第二十三团互励会举办了游艺会

第四师举行联合运动会

第四师的军官们组成的网球队。
后排右一为李汉魂，前排右一为
欧震。照片摄于1929年8月8日

第四师举行排球比赛

当李汉魂等一班将领来串门时，吴菊芳也常常大方得体地在他们中间，听这些年轻军人天南地北地谈论国家大事。偶尔，吴菊芳还应邀坐上他们的军车伴游宜昌胜迹。很自然地，散发着青春气息的吴菊芳吸引了李汉魂的目光。

胡韵娴看得真切，于是就执起大葵扇，充当了穿针引线的媒婆角色。

李汉魂那年 32 岁，与比他小 14 岁的吴菊芳，一见钟情，很快就坠入爱河。

李汉魂当然清楚，自己已经家有妻室，还有三个儿子。

据张发奎口述回忆说，他曾有严令，第四军干部不得纳妾。但张发奎其时不在其位，李汉魂乃一师之长，他的恋爱之火一经点燃，就谁也扑不灭了。

李汉魂爱上了吴菊芳，在当时并不算离经叛道的事。国民政府成立以来，虽然曾经有过废除妻妾制的决议，但由于上梁不正，所以没有真正落实执行过。

李汉魂并非贪图美貌、拈花惹草之辈，他喜欢吴菊芳有理想有志气，求知欲和上进心强，以致恨不相逢未娶时。

吴菊芳也同样爱慕李汉魂，李汉魂虽是军人，却一身透着书卷气，烟酒不沾，谈吐间的广博学问，更深深吸引了她。后来吴菊芳在李汉魂的事业上，确实也有很大的助力。

在宜昌驻军两个多月，李汉魂事业爱情两不误，心情愉悦。

然而好景不长，李汉魂在宜昌的好日子没过几天，随着政局的变化，就不得不与吴菊芳天各一方了。

吴菊芳（后右二）跟随李汉魂（前左二）等第四师军官游
览三游洞。李汉魂照相机不离身

吴菊芳年轻时的照片

调防疑虑 "护党"决心

9月6日，张发奎带着审阅过的《第四军纪实》书稿和蒋介石写的序，返回部队，重新接掌师长职务。

9月8日，师部突然接到蒋介石的南京电令，要求第四师务于10天内准备完毕，开赴陇海路或先调往皖中。

9月9日和10日，蒋介石连续两天又发来同样内容的电报：

限即到，张师长勋鉴：亲译极秘育密，第四师拟调陇海路，或先调皖中，请即集于荆宜两处，约十日内候令动员，其运输次序盼复。又，如十日内点验不及，则可从缓点验也。中正齐申。

对蒋介石的命令，第四师师部将领们都觉得其中有蹊跷，不知好端端的，为什么要调防。

如今第四师驻军宜昌，如果要调防陇海或皖中，最方便直接的路线就是开往汉口，然后乘搭京汉列车北上。但是蒋介石却指定他们开往浦口，再搭乘津浦列车北上。这样明显的舍近求远，实在不合常理。蒋介石还要求他们，要将所乘坐船只的具体时间地点等，详细报告给他，更加令人生疑。

10 日当天，张发奎召集了团长以上军官到师部开会，宣读了蒋介石的电令。大家都认为，蒋介石这个调防的命令，其实就是设下陷阱，目的是要把第四师调到浦口后，实施包围缴械，一网打尽。

蒋介石已经命令新编第一师曹万顺部 17 日到宜昌接防，第四师到时如果不离开，势必发生冲突。

经过讨论，大家一致认为，为避免被消灭，不但不能执行电令，还要赶快移师南撤以防不测。最后决定以"为民请命，为党争存"为口号，公开反蒋。

张发奎传令，各部队限于 15 日前集中，准备随时开拔。

蒋介石为什么要对第四师下手，其实是有原因的。因为，一直住在巴黎的汪精卫，看到蒋桂战争爆发，觉得东山再起有希望，便于 8 月回到了香港，组建了一个叫"中国国民党第二届中央执监联席会议"的组织，打算卷土重来。

蒋介石深知张发奎是汪精卫的忠实支持者，汪若复出，第四师的武装力量肯定为他所用。若要阻止汪精卫复辟，蒋惟有先下手为强，除掉第四师，以绝后患。

11 日，蒋介石继续来电报催促，电报内容如下：

限即刻到，张师长向华兄勋鉴：密，灰午电悉。已令交通处尽量征集船只，惟一处拨足恐难办到，准备二次或三次运完可也。先由汉运新一师来荆接宜防，即以其原船运第四师东下，先头部队务于哿日前到达浦口为要。中正真辰。

蒋介石要求他们的先头部队在 20 日就要到浦口，来接防的曹万顺 18 日即到。

时间紧迫，第四师不敢怠慢，赶紧传令让各部队撤出宜昌，向枝江转移。

第四师既无立足之地，又无经济来源接济，若与蒋介石开战无异是以卵击石。今后何去何从，是他们面临的严重问题。很多人主张回粤，因为第四师官兵以粤人为多。不过，回粤路途太遥远，

陈公侠的结婚照

况且主政广东的陈济棠也不会让他们回去。

他们也考虑过投靠冯玉祥的西北军，更考虑过退入四川投靠川西的刘文辉，但都觉得走不通。

恰在此时，昔日第四军同袍陈公侠突然来访。

陈公侠是广东南海人，也是与李汉魂等在保定军校的同班同学，第四军北伐前曾经担任营长，南征琼崖后，奉命留守海康。此时他是奉刚刚回广西重任省主席的俞作柏之命前来联络，希望第四师到广西去与他们联合反蒋。

第四师终于找到了一线生机，遂决定联桂反蒋。为了师出有名，第四师打出了"护党"的旗号。

揭竿通电　对月离情

17日，正是中秋节，第四师团级以上军官开会，统一思想后，由李汉魂执笔，联合署名发出通电。

通电全文如下：

中国国民党第二届中央执监委员会各省市代表、海外总支部联合办事处、各民众团体、冯总司令、阎总司令、东北张长官，何训练总监、朱参谋总长、唐院长、刘总指挥、韩总指挥、何总指挥、方总指挥、陈总指挥、刘总指挥、石总指挥、各军长、各师师长、各省市政府钧鉴顷呈总司令一电其文曰："限即刻到，南京总司令蒋钧鉴，某密，民国肇造，十有八年，革命尚未成功，总理溘然长逝，遗嘱谆谆，遵循有轨，实现之责，端在吾人，我公与汪先生毅然以继承遗志自矢，领导革命，北伐誓师，党中健儿，争为效死，用能不数月而下武汉，定金陵，武功之速，直超远古，此主义之战胜，非人力所能为也。公不克于此时领导忠实同志，直趋中正坦途，乃欲操纵两间，以图自利，爱公者深用惜之，然不旋踵，公亦幡然改途，飘然下野。我军不忍党脉之中断，及忿于非法特委会之专横，乃有回粤护党之举。迫汪先生以革命中途，不可无人领导，约公后出，重奠党基，奎等遂亦继续追随，完成北伐，回师武汉，再定两湖。此尽一以革命为从远，不敢稍涉个人恩怨也。讵当奉命出征之日。而公主持召集之三全代表大会，意违法乱纪，集会首都，同志呼号，道路侧目，此之曹锟贿选，殆有过之。夫素以继承总理为号召之我公，竟有此倒行逆施之举，知公清夜扪心必有难于自解者矣，政由私出，党失重心，一着既差，满盘皆乱，循至正人引退，群小盈庭，众叛亲离，国危党裂，迄今西北已成僵局，东南日露危机，对俄则专事委蛇，训政乃徒欺民众，日言编遣，而购械招兵者依然。日言统一，而各自为政者如故，收入增加，而军饷扣减，借债度日，而而贿赂公行，用人一视爱憎，施政只图私便，举凡矛盾机阱，究竟孰令致之？律以春秋贤者之义，固已责有攸归，矧集军政党大权于一身者，更将何以自解？此则真为友之所怨，为敌之所笑矣，矧是岂我公革命之初志，而奎等始料之所及哉？本师为中国国民党之军队，为民众的武力，立场于党，受命于民，转战频年，牺牲不避，对公虽未敢自居忠犬，而对党则自问俯仰无愧，乃一摘再摘，必欲毁灭此百战残余之党的工具以为快，此更午夜彷徨，三军饮泣，且百思而不得其故者也。公当以本党之陆秀夫自况，奎等虽弱，慕义未敢后人，际此党国垂危之日，正奎等鞠躬尽瘁之时，用本革命的需求，为苍生而请命，敬陈三事，立待施行。一、第三次全国代表大会之违法乱纪，稍有党的认识者类能言之，一切乱源，俱由此出，应请立即解散，再行依法召集。二、侵蚀本党之腐化分子，及一切残余封建势力，应请根本铲除，并继续国民革命之工作。三、汪精卫同志为本党最忠实、最伟大的领袖，放逐海外，薄海同伤，应请敦请回国，主持大计，完成革命。以上三事，不特为救国的根本要图，亦即我公自救之唯一方案。奎等不忍坐视党国地位之危亡，及我公政治生命之断送，爰集部曲。恳切请求，倘承采纳，则引导祥和。兆民感赖，宁独党国之大幸，抑实我公无穷之庥。奎等当解甲投戈，虽尽肆市朝而无悔，若乃一意孤行，忠言逆耳，则怅然遂绝，奎等当知所自处矣。失道寡助，古有明训，天下健者，岂独董公，仓促陈词，不胜迫切待命之至。第四师师长张发奎，副师长李汉魂，参谋长韩汉英，旅长邓龙光、黄镇球、吴奇伟，副旅长欧震、林祥、陈芝馨，团长张德能、黄世途、陈凤韶、梁国材、李汉炯、黄国俊、吴锡祺率全体官兵呈叩条印等语，诸公关怀党国，早具同情，务恳本革命之立场。作桴鼓之相应，促其实现，共救危亡，并祈时赐南针，俾知适遵，择甲待命，毋任依驰。

第四师师长张发奎，副师长李汉魂，参谋长韩汉英，旅长邓龙光、黄镇球、吴奇伟，副旅长欧震、林祥、陈芝馨，团长张德能、黄世途、陈凤韶、梁国材、李汉炯、黄国俊、吴锡祺率全体官兵呈叩条印。

此通电的核心内容，就是向南京政府提出三项要求：一、撤销蒋介石个人包办、违法乱纪的国民党三全大会决议；二、铲除南京政府腐恶势力；三、敦促政府请汪精卫回国主持大计。

通电发出，全国为之震动，须知这三项要求，蒋介石是绝对不可能接受的。

通电发出的同一天，各部也分别开始南渡长江，开往枝江县集合。张发奎在枝江对全体官兵训话，通告了第四师目前面临的形势以及将要行动的计划。

听说即将南返，官兵们无不欢呼雀跃。接着，全体官兵戴上了黄色袖章作标识，做好了起义的准备。

中秋月团圆，李汉魂和吴菊芳这对热恋中的情人，此刻只能无可奈何地依依道别了。

拟好电文并发出后，马上就要出发的李汉魂在皎洁的月色下，匆匆赶到吴府，与吴菊芳相聚片刻。不得不分手之时，李汉魂信口吟诗一首赠予吴菊芳：

名义未分明，临歧不敢哭。

寄语素心人，毋忘春草绿！

李汉魂随军出发后，平均每个星期就写一封信给吴菊芳，内容除了报告行踪诉说离情，还经常附上诗词寄意。在此谨录两首，以窥李汉魂之文采风流：

春梦（水调歌头）

苦战连三月，宝马负香尘。借问连天荒草，毕竟为谁亲？

我欲长歌当哭，又恐关山月冷，无奈忆征人。幸有灵犀在，犹许梦相亲。

语绵绵，情脉脉，笑还颦。瑶台月下，蒹葭玉树认前身。一曲清平未了，忽动渔阳急调，离合太无因。好梦一何短，两地总销魂。

落梅（如梦令）

陇上梅花开尽，望断江南春信。梅子溅心酸，恰似离人幽恨。

休问，休问，五月江城凄韵。

第十七篇 百战穿湘路
三通讨蒋文

(1929年9月至1929年11月)

1929年9月17日，第四师开始南渡长江，向枝江、溪洋一带集中。师部政训处的十余名政工人员，被扣留训话。他们是缩编后南京政府派来的，自然信不过。

18日早上10时传令，向石门一带前进。先头部队为第十二旅，随后是师部和直属部队，然后是第十旅，最后是第十一旅和教导旅。

枝江动武　湘境移师

1929年9月19日，已经撤到枝江的第四师师部闻报，曹万顺的三个团部队，正乘坐兵船由沙市溯江而来。

第四师先头部队及主力部队都已经出发，为防万一被背后偷袭，师部命负责殿后尚未出发的黄镇球第十一旅及一个炮兵连，在洋溪镇封锁了江面。

当天下午一点三十分，毫不知情的曹万顺的三个团，在分乘三艘轮船到达洋溪镇转舵时，因没有听从第四师士兵停止行动的命令，被第四师开炮警告。船上的曹军，以步枪还击。

双方对峙了半个小时，曹军的江靖号轮船尾部被炮火击中。因有沉没之虞，该船只好靠岸投降。其余两船，知道再抵抗下去，也难避免被击沉的下场，于是也都停火靠岸，三团士兵全部接受缴械。

第十一旅缴获了很多武器，因为无法带走，所以只好留下部分精良的枪支，其余全部抛入江水中。

被缴械的士兵，体格强壮的留下，编入教导旅或担任挑夫，老弱者则让他们乘坐原船继续航程前往宜昌。

22 日，第四师在新安的师部接到蒋的电文如下：

第四师同袍的合照

机密，限即到，宜都宜昌一带探投黄师长镇球勋鉴：奉国民政府令开：第四师师长张发奎，违抗命令，擅自调动，张发奎着即免职。听候查办！此令。又奉令开：任命黄镇球为陆军第四师师长，此令。等因，特达，国民政府文官处，二十二日。

蒋介石在电文中宣布将第四师师长张发奎撤职查办，同时升黄镇球为师长。

电文是发到师部的，所以蒋介石的任命其实根本不可能落实，因为黄镇球其时任第十一旅旅长，正在率兵赴大堰垱途中，不可能看到电报，第一个接到电报的只能是师长张发奎。

黄镇球长期追随张发奎，也是绝对不会背叛的。况且，没有相当的威信，就算他遵命就职，也指挥不动这支部队。

黄镇球之所以获蒋介石任命，恐怕与他的堂兄黄慕松在南京参谋本部测量总局当局长有点关系。此任命，其实更多的是起着分化和警告的作用。

蒋介石得悉第四师开始南下，已经下令湘西各军，务要沿途拦击并歼灭之。

而第四师也作好了最坏的打算，除了向湘西各部驻军分发函电之外，还派出代表四出接洽联络，力图避免与各方发生冲突摩擦，并严肃军纪，与沿路村庄民众秋毫无犯。

然而，无论第四师如何小心谨慎，其日后多舛的命运已经被注定。

国民革命军的北伐目标已经达成，但各派势力的争权内斗，却陷入了无休无止的自相残杀中，导致兵祸连天，还导致李汉魂的一段浪漫爱情被无情打断。国民革命之目的何在？李汉魂的厌战情绪再度充斥于胸中。

石门回马　澧水惩奸

9月23日，第四师抵近新安石门。驻守石门一带的独立第九旅李韫珩的部队，已经主动撤出让路。

过了石门，渡过澧水便可继续南下。澧水并无桥梁，第四师只能搜罗了所有船只来搭载部队渡河。

师部接到情报，李韫珩的一个团，正悄悄跟踪到达新安。另有人探听到，对岸的澧水也有李韫珩的兵沿街大量收购草鞋，明显有准备出发作战的迹象。

张发奎即去电李韫珩询问因由，但李韫珩矢口否认他有调动军队。

9月24日午夜，第四师接到李韫珩的电文：

东敬申电奉悉。贵部过境，愧未欢迎，暂住石门，当无妨碍。一俟贵部开拔完毕，请即电示，以便派队接防。此间情况，现派副官唐国庆，本早兼程来石门面陈，请赐接见。谨闻。李韫珩敬亥。

25日早上，李韫珩派来的副官唐国庆来到师部，对第四师表示欢迎和慰问，表现得非常殷勤周到。慰问完毕，唐国庆即回去复命。

其实唐国庆是来探听虚实的。第四师早有戒心，做好了相应布置。

当天黄昏，全师开始依次渡河。至半夜，负责殿后尚未渡河、仍在石门的黄镇球旅发现，李韫珩的部队已经尾随到了十余公里外的新安。黄镇球旅的官兵估计，还需要有将近二十个小时才可能全部渡河完毕，而李韫珩的部队如果前来偷袭，只需两三个小时便可抵达。

黄镇球向师部请示后，即派人携信件到澧水见李韫珩，希望他不要派兵前来，以免发生冲突。李韫珩满口答应。

李汉魂这天奉张发奎之命，拟了第二封言辞犀利的讨蒋护党电文：

急南京分送各院长、各部长、各省政府主席、各省市党部、海外各级党部、全国各报馆并转告父老兄弟姐妹钧鉴：蒋氏中正性情狭隘，手段凶残，藉总理蒙难之机，膺中枢心腹之寄。初则假勤假勇，缘时会而立功；继则胡帝胡天，聚签壬而作恶。三全大会何事？乃随意指派，顿教鸡犬升天；腐化分子何人？竟故事纵容；遂使豺狼当道。党外无党，而无政府主义者（无政府主义者首领吴稚晖、李石曾）实力布满中央；党内无派，而个人御用党团，凶焰笼罩全国。言崇汪而实行放逐，使君何日方还？借清共而屠杀青年，赤焰何曾稍息？外交为争存要素，仍守秘密媚外薪传；编遣乃救国良谋，徒作铲除异己利器。言政治则朝三暮四，无非擅威福、骗民众之图；言财政则吸髓削肤，无非养鹰犬买爪牙之用。尤复包揽当权，俨同帝制，庇纵烟匪，贻笑邻邦。戮异己而坏长城，将鼎镬作酬庸之地；买部曲而反长上，以领袖蹈市侩之行。嗾使青红匪帮，惨杀忠实同志；收买封建余孽，压迫革命友军。总之，迹其暴行，固已天人共愤；至若问其私德，更加薄海腥闻。此而不诛，国法何在？此而不讨，党纪何存？奎等念国家之艰难，缅私人之情感，爰集部曲，待罪枝江，条电奉陈，约以三事，愿冀其回头是岸，晚节赖以保存，庶几易辙改弦，主义因之实现。讵蒋氏冥顽成性，利欲熏心，不特对于涕泣陈词，不加采纳，抑复调兵遣将，乱命频频。须知奎等此举，上承总理遗志，下应民众需求，白日中天，春雷起蛰，洛钟互应，桴鼓遥闻。彼蒋氏悔祸无心，兴戎有意，察其倒行日甚，知其末路将临，用是首揭护党之旗，移师适当之地，唤起民众，重奠党基，联合友军，肃清丑类。为民请命，纵万死以何辞；为党争存，有一兵而必战。所望党国先进，革命青年，同兴伐罪之师，共发偕亡之愿，涤除旧秽，启发新机，党国存亡，在此一举。唯我邦人君子，实图利之。振甲陈词，伏希垂察！中国国民党护党军第四师师长张发奎，副师长李汉魂、参谋长韩汉英、旅长邓龙光、黄镇球、吴奇伟、副旅长欧震、林祥、陈芝馨、团长张德能、黄世途、陈凤韶、梁国材、李汉炯、黄国俊、吴锡祺率全体官兵同叩有印。

26日午后两点左右，黄镇球旅官兵已经大半过了河，当只剩下两个营的部队时，李韫珩部突然以两个团的兵力对他们发起了突袭。

旅长黄镇球已经过了河，尚未过河的营长林宴，立即率部起而迎击。黄镇球在对岸亦指挥迫击炮连，向敌后方发炮轰击，其中一发炮弹，竟然把敌方一名团长炸死了。敌军顿时阵脚大乱，纷纷向新安方向溃退。

林宴领兵乘胜追击，直追了十多公里。敌军死伤五六百人，数十人当了俘虏，其中就有早日被派来假装慰问，实则来窥探虚实的唐国庆。

第四师官兵对唐国庆的狡诈非常愤怒，竟残忍地把他的头颅割了下来，抛入澧水河中随水漂流。

黄镇球旅在此仗中也损失了一名连长、三名排长和数十名士兵。

沅江夜渡　溆浦安民

第四师击退了李韫珩所部的偷袭后，决定兵分两路，由张发奎率一纵队在左，李汉魂率另一纵队在右，互相掩护，溯澧水分头并进，经慈利县进入武陵山区。

李韫珩被第四师击败之后，心有不甘，亲自率领三个团的兵力，还收买了当地数千名土匪，跟踪而来，不断实施干扰和偷袭，双方步哨相距不过两三里地。

10月4日，第四师抵达沅江下游的麻衣袱，突降大雨。

沅江江面宽160米，水流湍急，流速每分钟为155米。因为刚刚开始下大雨，江水很快将会高涨，如不尽快渡江，洪峰一到，则非得停顿数天不可，如此便难免再与李韫珩部发生冲突。

背水而战，处境不利，师部乃传令工兵营立即架桥，连夜渡江。

此处地方偏僻，村落稀疏，搜集架桥材料十分困难。然而天无绝人之路，正在彷徨之时，他们偶然发现，江面上有零星木排顺流而过，遂立即决定，紧急征用所有木排，并加派一个营的兵力协助工兵营，点着火把连夜赶工架桥，并下令务必在半夜十二点前完成。

工兵营在宜昌每天都在练习架桥，手法娴熟，终于在晚上十点半提前把浮桥搭好。由于水流太急，洪峰将到，预计浮桥使用寿命最多只能维持七八个小时，所以敦促部队必须抓紧时间紧急渡河。

全师立即依次以神速飞步过河。

5日拂晓之前，上游洪峰已到，江水暴涨，浮桥经不起急流冲击，一下子被冲断成几段，幸全师已接近全部过江。

剩下担任后卫的一个排三十余人，即改以木排强渡成功。

李韫珩的追兵已经来到北岸，无法渡河，只能对木排上的后卫部队开枪射击。

南岸的迫击炮部队早有准备，一通炮弹打过去，在李韫珩的阵地上开了花。

李韫珩已经领教过第四师迫击炮的厉害，赶快下令停火，李韫珩亲自来到江边，对木排上的官兵喊话，询问第四师欲往何处去。

木排上的士兵鼓噪起来，有人随口回应"打长沙去"，有人大叫"感谢李旅长亲自来送！"李韫珩无可奈何，只好黯然退兵。

10月7日，部队在蒋家溪宿营。

8日至10日，从上宁乡到大树田、云台山，再到碧洲溪。

一连三天，头上两次出现盘旋侦察的飞机。长沙党部代表也来到师部求见。

由于桃源、溆浦一带的驻军经第四师事先打招呼，多数不愿惹事自寻烦恼，所以这几天还算平安。

10月10日双十节，第四师来到宝庆附近，探得宝庆有重兵把守，为免发生冲突，乃折向西行取道溆浦。

自从第四师枝江起义，南京政府便大造舆论，说第四师的行动是受改组派指使，又说张发奎是共产党等。

当天，李汉魂又为张发奎撰了一篇致蒋介石的电文：

南京蒋介石先生赐鉴： 道远势格，贺电至今始获奉读，拳拳之意，虽所深喻，然对于条电主张，仍无切实答复，且断章取义，处处俱显循词，利害晓陈，语语无非恫吓，此即非奎之所敢闻也。盖条电陈请，系本党整个之出路，而非为任何个人。本师此举，以为党争生存为前提，初不计及本身利害，今先生不置答其重要者，不指复其远大者，而斤斤以汪先生之回国，及本师之利害为言。在先生遇事以个人为中心，以利害为去取，固无怪其然，但非所论于尚知爱惜政治生命之发奎，及誓死保存革命历史之四师也。曾忆关于汪先生回国问题，先生对奎不惮一再而道，奎亦不避涕泣而陈，乃言犹在耳，遽欲以迎汪即以阻汪一言，轻轻抹杀，岂一手真能掩尽世人耳目耶？至先生之对待四军态度，则事实俱在，明眼者自能见之，若以为革命领袖之对于所谓在革命历史上曾建殊勋者，固应若是，则奎亦只有怅然遽绝矣。抑先生又谓本师此举，不特非团体公意，且非奎之本怀，乃受所谓改组派者之愚弄，则奎及四师全体，更誓死不能承认。党国存亡，人人皆应奋起，乱臣贼子，人人皆得而诛，先生乃真谓秦无人耶。况奎之非改组派，先生曾对奎一再表示信任，奎亦自矢，只有真革命之立场，不受任何派别所利用，今乃不惜避重就轻，以护党之伟举，诬之为改组派所愚弄，则无怪无量数之革命青年忠实同志，俱断送于莫须有沉冤之下矣。奎今敢以最诚恳最坚决之态度，对先生致最后之声明，并以昭告天下，四师此次护党之举，系承总理之遗愿，应革命之需求，完全出于整个团体自动的主张，绝不受任何方面之支配，诛叛讨逆，人有同情，破釜沉舟，士怀死志，先生倘能自知众怒之难犯，容纳革命之请求，则奎个人进退，固不成问题，即牺牲整个四师，亦无所悔恨，若乃妄想抄袭帝王军阀驭下弭乱之故智，以为革命势力，可以消灭或拆散，世人尽可欺，予智自雄，倒行日甚，则三户尚可亡秦，四师其终倒蒋矣。况桴鼓相应，敌忾同仇者，固遍于神州禹域耶？谨布腹心，借答厚意，言尽于此，幸图利之！张发奎叩灰印。

电文刚发出，第四师就接到南京蒋介石的电令，任命邓龙光取代张发奎为第四师师长。很明显，任命不会生效，因为邓龙光与黄镇球一样，也不会背叛张发奎。

11日，到达黄溪湾宿营。12日，至底庄宿营。在此一带原来有湖南陆军新编独立第六师陈汉章的部队驻扎，但都被第四师的先头部队赶跑了。陈汉章原是湘西巨匪，1923年被何键收编后一直盘踞在此。

此时何键派代表来求见，要求第四师尽快通过湘境，不要进入溆浦城。

但是，张发奎并没有答应，因为第四师需要进城补充给养。

部队行进到谭家湾时，即与陈汉章的部队发生冲突，枪战十多分钟后，陈部自知不是对手，匆匆后撤。

13日一早，第四师进驻溆浦城。

溆浦城的民众因为听信谣言，大都携带粮食走避一空。部队进城后，买不到粮食，只得舂谷充饥。舂出来的米粗糙多沙，难以下咽，但官兵依然严明军纪，并没有进入民居搜集粮食的事情发生。

居民见平安无事，纷纷回城，各商号店铺于午后即陆续开门营业。

第四师及时得到了给养补充，宿营一晚，第二天即离开溆浦，继续南行。

短短半月来，蒋介石一再将张发奎撤职两次，又让报纸发表假通电，伪称李汉魂、邓龙光等第四师将领通电服从中央。

李汉魂为了澄清立场以正视听,在溆浦城中撰了一篇通电,直接以副师长李汉魂与全师官兵的名义,在10月14日发出:

急,南京蒋介石先生鉴:本师此次迫不获已之举,业已以条电陈于先,有电声讨于后,今日之事,非笔舌所能解决,本不拟荐致其喋喋之烦,不过报章腾载,道路传闻,知先生以釜底游魂,犹发痴人迷梦,且吠声吠影,群狗狺然,射影含沙。鬼蜮益甚,不有当头之棒喝,喝醒梦呓于长宵。爰就其最近之关于本师及魂等个人者略揭数端,为先生告,四师为本党最忠实勇敢之革命集团,其为党奋斗,自有不可磨灭的精神和历史在,乃先生"盗憎主人",必欲去之以为快,故始则欲生葬于赤化沉冤之下,继则欲断送于腐化分子之手。迨我打出重围,完成北伐,以事实自白于天下,尤复靳之以饷械,窘之于偏隅,唆使其党徒,侵蚀我团体,摧残我部曲,放逐我长官,魂等早识奸谋,含辛应付,黔驴技尽,督亢图穷,乃有借口调防,中途缴械之毒计。在先生处心积虑,固自谓尽入彀中矣,庸讵知照妖之秦镜高悬,夫子之肺肝如见,迄今澧沅飞渡,溆武长驱,鸟已高飞,弋人安慕,此应请先生收回四面之罗,毋作一网之想者一。四师是铁的团体,护党是整个的行动,张师长是魂等最高信仰的长官,尽人皆知,即先生亦未尝不喻,乃日暮途穷,乱命频频,于镇球在枝江收缴新一师枪械之时,竟觊然下其接长四师之命,尤复含血喷人,数冒汉魂、镇球、龙光等所谓接受命令服从中央的通电,以图淆惑听闻,借安反侧,先生休矣,此等帝王军阀、诪张靖乱之陈腔末调,乃欲以施于我革命的四师,欺骗我革命的民众,得毋自惭不类耶?此应请先生稍自爱惜人格,毋以不肖之心待人而躬自暴其不肖者二。先生固自命为国之元首,党之领袖,但临民出令,大信为先,事实当前,欲盖弥显,近阅各报登载,关于本师消息,所谓中央宣传以及各方报告,不谓被击穷蹙溃不成军,便谓内部分崩行将瓦解,不曰分途截击,指日可平,便曰合围聚歼,势难漏网,盲目聚讧,众犬争鸣,直若天命已属于蒋家,逆我者难逃一死,顾事实上则铁军无恙,羽檄遥驰,登高一呼,万众响应,先生如耳目尚未失尽聪明,恐将聆四面之歌声,叹虞兮而起舞矣,此应请先生勿再自欺欺人,致率天下而为伪者三。读先生致张师长贺电,对于四师仍多表示系恋霸縻之意,而东日电令湘中各部,又悬尝以购魂等之头,先生之意则善矣,愿先生之效则难期,盖四师固非利害所能移,威武所能屈,而魂等生依武穆之魂,死合田横之墓,头颅虽好,岂堪上贡于尊前，此应请先生勿枉作多情，徒劳梦想者四。以上四端，不过举其显者近者，寓规劝于自白之中，冀先生之有所警悟，先生是违法乱纪的反动渠魁，除关决外无他途，舍降伏外无谈判，故无须多所论列也，倚马陈词，幸垂鉴听，相见有日，好自为之，护党第四师副师长李汉魂，参谋长韩汉英，旅长邓龙光、黄镇球、吴奇伟，副旅长欧震、林祥、陈芝馨，团长张德能、黄世途、陈凤韶、梁国材、李汉炯、黄国俊、吴锡祺率全体官兵同叩寒印。

同日，主政广西的俞作柏在广西南宁一带与粤军开战了。

这场被称为"南宁之战"的战事起因是，俞作柏自从接掌广西省政后，立场亲共，任由邓小平、张云逸等共产党人在广西进行红色宣传活动。蒋介石得知后，便将俞作柏免职，俞作柏于是下决心联络张发奎反蒋，并在10月1日就任"护党救国军南路总司令"一职。

不过这场战斗很快就以俞作柏失败，退出广西为结局。局势的变化，使第四师南下与俞作柏联合反蒋的计划蒙上了一层阴影。

俞作柏曾是新桂系除李白黄之外的第四号强人，此前因与李宗仁和黄绍竑有矛盾而被迫出走定居香港。蒋桂战争时，蒋介石利用他策动其旧部反水，最后令新桂系失败，并导致李宗仁在南京政府失势。之后俞作柏被蒋调任广西省主席。但俞作柏入主广西后并不真心拥蒋，还暗中联络张发奎反蒋，蒋于是调派粤军把俞作柏驱逐出广西。

武冈遭袭　桂境洗尘

李汉魂发出通电后，即随部离开溆浦，取道龙潭，向武冈方向前进。

18日，第四师师部突然遭遇了一次几乎灭顶的危险。当时，第四师师部行抵武冈县江口镇，闻先头部队刚刚在这里击退了一支敌军。师部抵达江口镇后，正要生火做饭，突然枪声大作，湘军刘建绪部二千余人，突然从四面山上蜂拥而下。

师部当时仅有卫队特务营，及二十一团第二营，力量对比悬殊，形势十分危急。而全师的经费银元均随师部运送，一旦失去，全师将失去经济支柱。

张发奎和李汉魂当即派人传令前面的教导第一团回援，一面亲自指挥卫队抵挡敌军。一颗子弹从李汉魂耳边飞过，击中了参谋处长邓定远的右手。

幸好卫队将士非常勇猛，向居高临下的敌阵猛冲，张发奎亲自指挥机枪手，隐身在半山的墓地中向敌阵扫射。

当时的机关枪是先进武器，但很容易发生故障。敌军突然听到机枪声停了，又见对方部队人少，于是一面大队人马向下冲，一面用广东话大叫"缴械"。

张发奎身边的传令兵突然提醒说，山下还有一挺机枪。张发奎立即传令把那挺机枪调上来。机枪刚到，有故障的机枪也已修好，两挺机枪一起发射，火力大增，掩护卫队很快夺取了高地。

此时，回援的教导第一团也已赶到，第十二旅也赶来增援，敌军遭到夹击，抵挡不住，慌忙溃退。

此战第四师伤亡百余人，敌方则死伤上千人。

20 日，第四师循着山间小路，抵达黄腰峰。刘建绪的 4 个团在前方的瓦屋塘摆开阵势，跟先头部队邓龙光的第十旅对峙交火。激战了一整天，第四师终于凭着猛烈的炮火，在黄昏时将敌击退，第四师伤亡一百八十多人。

吴奇伟的后卫部队，也一直被李韫珩、周斓、陈汉章和吴尚的六个团尾随追击，终于忍无可忍，最后在分水坳设伏，大败敌军，俘获各部官兵不少。

21 日，下雨，第四师忙于收容伤兵，安葬双方阵亡将士，部队至傍晚五点才开拔。为了避开无谓的战事，各部踏着雨后泥泞小路，向武阳进发，于 22 日中午抵达目的地。虽然沿途有部队和民团不断骚扰和袭击，但都是不堪一击，不足为患。

之后的好几天，穿过湘桂交界的山区，因人烟稀少，无处住宿，又找不到粮食，偶然经过苗族人的村寨，村民亦皆走避一空。李汉魂形容那几天，经受了他有生以来忍饥挨饿最难受的体验。

10 月 31 日，经历千辛万苦后，他们终于穿越湘境，来到标志湘桂交界的"西南锁钥"牌坊下。

当日，桂军师长吕焕炎和杨腾辉都派人在广西龙胜县城迎候。

吕焕炎和杨腾辉原是俞作柏手下的师长，因他俩不配合俞作柏反蒋，才导致俞被撤，后蒋介石虽任命吕焕炎为广西省主席，但由于部下都是李宗仁的旧属，他无法控制局面，在众意难逆之下，他只好把下野居住香港的李宗仁和白崇禧迎回广西重新掌权。

等第四师接近广西边境时，广西已经变了天，他们本来要合作的对象是俞作柏，而今已经换成了李宗仁。

在龙胜县城休整了两天。11 月 3 日，第四师进抵义宁县城，县长率领民众挥舞"欢迎护党军"的旗帜迎至郊外。

1929 年 11 月 24 日，"张黄事变"中的两位主角，张发奎与黄绍竑，像老朋友一样在广西石桥握手言欢。

张发奎对黄绍竑说："季宽，以后凡事大家要讲明白了才干，方免许多误会。"季宽是黄绍竑的别字。

黄绍竑答："我们若还打来打去，是替人家造机会呢！"

记忆犹新，两年前也是在 11 月，张发奎在广州包围了黄绍竑的住宅，黄绍竑仓皇出逃。之后黄绍竑为复仇，领兵追杀第四军，双方在潭下拼了个你死我活、两败俱伤。

蒋介石当时得以东山再起，拜"张黄事变"所赐不少。

敌对的两方主角，在此相逢一笑泯恩仇，化敌为友了。

1929 年 10 月 31 日，第四师经过 40 天的长途跋涉，过五关，越千山，终于穿越湘境，来到湘桂交界的"西南锁钥"牌坊下（《第四军纪实》插图）

1929 年 11 月 24 日，张发奎（左）与黄绍竑在广西石桥会面，冰释前嫌（《第四军纪实》插图）

第十八篇　联桂难回粤
出湘恨折兵
（1929年12月至1930年11月）

1929年11月初，第四师进抵广西后，便与新桂系积极筹划进攻广东的方案。

从法国回到香港的汪精卫，为了共同的反蒋目的，与两年前曾势不两立的新桂系联手合作，以"第二届中央执监委员会联席会议"的名义，于11月17日委任了六路"护党救国军"，张发奎获委任为第三路总司令，其余四至八路军，分别由唐生智、石友三、胡宗锋、何键、李宗仁担任。汪精卫的目的，就是要在广州另立中央政府，与蒋介石的南京政府抗衡。

南京政府当然没有坐视事态发展，早就调兵遣将，派陈济棠、陈铭枢的部队兵分多路，直抵梧州、平乐和荔浦等地，准备堵截张发奎。

24日，第四师抵达贺县一带。

张发奎与黄绍竑刚刚在石桥开过会，制定左右两路进攻广东的路线为，第三路军（即第四师）循怀集、广宁、清远开进，是为左路军；第八路军（即桂军）则循德庆、肇庆、四会开进，是为右路军。

第四师全体官兵回乡心切，听说要回广东，一天也不肯休息。张发奎返回驻地贺县后，当天即率部向广东挺进。桂军为了配合，只好紧急动员，随后启程。

粤军不敢大意，赶紧撤出广西，退守广东三水、芦苞、源潭和英德一线。

27日，第四师已抵怀集。陈济棠派出四架飞机，沿途对第四师部队投弹轰炸，有数名士兵和平民被炸伤。

第四师的炮兵随即开炮还击。

之后一连数天，敌机都来轰炸，还曾有一颗炸弹正好落在张发奎脚边，幸好没有爆炸。

鏖兵石角　败阵两龙

1929 年 12 月 4 日，第四师进入清远，在渡过北江时，又遭数架敌机盘旋轰炸，幸没造成伤亡。

12 月 5 日，第四师离开清远到了高田，敌机或许没侦察清楚，仍然在清远城大肆轰炸，以致城中平民和商家无辜遭受重大损失。

12 月 6 日，李宗仁从清远发来总攻击令，命第四师翌日由横石渡河，占领高桥西岭南端一带高地，驱逐滘江口之敌，掩护桂军在滘江口渡河，然后经鳌头墟花县向军田新街攻敌右侧背，保障桂军的正面进攻顺利进行。

而桂军的任务是，渡河后，进占源潭，掩护另一部桂军在洲心墟附近渡河，然后向银盏坳军田之敌进攻。

如果敌人退向广州，第四师就要经蚌湖、龙眼洞、沙河向广州东郊进攻，桂军则进攻占领广州西北郊。

张发奎接到命令后，即与李汉魂等开会研究，制定具体行动计划。

7 日下午五点，第四师各部按计划出发。

第十旅进抵横田，工兵营在 100 多米宽的北江江面上迅速搭建浮桥。敌机投弹，多番轰炸都没有炸中。

为了躲避飞机轰炸，部队只好在晚上渡河及行军，白天隐蔽休息。

12 月 8 日，第四师行进接近花县时，又遭敌机来回猛烈轰炸。

据守滘江口沿北江左岸石角、芦苞、三水一线的敌军，是南京派来的朱绍良、谭道源和张辉瓒部队的三个师。

据守滘江口、源潭和新街的，则是粤军余汉谋、香翰屏、李扬敬、蒋光鼐和蔡廷锴等的部队。

9 日，第四师兵分两路，邓龙光的第十旅和黄镇球的第十一旅向石角之敌进攻前进。

邓龙光手下第十九团团长张德能勇猛非常，在炮兵的支援下，接连夺取敌阵高地，午后已经逼近石角墟。

10日，黄镇球十一旅追击敌人，直趋李溪，敌人狼狈向人和墟溃逃。下午，十一旅占领人和墟，缴获两门大炮和二十多辆汽车。按照当时形势，如果乘胜追击，广州将有望攻下。

正打算乘胜追击，一鼓作气进占广州，十一旅却接到师部命令，两龙墟的吴陈两旅处于劣势，必须回援，黄镇球只好下令放弃前进，把汽车等战利品砸坏。

这边吴奇伟的第十二旅和陈芝馨的教导旅，一开始即推进顺利，8日占领花县，9日进攻象山，10日清晨，占领元田、仙阁，继向两龙墟推进。

两龙墟有坚固的工事。固守两龙墟的粤军，正是蒋光鼐的七个团。午后，陈济棠还加派了蔡廷锴的三个团和张之英的一个团参战。

吴、陈两旅只有四个团，明显不能应付双倍于己的粤军劲旅，张发奎只好急调邓、黄两旅，务于11日凌晨驰援两龙墟。

都是曾经的铁军，两龙墟对阵，打得异常惨烈。

11日上午，张发奎和李汉魂在师部接到黄镇球的报告说，手下已有三个营长受重伤，官兵伤亡很多，要求增援。午后，旅长黄镇球也受了重伤。

独立营长黄克白阵亡，三十五团团长李汉炯、教导一团团长欧震相继受伤。

敌机轰炸造成的损失更大，有些部队连排长都伤亡殆尽。

第二十团团长黄世途突告失踪，前线无人指挥，只剩下一些班长带领残兵各自为战。

第四师在两龙墟苦战四个昼夜，兵力早已用尽。桂军方面，却一直没有消息，无法联络得上。

坚持到12日晚，师部决定撤退，但此

在战斗中失踪的黄世途，在离开部队携眷出洋赴日本时，送给李汉魂的照片

刻，命令已经无法完全传递到各部。因为阵地散乱，很多单位都没有接到命令。

13日，张发奎在撤退途中接到白崇禧的信。白崇禧解释说，他们的主力渡河时，见到第四师的退兵从花县撤往军田。李宗仁和黄绍竑认为第四师已经向原路撤退，于是决定暂时回撤到江右岸，等候张发奎他们撤回时，再商量下一步计划。

原来桂军并未按原计划积极行动，导致第四师孤军冒进，苦战连日，损兵折将。

14日，第四师撤至潖江，以为可与桂军于此会合，想不到桂军又提早撤走了。以汽车快速运兵前来的粤军，对刚刚抵达的第四师师部发动了突袭，师部官兵只好奋力抵抗，夺路冲过潖江口大桥，向西撤退。

途中，他们幸得遇莫雄率军前来接应，才不致过于狼狈逃窜。

待残兵败将渡过连江，经过阳山，撤回广西境内时，已经是1930年的元旦。第四师官兵回乡过年的愿望都成泡影了。

回粤圆梦　北流折兵

联桂反蒋回粤的计划，由于两龙墟一战失利，功败垂成。

1930年1月，第四师经信都、贺县、钟山和平乐，返抵荔浦。清点人数，撤回的官兵仅有二千余人，大部分部队都被打散了。数日后，失散的各部才陆续撤回，集中起来，也不过一万四千多人。

李汉魂反思了这次战事失利的原因，认为除了敌我双方力量悬殊外，对方还看准了第四师官兵归心似箭，故意引诱他们孤军深入，是冒进导致了失败。

为了鼓舞士气，李宗仁和张发奎决定让第四师再次打出第四军旗号。军长自然是张发奎，参谋长则由韩汉英担任。

部队整编为第四师和第十二师两个师，由李汉魂和邓龙光分别任师长。

退回广西后，桂军将领吕焕炎乘机在南宁玉林一带叛变。

受命于南京政府的粤军，也正分兵向平乐、荔浦追击而来，情势危急。

李宗仁遂决定亲自领兵留守荔浦，让黄绍竑和张发奎前往玉林平叛。

吕焕炎的叛乱，由于大多数官兵都不想附逆，所以叛乱很快被平息。吕焕炎失败后，率残部退守玉林，即被黄绍竑所部以重兵围困。

曾发誓不回广东决不刮胡子的张发奎，乘机率领第四军经陆川进入广东境。

既进粤界，张发奎和李汉魂也总算让他的广东子弟兵一遂心愿，在广东境内度过了一个春节。

连在香港暂住的薛岳和吴奇伟等将领，闻知第四军已经返回广东，也纷纷回部队共庆，可知他们回乡之心有多迫切。

李汉魂接着率他的第四师进抵高州。

高州离李汉魂的家乡吴川很近，但由于他的家人都已迁居化县，所以李汉魂只是赶往化县探望母亲和妻儿，然后顺道巡视一下梅录、水东等地。

粤军此时正分兵两路，一路为余汉谋和李扬敬，一路为蒋光鼐和蔡廷锴，开向玉林以增援被困的吕焕炎。

粤军方面的蒋光鼐此时派了他的副官到廉江，面交给张发奎一封密函，提出与第四军合作，一起出兵进攻广州。

张发奎不知其中有诈，与各位将领商量后，认为可以接受。于是派出王超、司徒非两位代表前往梧州跟蒋光鼐面谈。

两位代表到梧州后，蒋光鼐没有露面，两人却被陈济棠拘押起来。

粤军随即出兵进占藤县，向北流进攻，欲解玉林之围。

2月6日，黄绍竑得知消息，急电张发奎立即回师北流。

白崇禧和张发奎对形势有不同看法，主张放弃玉林撤兵，但总指挥黄绍竑并没有接纳他们的意见。

接到黄绍竑的命令，李汉魂即率第四师绕道化县信宜，到达车田，与邓龙光的第十二师会合后，出发增援北流桂军。

2月14日，第四军在距离北流东北15公里的三和墟附近，与敌接触。此处向西数十里都是农田，两边都是高山。桂军黄绍竑部已经率先占领了南山，北山则被粤军所占。

第四师首先出击，李汉魂见地形于己不利，乃派出第十一团交师参谋长林祥指挥，试图正面仰攻北山的粤军阵地。

因敌人居高临下俯射，结果死伤严重，不得已撤退。

邓龙光也率十二师加入了战斗，从正面一鼓作气冲进三和墟。

战斗的激烈程度已经难以叙述。

激战两昼夜，因为伤亡过大，前线的连排长已经伤亡殆尽。

第四军全部兵力已经用尽，只能苟延残喘，而粤军方面却仍在继续增兵。

2月16日上午十点，粤军在飞机的配合下大举反攻，第四军终于支持不住，全线崩溃了。

光天化日之下溃退，全无掩护，在飞机的追炸下，第四军的溃兵陷入走投无路，逃生无门的绝境。

被张发奎派往梧州与蒋光鼐密谈被拘的第四军代表之一王超

溃兵逃到业兴，再达贵县，才得机会进行收容。清点人数，仅剩七千余人，兵力损失过半，真是溃不成"军"了！

挥师北海　参战中原

1930年3月1日，第四军因为在北流战役损失过大，主动重新降格为第四师，师以下已经没有旅的编制，只有第三十四、第三十五、第三十六等三个团和一个独立营。张发奎和李汉魂仍任正副师长，邓龙光任参谋长，吴奇伟、薛岳和韩汉英分别降格任团长，欧震为独立营长。

广西本来就是一个很穷的地方，加上受到粤军的经济封锁，李汉魂觉得在当地寄人篱下终归不是长久之计，便率领全师三个团，自横县渡江出灵山，于3月7日将钦廉敌军驱走，占领北海，才令部队饷源得以为继。

然而好景不长，粤军并不让他们喘一口气，又派兵前来围堵，第四师只在北海驻扎了一个月，便在4月初开往广西南宁，5月又转赴柳州。

第四师已处于走投无路的境地，前途渺茫，士气低落。

然而，张发奎和李宗仁组成的张桂联军讨蒋虽然失败，但反蒋的声浪在国民党其他派系中却越来越高涨。

5月初，冯玉祥和阎锡山也在北方宣布反蒋，李宗仁、白崇禧和张发奎在南宁遥相呼应，决定联合出兵。

因为兵力太少，他们还决定所有部队倾巢而出，只留下一些地方民团维持广西局面。

中旬，李汉魂率全师从柳州出发，抵达桂林后作为先头部队，率先向北开拔。

进占兴安的湘军已经闻报，提前撤回湘境。广东方面的陈济棠，开始时还派兵乘虚而进，后来因为担心张桂联军声东击西进占广东，又把部队撤回广东北江布防，所以广西境内虽然兵力空虚，但却一时并无后顾之忧。

张桂联军一路入湘，湘军刘建绪部未作任何抵抗，节节后撤，李汉魂率部轻而易举地占领了湖南的衡阳市，然后循北伐旧路，进兵醴陵。

李宗仁任命李品仙为湖南绥靖督办，并收编了原湘军刘建绪所部的降兵，让他们留下来继续镇守衡阳。

6月2日，第四师与三倍于己的何键部队对峙于醴陵南部。翌日，李汉魂率部主动发起攻击，激战两昼夜，何键兵败，第四师缴获枪械两千余支。

6月8日，第四师进占平江，白崇禧部占领岳阳，看来湖北武汉三镇指日可下。

6月10日，粤军蒋光鼐率部来袭衡阳，负责守城的湘军不但不发一枪一弹，还开城迎接。衡阳落入粤军之手，张桂联军被拦腰砍成两段。

此时白崇禧和张发奎的部队已经接近武汉，后续部队由黄绍竑率领，刚刚经龙虎关抵达零陵。黄绍竑所部只有两个教导师，无力夺回衡阳，于是要求前头部队回师救援。李宗仁正在犹豫不决，忽接汪精卫电报，说冯玉祥要进军武汉，希望他们不要北进，退回两广。

张桂联军于是决定回师衡阳，合击蒋光鼐和蔡廷锴，直取广州。只有薛岳认为应该继续前进，但没得到大家的赞同。

想不到，回师命令下达后，竟令军心动摇，一路上很多士兵逃亡。

7月初，李宗仁召集众将领在耒阳开会，考虑到部队战斗力太弱，遂决定避开衡阳之敌，渡过湘江，暂据守祁阳、宝庆、零陵等处休整。

据守衡阳的蒋光鼐和蔡廷锴等部粤军见张桂联军转移路线，即出兵来袭。

1930 年 3 月，第四军因为在北流战役损失过大，再度缩编为第四师，李汉魂仍任副师长。为了打破敌军经济封锁，李汉魂率领全师三个团，自横县渡江出灵山，于 3 月 7 日占领北海，将钦廉敌军驱走，据此部队饷源才得以为继。此照片乃李汉魂 3 月离开邕州前，与黄镇球（右一）、陈芝馨（右三）、吴锡祺（右四）和薛岳（右五）合照

　　李宗仁等经过商议，决定杀他一个回马枪，下令回头反攻，夺回衡阳。

　　两军在洪桥以北的五塘，厮杀了两天两夜。

　　由于官兵疲劳，枪弹不继，地形不利，还有敌机的轰炸，第四师已经是普遍士气不振。打到后来，营长李汉炯阵亡，全师伤亡达百分之七十，几近全军覆没，无法再打下去，只好仓皇退却。

　　粤军方面也损失惨重，两败俱伤。

　　不久前还是"铁军"同袍，如今却自相残杀，正应了曹植的七步诗："本是同根生，相煎何太急。"

　　第二次的"护党"行动至此彻底失败。

1930 年 3 月，李汉魂与薛岳一起视察炮兵部队的炮位

1930 年 3 月，李汉魂在炮兵部队的炮位前留影

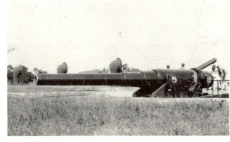

炮兵部队的炮位

1930年春季之间，第四师副师长李汉魂（右四）、独立营营长欧震（右一）与李宗仁（右二）、黄绍竑（右三）在一起的合影

机失回马　痛离四军

7月8日，第四师回到桂林，各将领大多心灰意冷，李汉魂更是非常不开心。因为有人放出流言，说枝江起义"护党"反蒋之举，是李汉魂故意挑动的。蒋介石为平息事件，已准备拿李汉魂开刀，所以李汉魂煽动起义是为了逃避杀胡谦的责任。

不过公道自在人心，想当时，第四师被调防，所有人皆一致认定是蒋介石欲将第四师半途缴械的阴谋，揭竿而起也是众将领经过慎重考虑，而后才一致决定的，实非李汉魂一人所能挑动得了。况且，诛杀胡谦，也不过是执行张发奎命令而已，责任并不在李汉魂一人。

《第四军纪实》描述："各将领多心灰意冷，故将所余薪饷分发各同志，自寻生路。"

7月底，师部移驻到柳城，张发奎通电去职，李汉魂和邓龙光与他共同进退，也一起辞职，离开了部队，只有薛岳意志坚定，愿意接掌第四师，苦撑局面。

在乡友车英如帮助下，李汉魂与邓龙光先后在良丰市和古化县小住，然后取道贺县八步，在西江德庆等地闲住，过了三个多月不问尘事的闲云野鹤生活。

1930年11月5日，李汉魂乘船去了香港。

第四师参与中原大战遭重创，1930年7月撤回柳城，李汉魂决定辞职。在乡友车英如帮助下，与邓龙光等先后在良丰市和古化县小住，然后取道贺县八步，在西江德庆等地闲住，共计三个多月不问尘事。图中自左至右分别为李汉魂、邓龙光、吴逸志、李江

张发奎嘱李汉魂，到香港后，希望能继续编撰《第四军纪实》。李汉魂从此离开了第四军。由于第四军的精锐部队已经几乎被打光，很多官兵也自寻出路作鸟兽散了。剩下的千余人，不少是未成年的娃娃兵，还有不少老弱残兵，之后更被白崇禧实施合并混编，原来的"铁军"，已经名存实亡，此时由薛岳接手经营的第四军，可说是从头再造。

李汉魂耳疾一直没有治好，连年劳碌奔波，两耳听力更弱了，身体变得更消瘦，体重只剩不到44千克。在香港找好住处后，李汉魂把母亲和妻儿从乡下接来香港一起居住，然后再设法求医。李汉魂在粤军时代的上司何彤等居港老朋友，帮他介绍了各式各样的医生，但经过几个月的折腾，都没有收到明显的效果。虽然离开了第四军，但李汉魂仍与众多原来的同袍战友过从甚密。1931年3月3日，李汉魂与邓龙光、韩汉英等人参加了第四军旧同袍欧传颜与梁孟杼女士的婚礼。欧传颜又名欧谦，海南文昌人，黄埔军校第五期毕业后，曾任第四军军需主任。后来还曾担任过广东鹤山和英德县长。1949年曾任华南补给区司令部少将副司令。

1931 年，李汉魂在香港

1931 年，李汉魂（中）与邓龙光（左）、谭光中（右）合照于香港

1931 年 3 月 3 日，李汉魂（左二）与邓龙光（左三）、韩汉英（左十二）等人参加了欧传颜与梁孟杼的婚礼

1930年1月，第四师联桂讨蒋失败后退回广西，为了鼓舞士气，决定恢复第四军番号，部队整编为第四师和第十二师，李汉魂获任第四师师长

第十九篇 新任靖西北
重建造南华

1931 年 2 月底，胡汉民因在约法问题上与蒋介石意见不合，被蒋软禁于汤山。胡汉民是国民党元老之一，孙中山死后，国民党内最具实力的人是汪精卫、廖仲恺和胡汉民三人。廖仲恺被刺时，胡汉民曾被认为嫌疑最大，但并无证据。

宁汉分裂时，胡汉民积极支持蒋介石另立中央、"清共"和打击汪精卫，蒋介石却不念其旧恩。

4 月 30 日，监察委员林森、邓泽如、萧佛成和古应芬等人在广州发出弹劾通电，指称蒋介石软禁胡汉民是违法叛党。

5 月 3 日，粤军总司令陈济棠改变了之前拥蒋的立场，发表了拥护林森等弹劾蒋的通电。

1932 年 3 月 7 日，李汉魂在韶关就职西北区绥靖主任

5 月 27 日，以汪精卫、林森、唐绍仪等人组成的广州国民政府成立。中国于是又形成了南京和广州两个国民政府相对抗的局面。

履新从政　抗日练兵

时局峰回路转，既然反蒋立场一致，两广已经再无对立的必要，为了壮大阵营，陈济棠主动与桂系和解，冰释前嫌。

张发奎与白崇禧乘前去广东跟陈济棠会商之机，特绕道到香港找李汉魂，游说他到广西去，任他为第四军副军长，连委任状也带来了。

主政广东的陈济棠，同时也派人来邀李汉魂回粤任职。

陈济棠虽然曾经与李汉魂在战场上多番兵戎相见，但他却对李汉魂特别赏识，认为李汉魂文武双全，可负大任。

为了招纳人才，扩充实力，陈济棠不管部下有人反对，坚持要延纳李汉魂入幕，先是派钟廷枢来商谈，再派出李汉魂旧日袍泽罗次黎三度赴香港相邀。

陈济棠伸出的橄榄枝，不能不令李汉魂心动。李汉魂在香港住了半年，除了养家糊口，还要看医生，经济来源十分有限，于是他决定选择一个适合自己的工作，纵使不合心意，至少也能帮补家计。

李汉魂的家人都想早日返回广东，自然极力主张李汉魂回粤任职。

8月，广州国民政府正式委任李汉魂为中将军事参议。陈济棠也宣布任命李汉魂为第一集团军总司令部中将总参事。

曾任第四军军长的缪培南自辞职后，已被陈济棠罗至其麾下，充任他的第一集团军参谋长。

在缪培南、余汉谋和李扬敬等旧同袍老同学的一再力邀下，李汉魂不再犹豫，当月即返回广东跑马上任。

李汉魂刚刚到任，9月即奉命随余汉谋的第一军出韶关北上，进入湖南，准备与蒋介石的南京政府开战。

蒋介石此时正在江西忙于对共产党的苏区进行第三次"围剿"。

眼看新一轮的军阀混战又要开始了。

9月18日，中国北方突然传来举世震惊的消息，日本军队突袭沈阳，随即占领了吉林！

张学良的东北军原来雄踞东北，日军虽然虎视眈眈，尚未敢轻举妄动。

1931 年 8 月，李汉魂从香港返回韶关就任广东西北区绥靖委员，第一军高级幕僚、独立第三师高级幕僚等要职。此为李汉魂（中）与西北绥靖公署高级干部凌仲冕（右一）、胡铭藻（右二）、李少炎（右四）、邓邦谟（右五）等同僚合照

1931 年 8 月，李汉魂从香港返回韶关就任广东西北区绥靖委员，第一军高级幕僚、独立第三师高级幕僚等要职。此为李汉魂（前排左起第三人）与第一军高级将领陈勉吾（前左二）、杨幼敏（前左四）、云振中（前左五）和李煦寰（右一）合照

1932年3月7日，李汉魂接替余汉谋，在韶关就职西北区绥靖主任，余汉谋监督

一场中原大战，张学良易帜助蒋，挥大军入山海关，导致关外兵力空虚，日本得以乘虚而入！

如果东北军不介入中原大战，纵使日本有心入侵中国，也不一定敢贸然行动。

国难当头方才觉醒，已经嫌迟。

9月19日，南京政府发出通电，呼吁广州政府停战议和。

广州政府回应的条件是立即释放胡汉民，蒋介石无条件照办，议和终于达成。

已经领兵到达湖南良田镇的李汉魂，提出了所部立即驰援东北的建议。

令人匪夷所思的是，首当其冲的张学良东北军都不发一枪就节节后退。万里之外的南方军队，纵然有心杀敌也是鞭长莫及，远水难救近火。

东北沦陷了，入主南京的汪精卫却只顾追究蒋介石的责任，以逼蒋下野为首要大事。

蒋介石下野后，林森被推为并无实权的国民政府主席。而汪精卫暂时把持了南京政府一个月之后，终无法掌控局面，不得已再与蒋合作，成立了蒋汪联合政府。

中国的内战暂告落幕，国民政府表面上实现了统一，但东北诸省已经落入敌手，中国人仍一直没能真正团结起来。

胡汉民一向与汪精卫不和，又耿耿于蒋介石汤山囚禁之辱，便倚仗两广势力，成立了一个半独立的西南政务委员会。

1932年1月28日，日军进攻上海，蔡廷锴率十九路军奋起抵抗。

1932年2月，南京政府迁往洛阳办公，自顾不暇。

李汉魂等众多爱国将领，徒有抗日之心，他们除了摩拳擦掌，实在也鞭长莫及，无能为力。南京政府尚未做好准备，蒋介石认为"攘外先必安内"。

李汉魂回到广东后，奉派在瘦狗岭和黄埔、虎门等处布防，督率炮台炮兵试射，以防范日军突然进犯。

陈济棠知道李汉魂长于训练军官，想调派他担任中山大学军事训练部主任。李汉魂婉辞了。因为厌战，他对军事的兴趣大减，很想将精力转向研究农业生产技术。

1932年，蒋介石调集大军"围剿"共产党在江西的势力，刚刚担任了西北区绥靖主任的余汉谋也奉命率部出发"剿共"。

3月7日，李汉魂奉调往韶关接替即将出征的余汉谋，担任了西北区绥靖主任。

李汉魂的就职仪式，由余汉谋监誓。

而仅过了两天，伪满洲国在东北的国土上宣告成立。

李汉魂本来已经非常厌倦内战，只想搞好民生建设，然而国土的分裂让他悲愤万分。此时他在当地兼掌了军政大权，便马上开始加紧练兵，为的是随时挥师北上抗日收复国土。

在他珍藏的历史照片中，练兵场上书写着的"誓以铁血收复失地"标语，可以见证其辖区内当时高昂的抗日斗志。

1932年，李汉魂就职西北区绥靖主任后，在南雄动员军民大练兵，随处可见"誓以铁血收复失地"的大字标语

1932年，李汉魂巡视南雄，检阅南雄警卫常备队分列式队列

1932年，南雄警卫常备队编练处成立一周年，李汉魂向南雄警卫常备队及民众训话

建桥筹措　临阵成婚

西北区辖二十五县加一局，分驻区内有陆军部队七个团，都归李汉魂掌管。

李汉魂平生首次担任地方长官，深知责任重大，因而决心尽力为当地民众多办些实事。

除了抓紧练兵，李汉魂还加紧修筑南韶公路，架设各县城乡电话网，整顿吏治，肃清土匪恶霸等。

值得称道的民生大事，还有筹建曲江大桥。因为韶关位于武江、浈江和北江交汇处，北江江面宽而水流急，经常有人因渡河而溺水。

曲江大桥由著名水利桥梁专家麦蕴瑜负责设计，1933年11月才开始动工，1935年8月竣工，建成了一座横跨北江的钢筋水泥大桥。

麦蕴瑜在数年后被李汉魂聘为省政府技术室主任、省政府顾问和广州市工务局

1935年，李汉魂（左三）与何彤（左二）在即将竣工的曲江大桥上留影

施工中的曲江大桥

1932年7月，李汉魂与吴菊芳结婚

1935年8月，曲江桥竣工。李汉魂主持了通车开幕仪式。曲江大桥筹建于1929年，1933年11月动工兴建，1935年8月才竣工通车。大桥高12米，宽6.92米，长397.86米，荷载为13吨，为11孔的钢筋混凝土悬臂吊桥

局长。1949年后，麦蕴瑜历任广东水利厅总工程师、广东水利电力学院院长。

李汉魂与在宜昌驻军时认识的吴菊芳，两年来一直鸿雁往回，感情成熟，已到终成眷属的阶段。

在父亲的陪同下，吴菊芳从宜昌出发，5月20日抵达香港，5月30日再由香港转赴韶关。

1932年7月某日，李汉魂与吴菊芳的婚礼在韶关许家花园举行。婚姻仪式从简，因为旧时礼节，侧室地位低下，加上国难当头，稍微铺张都会遭人非议，所以婚礼只由李汉魂的母亲庞老夫人和吴菊芳的父亲主持，没有大摆筵席。

吴菊芳嫁入李家，也知道自己在李家地位低微，属于妾侍的身份，所以对婆婆及正室庞氏毕恭毕敬斟茶叩头，礼仪极尽周到。

李汉魂的正室夫人庞芷馨，生性温良敦厚，虽然对李汉魂纳妾并不开心，但对这位言语虽不通，但知书达礼的女孩子抱有相当的好感。

婚后，吴菊芳与李家家人就租住在许家花园内。李汉魂其他同事的家属均租住在园内。许家花园位于韶关市兴隆街，此园后来成为解放军韶关军分区招待所。

李汉魂此时已经是4个孩子的父亲。首任妻子陈金为他生下长子李斌之后即病逝，第二任妻子庞芷馨则一连为他诞下三个儿子——李焕、李敢和李扬。

李汉魂的四个儿子，听从母亲的教导，彬彬有礼地称吴菊芳为"菊芳妈"。

那时李汉魂的长子李斌已经18岁，比吴菊芳只小三岁。

　　吴菊芳嫁入李家后没过几天，陈济棠就让李汉魂兼任了独立第三师师长，并立即率部队出发前往南雄堵截红军。

　　李汉魂的好友邓龙光，也同时被任命为独立第四师师长。

　　7月下旬，李汉魂奉命赴南雄，因为当时朱德正率一部红军从江西进入广东。

　　两军在南雄水口墟相遇，经过激烈交火，双方损失惨重，独三师伤亡二百多名官兵。朱德红军最后退回江西境内。

　　李汉魂没有追击，他只是奉命不让红军进入自己所管辖的区域。

　　打完了这一仗，李汉魂就将独三师主要事务交给副师长李江负责，自己将精力集中于主持政务。

1932年7月，刚刚与吴菊芳结婚的李汉魂，兼任广东陆军独立第三师师长

1932年7月，邓龙光就职独立第四师师长

1932 年 7 月，身为广东西北区绥靖主任的李汉魂，刚刚与吴菊芳结婚不几天，就受命兼任广东陆军独立第三师师长，并奉命领兵阻截从江西进入粤北的朱德所部红军，在南雄水口墟展开激战，双方都有不小的伤亡。此照片拍摄地不详

移垦英德　重建南华

1932 年底，李汉魂在英德县走马坪创建移垦局，由参谋长李郁琨、军法处长邓邦谟负责移民开垦，试图以军屯、民垦的办法，助军实而纾民困。

移垦局办起来后，李汉魂看到吴菊芳在家百无聊赖，便提议她组织一些军政家属办个家政会，做些力所能及的事，总好过在家虚度时光。

在李汉魂的策划和指导下，吴菊芳找到了一百多名家属，办了一个扫盲识字班。慢慢地，又搞了一些诸如织布、织袜和缝衣等小型生产，还学会了制作肥皂等。这些活动，让吴菊芳积累了一定的社会经验和领导能力。

1933 年春节后，李汉魂与邓龙光都在广州东山烟敦新街河浦路购置了一处住宅。李汉魂让母亲和妻儿都迁回广州居住，已怀有身孕即将临盆的吴菊芳则留在韶关，继续经营她开办的家政会。

夏天，吴菊芳的第一个女儿李浈在韶关出生。

差不多在同时，李汉魂的正室太太庞芷馨夫人，也在广州为他生下了女儿李澜芬。

1932年底，李汉魂在英德县走马坪创建移垦局，拟以军屯、民垦的办法，助军实而纾民困。图为李汉魂（左十）在垦场上率众携锄合照

1932年底，英德县走马坪移垦场

1932年底，李汉魂在英德县走马坪创建移垦局，拟以军屯、民垦的办法，助军实而纾民困。图为李汉魂（左二）在垦场的田间

李汉魂此前的四个孩子都是男孩，这一年他多了两个女儿。

李汉魂经常到他辖下的各县区巡视，每到一地，他都有兴趣参观当地的名胜古迹。李汉魂对粤北当地的历史文物和文化遗迹极为重视，所以十分注重进行力所能及的维护和修复。

1933 年，李汉魂主持重修了位于仁化县的丹霞山石星岩，以及惠州西湖的苏文忠公祠。

建于公元 502 年的岭南第一大佛寺南华寺，年久失修，几历炮火，残败不堪。李汉魂参观南华寺遗址后，决定募资重建。于是派出秘书吴种石，前往福建鼓山，礼请虚云大师到韶关，商议重建大计。

虚云大师乃近代禅门泰斗，被誉为一身系五宗法脉之禅宗大德。1840 年出生的虚云，18 岁离家，19 岁出家，出家后勤修苦行。

受命重建南华寺时，虚云已经 92 岁高龄。

虚云大师巡视过南华寺后，问李汉魂是否赞成完全拆除重建。李汉魂不无担心他的年龄与魄力，所以小心翼翼地反问虚云，重建有没有把握比修复更好？

虚云大师回答说，我只问许不许拆，莫问我有无把握重建，凡当做之事，自己不能完成，也一定会有人继起。

李汉魂闻言，不再犹豫，当即将重建南华寺的重任托付虚云大师。

重建之前，南华寺只有残破不堪的灵照塔和六祖殿。

1933 年 9 月，南华寺开始动工，大兴土木，历时一年，于 1934 年 8 月竣工。

南华寺现在的建筑面积达一万两千多平方米，由曹溪门、放生池、天王殿、大雄宝殿到藏经阁、灵照塔、六祖殿等建筑群组成，规模宏大，成为中国最重要的佛教名寺。

虚云在抗战期间还受邀赴重庆主持护国息灾大悲法会，并再负起规划重兴粤北云门山大觉寺之责。1953 年，虚云被推选为中国佛教协会名誉会长。1959 年，虚云在江西云居山真如寺圆寂，世寿 120 岁（后来有人质疑他的实际年龄）。

史书记载，多把重建南华寺之功全部记在虚云大师名下。其实，李汉魂的贡献并不亚于虚云大师。

重修南华寺，初始是李汉魂的决定，然后把虚云请来共商大计，虚云提出方案，由李汉魂拍板定案。重建资金则由李汉魂全力负责筹集得二万余元。接着划出土地扩大寺境，并派秘书吴种石专门负责整个修复工程。1934 年南华寺重建完成，李汉魂再派吴种石赴福建鼓山迎接虚云前来主持。李汉魂并撰写了《重修南华寺记》，刻石纪念。全文如下：

释氏之入震旦。始于汉永平千八百余年矣。能师振锡。而南宗称盛。厥后衣钵不传。是南华实集佛教之大成。其声闻宏远。盖有由矣。夫因果之说。圣人不讳。释氏之广大深微。足以赅纳上智。显示诸象。足以警惕下愚。而中土存亡。亦能戒惧身心。旁辅政教。为智者辟禅悦之门。愚者导迁善之径。而其象教越世。开哲学之津涯。尤彰彰也。今大府倡存名胜。向之摧陷廓清者。咸命有司谋所以保存之。著为令。曹溪于南中国为名丛林。顾自唐龙翔而还。代远年湮。虽屡完缮。亦就荒圮。汉魂受命绥靖。典军韶关。治军之余。少得瞻仰。怃然兴重修之愿。爰征贤达醵赀。逾二万金。且以广州筹备会之推责也不敢引辞。爰命秘书吴种石董其事。鸠工庀材。简员设计。因其地以结庐筑榭。辟曹溪林营。南华精舍。拓田园五百亩。艺花果千万株。草莱者芟之。剥食者新之。而斯寺以濯以显。经始于民国二十二年九月。越岁八月而工竣。更捐廉奉大藏经。复祖殿为藏经阁。造储宝橱庋法物。以永其传。且礼请虚云老和尚来主是寺。於戏。宏宗阐法。非汉魂钝根所敢闻。他日祇园永茂。华实增繁。嘉树成林。民生少补。寓胜残于去杀。期解甲以销兵。庶不负斯举欤。谨以略志于石。与事捐助。例得另书。

民国二十三年八月
吴川李汉魂记 大埔邹鲁书

李汉魂还写了一首七律赠予虚云：

载得高僧南渡日，正当斯寺中兴年。

潮音欲听人如海，衣钵初来劫似烟。

谁恫风波沉大地，应携花雨散诸天。

禅关寂寞吾犹羡，时觉钟声在耳边。

李汉魂自此即与虚云大师结缘，并以"南华"作为自己的号。他的影集，也以"南华"命名。

1932 年，李汉魂在广东阳山县北山
名寺正殿前为同行伙伴拍的照片

1932 年，李汉魂（右）在广东阳山
县北山名寺旁的瀑布前留影

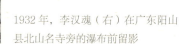

1932 年，李汉魂游览阳山韩文公旧
钓台。相传唐代文豪韩愈曾被贬阳
山为县令，因无所事事，在此钓鱼

1933 年，李汉魂主持修复了惠州西湖的苏文忠公祠。图为李汉魂与胡铭藻（左）在惠州西湖的朝云墓、六如亭前留影

1933 年，李汉魂主持修复了惠州西湖的苏文忠公祠。图为李汉魂（左）在惠州西湖的朝云墓、六如亭前留影

虚云大师赠送给李汉魂的照片。选自《李汉魂日记》插图

整军备战　巡视粤北

从 1932 年到 1934 年，共产党在江西苏区受到国民党军队的大"围剿"。李汉魂虽然没有参与军事行动，但他的辖区与苏区接壤，所以不得不时时防范红军越境。

1933 年 11 月 20 日，李济深、陈铭枢、黄琪翔、蔡廷锴等人在福建宣布成立"中华共和国政府"。李汉魂即日赶回省府，参加陈济棠召开的紧急会议研究对策。

之前，他们在军事上只需防范红军入境，此时则还要加强对福建方面的戒备。

1932 年，李汉魂巡视连县

1932 年，连县中学内的唐代柏树

1932 年，李汉魂巡视连县，对军警训话

1932 年，李汉魂巡视连县时的民众欢迎会

当时，李汉魂身兼军政两职，绥靖公署设在韶关，独三师的师部设在南雄，两办公地点相隔一百公里，加之两地之间匪患相当严重，为了安全，也为了争取时间，李汉魂经常要穿上飞行服，坐上颠簸的小飞机穿梭往返于韶关和南雄之间。

李汉魂这时留下了一张与广东空军司令黄光锐在上飞机前的合照。

黄光锐是中国航空史上的一位传奇人物。1898年生于广东台山潮境田心村，幼年随父赴美国旧金山，16岁学习飞行。

1921年孙中山筹建空军，黄光锐被招聘回国，参与组织航空局，建立广东飞机制造厂。1923年制成第一架飞机，黄光锐亲自试飞，与孙夫人宋庆龄一起升空，环绕广州市一圈。之后获任命为第一飞机队队长。

李汉魂任广东西北绥靖主任时，与时任广东空军司令的黄光锐时有工作来往。几年后，李汉魂在潮汕"封金挂印"时，黄光锐也驾机起义归顺中央，成就了陈济棠"机不可失"的千古笑谈。

1934年1月，李汉魂在韶关附近的各山上修筑了工事，并在城中帽子山及城外沿江一带修筑了十余座灰砖碉堡。另外，还在南雄建了一座纪念碑，纪念水口战役阵亡将士。相信此碑现在已不复存在了。

1932年，身穿飞行服的李汉魂（左三）与广东空军司令黄光锐（左二）在上飞机前留影。当时因为绥靖公署设在韶关，独三师的师部设在南雄，李汉魂经常要乘坐小飞机往返韶关与南雄之间

1932 年，李汉魂身穿飞行服，在小飞机前留影。当时因为绥靖公署设在韶关，独三师的师部设在南雄，李汉魂经常要乘搭小飞机往返韶关与南雄之间

1934 年清明节，李汉魂回乡祭祖，在家乡开办了"华兴农场"，另外，又扩建了他的父亲生前创办的"育英小学"。

同时，李汉魂开始筹划在故居岭头村布衣巷建筑"勤园"和"敏园"，以及奉祀先人的"敬一堂"。

1934 年 5 月至 6 月，李汉魂出巡西江的肇庆、鹤山、高明、新兴、云浮、德庆、罗定、郁南、封川、四会、广宁等县，考察吏治、民生、教育和治安等。

李汉魂还敢于整顿吏治。

连山县县长陈致煦，在架设电话线的工程中，因为涉嫌中饱私囊，经民众揭发后调查属实，即予正法。

7 月，李汉魂兼任西北区实业局局长。

这一年，吴菊芳又为李汉魂生了一名男孩，取名李韶生。

1934 年 10 月底，共产党红军在经过第五次大"围剿"后，开始战略大转移，即史称的"二万五千里长征"。长征部队从赣西抵湘南，接近粤北。

11 月初，白崇禧从广西前来韶关，与李汉魂商讨防御红军过境之策。

1932年，僻处苗瑶少数民族聚居地区的连山县连山中学全景

1934年清明时节，李汉魂回吴川祭祖期间，所拍故乡小东江佳景。小东江源于高州，穿越崇山峻岭后，在吴川与鉴江汇合后流入大海

李汉魂与白崇禧的观点不谋而合，两人都认为，对付红军不宜作堵击，只宜侧击追击。李汉魂于是派副师长李江率部赴宜章依命行事。

李汉魂整夜与白崇禧作促膝长谈，两人对时局的看法，以至对中国的政治前途，都有相当一致的观点，顿感酒逢知己，相见恨晚。

在繁忙的政事活动中，李汉魂抽空陪同白崇禧，一起游览了刚刚重修好的粤北名胜南华寺，并在"南华精舍"前合照留念。白崇禧参观之后，也不由慨叹此项重建工程"颇形伟大"。

这次会面，令白崇禧对李汉魂刮目相看。后来李汉魂被代总统李宗仁特别重用，就是白崇禧全力举荐的结果。

送走白崇禧，即闻报余汉谋部遭红军袭击。李汉魂奉命率部增援，指挥一师一旅前往南雄、大庾一带与红军周旋。

李汉魂当时腿际和腰部长了几个脓疮，疼痛难耐，行动极其不便。鉴于军事责任太重，李汉魂要求辞去绥靖职务，辞呈发出，却不获陈济棠批准，李汉魂只好忍着病痛，率领教导师继续在粤北山区中奔波辗转。

其时红军一个师南下，已经到了十多公里外的九峰山附近，李汉魂急忙调兵开赴九峰山，然后在乐昌征调一辆货车赶赴前线指挥迎战。

红军最后向坪石方向撤退，李汉魂忍着疼痛，率军冒着大雨向坪石追击，期间在泥泞中跌了数跤，狼狈不堪。

终于熬到红军离境向贵阳、临武转移，李汉魂才在11月20日率部回到连县。

1934 年 11 月，白崇禧（左）从广西前来韶关，商讨共同防御红军之策。李汉魂百忙中抽空陪同白崇禧同游粤北名胜南华寺，并在"南华精舍"前合照

1932 年，李汉魂拍摄的瑶族女子

瑶族未婚女子，以颈上银圈之多少显示贫富身家

瑶族的女人

1932 年，李汉魂与陈公侠等官员巡视连县瑶族乡民聚居地

1932年，李汉魂（右三）与陈公侠（右一）等官员巡视连县瑶族乡民聚居地，与当地学童在一起

1932年，李汉魂巡视粤北山区，记录了当地瑶族人插秧的情景

1932年，李汉魂巡视粤北瑶族民居所见。据瑶民风俗，家有病人，需于门前悬挂箕帚驱鬼辟邪，生人勿近

1932年，李汉魂任职西北区绥靖委员期间，巡视粤北瑶族山区，拍下了一组瑶民生活的照片

1932年，李汉魂任职西北区绥靖委员期间巡视粤北军民

1932年，李汉魂巡视阳山时，对县府的军警发表演说

1932年，李汉魂巡视英德

1932 年，李汉魂巡视英德时拍摄的
英德大湾市场一景

1932 年，李汉魂巡视英德时拍摄的
英德小北江风景

1933 年，李汉魂于西北区及东区绥靖委员兼独三师师长任内，巡视海南岛苗乡，用镜头记录万宁属
苗人妇女的装束

1933年，李汉魂巡视海南岛苗乡，拍下了苗族妇女在纺织前整理纱线的情景

1933年，李汉魂巡视海南岛苗乡，用镜头抓拍苗人妇女担水的情景

1933年，李汉魂巡视海南岛苗乡，观赏苗族妇女缝织工作

1933 年，李汉魂巡
视海南岛黎乡风俗，
观赏黎族妇女的织
物布疋等

1932 年，李汉魂镜头下的曲江风景

1933 年，李汉魂镜头下海南岛黎乡裸露上身的黎族女人

1932 年，李汉魂镜头下的曲江渡口

1934 年 6 月，广宁县各界欢迎李汉魂莅临视察，李汉魂在欢迎大会上发言

1932 年，李汉魂（右三）与陈公侠（右二）等官员巡视连县瑶族乡民聚居地

第二十篇　挂冠求统一
复职拒升官

（1934 年 12 月至 1936 年 9 月）

　　1934 年 11 月，红军的长征部队离开广东境，向贵州方向转移。此时的李汉魂，刚刚获批准辞去绥靖西北区主任的职务，但他的独立第三师师长一职仍旧保留。李汉魂随后率部班师返抵韶关。

　　李汉魂任职绥靖西北主任总共为期两年零九个月。

1935 年春，李汉魂（左二）辞去西北区绥靖主任之职，仍任由第三师改编的广东第六师师长，奉命率部开赴广西驻防，在广州黄沙与师参谋长吴沧桑（左四），以及副师长李江（左三）和韩潮（左一）等合影留念

1935 年 1 月，陈济棠重新整编他的广东部队，李汉魂的独立第三师被改编为第二军第六师，调往广西柳州驻扎候命，随时准备开赴贵州"追剿"红军。

吴川置业　罗浮结缘

打了多年内战，李汉魂感到厌倦，遂在 2 月把军务交给李江处理，请假回吴川乡下新居探亲。

其时李汉魂故居的新宅"勤园"已经落成，他的母亲和夫人庞芷馨都迁回乡下居住了。

李汉魂此次回乡，是遵照母亲的意愿，与他的胞弟李毓华分家的。

李汉魂原有姐弟妹共 5 人。姐姐比李汉魂大十多岁，很早已经出嫁，还有两弟一妹，妹妹也已经出嫁，三弟则早年夭折，所以家中只剩下二弟毓华陪伴母亲。

李汉魂在勤园对面开辟了一个小菜园，起名"朴园"，让回乡定居的夫人庞芷馨用来种菜自给。

李汉魂此次在故乡吴川修建的住宅，于 1949 年后被地方政府没收，成了吴川县政府土改委员会的所在地。1952 年，又成了川西中学的校园。之后，此故宅还先后做过湛茂财茂学校、仲恺农学院蚕桑学校、广东医学院分校的五七干校的校舍、南海舰队新兵基地和湛江农垦医院教学点等，至八十年代，还由当地政府承包给私人作苗圃地。到二十一世纪后，政府落实政策，才拨款重修李汉魂的故居，作为爱国主义教育基地给予保护。

1934 年 3 月，李汉魂回到已移往广西桂平的第六师驻地，之后往南京会晤军政当局，再到广州总部述职。

趁着述职之后的余暇，李汉魂带上仍在广州居住的次子李焕和三子李敢，前往风景优美的罗浮山游览，好友邓龙光也与他们同行。

在惠州，他们意外碰上了从小就认识的同乡陈元瑛和他的女儿陈惟姗。

他乡遇故知，李汉魂乘兴相约陈元瑛一起游览罗浮山。

罗浮山位于博罗，乃广东四大名山之一，又名东樵山，向被称为百粤群山之祖。相传此山原为蓬莱山之一峰，尧时洪水泛滥，此峰随水浮来，与当地罗山合体，于是两峰合称罗浮山。

李汉魂等一行人在游玩到五龙潭的摩崖石刻旁时，留下了一张大合照。

他们都没有想到，这张合照后来成了他们李陈两个家庭联姻的见证。

陈元瑛比李汉魂年长三岁，毕业于广东省立政法专科学校，曾任茂名电白地方法院推事，时任信宜县县长。

据李汉魂的次子李焕回忆，他当年跟随父亲去罗浮山游玩时才十岁，只知道玩，对文静腼腆的陈惟姗并没有上心。

1935年初，李汉魂（右）游罗浮山，同游者有邓龙光（高处站立者），陈元瑛（左二），李汉魂身旁男孩为次子李焕，李焕旁边是李源，坐最前面的是李汉魂的三子李敢。陈元瑛身边两小孩分别为女儿陈惟姗（左一）、儿子陈敦（左三）。李汉魂后来与陈元瑛成了亲家，陈惟姗成了李焕的妻子

十余年后，李汉魂担任广东省主席时，陈元瑛出任了广东省政府秘书长。因为工作上的交往，李汉魂经常登门陈家，时常见到已经出落得亭亭玉立的陈家闺秀陈惟姗。

有一天，李汉魂问次子李焕，陈伯伯家的闺女十分娴熟端庄，介绍给你当媳妇好不好？李焕听后，不假思索，一口拒绝了。因为李焕崇尚自由恋爱，对封建社会父母包办婚姻极度反感。

过了两年，李焕在一个朋友家里邂逅了陈惟姗，在双方都并不知道对方身份的情况下，两人竟一见钟情，坠入爱河，相见恨晚。直到有一天，李焕把女朋友带到李汉魂跟前，才知道父亲当初说的那个陈家闺秀，原来就是她。

此后两人订婚、结婚、生儿育女，之后大半个世纪相濡以沫、厮守到老。

6月，李汉魂的部队被调回广东。因为已经卸下了政务职责，军中暂无战事，李汉魂便在经梧州乘船回广东时，在肇庆登岸，专门到七星岩去修建了一座南华亭。

南华亭位于肇庆石室岩东北方向，七星桥的西面，原为水泥制造的三叠多面瓣形平滑瓦顶。六十年代被重修，移入陈白沙的"肇庆城隍记"石碑，一度称为"白沙碑亭"。石碑后被移走，再复名"南华亭"，但已经不是本来面目。

丹霞揽胜　潮汕履新

7月，肇庆七星岩南华亭建成后，李汉魂回到广州，再次向陈济棠力请辞职，不过还是未获批准。

李汉魂多年戎马倥偬，难得有闲，想起广东四大名山尚有一山没有上过，便约了几位同袍，驱车直奔粤北丹霞山。

其实丹霞山离韶关也不过数十公里之遥，而且位于李汉魂曾主政的西北区辖区内，只不过在他任期内的两年零九个月，都被军政事务缠身，一直无暇抽身前往。而今偷得浮生半日闲，便潇洒了一回，带上照相机，登山揽胜，下河游泳，尽情游玩了一天。

也许是游泳时耳朵不慎进了水，李汉魂在这段时间里耳疾加剧严重了，有同事建议他，不如尝试请假到德国去求医。

李汉魂等人在粤北丹霞锦江游泳

李汉魂拍摄的粤北丹霞山照片

1935年7月，第六师师长李汉魂辞职未获批准，趁着军中无事，邀数位同袍到粤北丹霞山游玩。在粤北丹霞山山门前为同袍拍照

李汉魂拍摄的粤北丹霞山地区田园风光

　　李汉魂即打报告向陈济棠请假。想到若一旦获批成行，异国他乡的言语将难以沟通。随后李汉魂未雨绸缪，找教材学习德语。当时的德国，刚刚由希特勒掌权不久，野心尚未显露，唯其国度的科技医学水平都在世界上处于领先地位，李汉魂也想乘机到那里看看。

　　不过，他的请假并没有得到陈济棠的批准。

　　1935年9月下旬，陈济棠委任李汉魂为广东省东区绥靖委员，仍兼第六师师长。

　　广东东区，下辖惠州、潮州、梅州等二十四县及汕头市。

　　李汉魂暂时打消了赴德的念头，准备前往汕头就职。

　　东区虽然是富饶之地，但是地处沿海边防，责任更加重大。

　　10月初，李汉魂动身前往汕头，汕头市国民党党部于10月3日举行了欢迎大会。

1935年9月6日，李汉魂（中）在即将赴汕头就任东区绥靖委员前，与广东西北区绥靖公署中校参议陆冠莹（右一）等人合照留念

1935年9月，李汉魂将赴东区履新，办理好西北区移交之后，与中大随军服务团合照留念

1935年9月，李汉魂获陈济棠委任为广东省东区绥靖委员兼第六师师长。汕头市国民党党部门前，悬挂着各界欢迎李汉魂就任东区绥靖委员大会的横额。欢迎大会时间定在10月3日上午10时召开

李汉魂刚到汕头，就碰到一桩日本人参与的棘手大案。

当时，揭阳县县长黄秉勋查获了大批走私货物，都是日本商人偷运进来的洋米、洋豆、洋油等。

货物被扣留后，日军第五水雷战队司令下村，悍然无视中国主权，亲率7艘战舰开抵汕头。

李汉魂闻报，立即下令其第六师进入警戒。

下村登门求见，要求李汉魂下令将日商的货物发还。李汉魂指出，日本进口中国的货物必须缴税，走私货物只有没收，要想拿回货物，就得照章补税。

见惯了阵仗的李汉魂对日本人的威吓并不放在眼内，毫不退让。

经过数轮晤谈，双方终于达成协议，并议定今后日商所有进口货物，必须缴税，否则照样没收。

随即，李汉魂派出汕头市政府代表及潮梅舶农专税局人员，日方派出驻汕头领事馆人员，一起到揭阳监督日商照章纳税后，才发还货物。

此事件得到圆满解决，既彰显了主权，又保障了税收。当时，汕头市的洋米税收，从原来的两三万元，一下子猛增至四十多万元。

中央政府、国府主席林森及广东省主席陈济棠得知事件圆满解决后，均表示李汉魂处置得当，并给予传令嘉奖。

1935 年 12 月底，南京中央政府授予李汉魂中将军衔。

然而，更加棘手的事件接踵而来。

无惧挑衅　据理维权

1936 年 1 月 21 日，日本驻汕头领事馆的日籍警察角田进，在家中午饭后出门去上班，但才走了几十步便突然倒地暴毙。

据当时街头值班的岗警史国盘报告，他当时见到有人猝然倒地，以为此人患中风急症，急上前欲扶，但见其已经面无人色，手脚抽搐，非马上送院救治不可，乃急忙招呼就近的岗警同事在旁守护，他则跑到附近的日侨居处找来几名日本人帮忙，把角田进抬到附近日本人开办的博爱医院抢救。当时史国盘还想随病患进入医院，但被医院方拒在门外。

史国盘随即将事件经过报告警署。警署担心日本人节外生枝，马上呈报市公安局备案。

由于近来日本人正在千方百计找寻入侵中国的借口，这件本来属于中国人救助日本人的善事，瞬间就被扭曲成了中日敌对的政治事件。

下午 3 时许，日本驻汕领事突然带着一名日本警长上门求见李汉魂，声称日警角田进在大街上遭到华人袭击，身中两枪而亡，要求李汉魂处理。

李汉魂知道事件性质严重，立即派人调查真相并上报。

据调查，日警角田进本身患有严重肺病，体质非常虚弱，当时很可能是中风倒地。日方指其中枪，但附近居民并无人听到枪声，而且其倒地处，亦无血迹。而在患者被抬进医院后，就无端被指其受枪伤致命，院方又在无人见证之下取出子弹，而伤口也不见血迹，不排除是后来有人对尸体开枪，嫁祸中国人。

据此诸多疑点，李汉魂坚决不妥协，坚称日警角田进是中风毙命，并非被中国人杀害。

22 日，是除夕前夜，日舰"夕张"号公然开进汕头港内，脱掉炮衣，向角石方向连开四百多炮示威恐吓。

李汉魂鉴于日方诸多挑衅，除了向广东当局请示解决方案，也对市内实施管制戒严，对军警进行备战动员，一面还请驻军潮安的邓龙光，随时作好应变准备。

就在李汉魂极其艰难地对付日本人挑衅的时候，南京政府方面任命张发奎为闽浙皖赣边区"清剿"总指挥。

这个外界看来与李汉魂完全无关的任命，却对李汉魂发生了很大的影响。因为李汉魂与张发奎的渊源太深。

两广一直与中央政府貌合神离，出身粤军的张发奎本来一直置身事外，此时忽然受蒋介石重用，陈济棠开始担心他会与李汉魂秘密串通，做出对他不利的事情，因此开始疑神疑鬼，不再信任李汉魂。

李汉魂明显地感觉到不被信任，心情非常苦恼。在这种氛围下，他还要面对日本人的纠缠和威逼，处境可谓内外交困。3月，李汉魂向陈济棠提出辞去师长和绥靖主任两职，却没有获得批准。

4月，陈济棠命李汉魂到广州燕塘将校研究班学习两个星期。李汉魂于是回到广州暂住。

5月12日，两广的领袖胡汉民突然病逝，南京政府趁机谋求统一，希望实现两广归政中央。陈济棠不甘心被吞并，在广州举行大规模军事演习，显示军力。广西的白崇禧也悄悄来到广州，与陈济棠商量对策。

17日晚，白崇禧密约李汉魂和邓龙光见面，彻夜长谈。白崇禧深知他们两人与张发奎的渊源深厚，此来就是为了试探他们与张里应外合的可能性。

李汉魂想到他的辖区汕头正面临日本人的威胁，大敌当前，两广当局此时竟不顾全大局，还在背地里密谋反蒋，内心极为忧虑。因此，尽管白崇禧苦口婆心地要求他们支持陈济棠，李汉魂始终没有表态，只是表示对国事前途悲观失望。

1936年1月下旬，汕头发生了角田进暴毙事件，日本人借故寻衅。李汉魂对汕头警察进行备战动员训话

第二天，李汉魂便因态度不明朗，被陈济棠宣布调任第二军副军长，兼任东区绥靖主任职。

副军长是一个没有实权的虚职，李汉魂的军权被架空了。

李汉魂刚把第六师师长的职务移交给了接任的黄质文，第六师的师部就遭到了大清洗，有二十多名军官被诬指为南京方面派来的奸细，遭到拘捕，参谋长吴沧桑更被陈济棠秘密处决了。

6月7日，两广打着"北上抗日"的旗号，出兵湖南。南京也派出中央军，据守衡阳阻截，双方剑拔弩张。

1936年6月21日，陈济棠与李宗仁在广州成立军分会，内战一触即发。

李汉魂（前右四）封金挂印前，与广东第一军高级将领李煦寰（前右一）、云振中（前右二）、杨幼敏（前右三）和陈勉吾（前右五）合照。李煦寰是余汉谋属下的绥署政治部主任，据说全因李的力劝，余汉谋才决心转投南京。李煦寰后来赴香港定居，他的儿子就是后来香港的著名律师李柱铭

诤言通电 挂印封金

已经被削去军权的李汉魂回到汕头，既要面对咄咄逼人的日本势力，又要小心提防来自上级的猜疑，内外交困，处境非常艰难。

1936年7月2日，日军舰队司令西冈突然到绥靖公署造访李汉魂，声称角田暴毙案尚未完结，如果不尽快解决，他们的联合舰队将会在20日登陆汕头。

当晚，李汉魂召集汕头市长和海关监督等人，会商应对之策。大家都认为此事件攸关国土主权，不可擅自应对，必须报请上级批示。

李汉魂听取了各人意见，当即给陈济棠发出电文："……当此抗日声中，职等万不能退让至丧权辱国，受国人指责。唯争持而致决裂，又未知是否果为钧座所许。为此请示只遵。……"

7月3日，陈济棠复电，电文只有八个字："请兄相机解决便是。"

看着这不负责任的八字复电，李汉魂心情无比沉重。

陈济棠与李宗仁，此时正打着"北上抗日"的旗号，起兵与南京政府对抗，而日本人已经在他们的辖区门口蠢蠢欲动，快要进入自己的南大门了，他们居然熟视无睹，真不知该如何担当他们口口声声的抗日之名。

他们明明知道日本人一直在潮汕一带伺机进犯，却置边防于不顾，偏要"北上抗日"，实在难以自圆其说。

此前几天，陈济棠还把驻守潮州的两个警卫团调往淡水以堵截南京方面的海军，又把邓龙光的第九师调往五华。军队几乎全调走了，潮汕一带已经无兵可用。

李汉魂纵使是诸葛亮再世，也不可能在汕头摆空城计，日本人对他们的兵力布置了如指掌。

更使李汉魂心寒的是，陈济棠怀疑他与南京暗通，派出数十名密探到汕头，暗中监视他的行动。

李汉魂整夜难眠，想到陈济棠虽然曾经对自己有过相当的信任和倚重，值得他感恩于心，但如今国难当头，他无法接受广东当局竟然不以大局为重，走出令国家走向分裂的一步。三思之后，他决定效法关云长，封金挂印。关云长封金挂印是《三国演义》中家喻户晓的故事。

230

李汉魂经过反复权衡，于7月4日晚上草拟了两篇电文，其一为《为拥护统一御侮呈陈总司令济棠电》：

广州总司令陈：（×密）自西南揭橥抗日，举世骚然，因名实之不符，遂盈庭而聚讼，倘不悬崖勒马，将由笔舌之争，演成阋墙之祸，无论胜负谁属，然国事不堪问矣！

决计伊始，职幸参末议，不独高级将领不敢苟同，即二三元老，亦多异议。诚以国难已深，天良未泯，既不忍目睹钧座躬蹈于不义，更不肯背钧座而别有所图，垂涕而道，据理而争，窃谓古之诤子诤臣，当不过是。方幸钧座纳愚诚，幡然变计，目标只在抗日，领导仍仰中央；而西南两机关冬电之主张，亦未违此主旨，各将领用即分途返防，整戈待命。詎突来请缨改号之支电，政委会又从而嘉纳之，浸假而进兵邻省，摇撼中枢，星火燎原，间不容发。于是军心惶惶，舆论沸腾，社会蜩螗，金融紊乱。而道路纷纷，更有以对日谅解之言相疑责者。职固深信钧座断不忍出此，然敌方诪张为幻，故弄玄虚，蛇影杯弓，曷言能已。即如汕头方面，年来以交涉频繁，敌舰踞泊，未尝或离；乃自西南高唱抗日后，竟悉数他驶，顿呈海晏河清之象；而角田一案，更绝口不提。是岂慑于抗日声威，而望风畏避耶？又何怪相惊伯有，特为亲者之所痛也。顾苟安片刻，好景不长，敌见我马首徘徊，蛮触未发，楼舰横海，昨又重来压逼矣！其西冈司令冬日访职，肆行恫吓，咄咄逼人。业已电请速定有效办法，俾得保我主权。唯奉电复，仍无确实指示，而敌方着着进逼，不可终日。以言空谈，则三军气夺，以言抗战，又孤掌难鸣。至若低首下心，丧权辱国，则固非以抗日号召之西南所甘愿，亦非个人良心所能安。职所处境，实已跋前疐后，动辄招尤。忠愤耿耿，痛心曷已！职备员东区，责重守土，然海疆之戎卒尽撤，国防之设备毫无。曩当构筑工事矣，然假想之敌尚迷其方；今更羽檄纷驰矣，然敌忾之心，人异其趣；坐使外交失其凭藉，将吏无所适从，此职所为负戟长叹，悲愤填膺，望北指之旌旗，痛南风之不竟者也！职愚窃以为抗日救国，人有同心，不过旗帜固要鲜明，言行更宜相顾。笔枪舌剑，只堪取快一时；离析分崩，结果适以资敌。乃者二中全会期已届矣，统筹大计，中央自有权衡，当不因一着以误全局！而敌人迩来对华北既蚕食未已，期生吞而活剥；对西南更纵横捭阖，图鹬蚌之兼收。本集团军既誓为抗日救国而牺牲，自应被发缨冠，当仁不让！岂宜舍近图远，坐误时机？

夫示抗日之决心，宜挥戈而东指。经职再四建议，未蒙采纳。一着之失，全局几危！今者寇患益深矣，国人交谪矣。果能及时返旆，固我东陲，将所以请求于中央之对日绝交抗战者，先作引弩以待发，则义声所播，壁垒一新，消隐患于无形，开壮烈之新局，振臂而起者岂独半壁西南已哉？顾或者乃鳃鳃以中央将将蹑我之后，而乘我之危为虑。苟非卑怯之夫，即为苟安之辈，大局之坏，此实尸之！诚以目前国家之出路，民族之生机，厥唯统一与抗日。我果于行动上获得民众同情。谁敢甘冒不韪与民为敌？中央而能纳我请求共同御侮，我方感奋之不暇，尚复何求？倘若乘我之危，授人之隙，则谁为戎首，谁是汉奸，万夫所指，其有归矣。宁不愈于目前之无的放矢耶？职救国有心，回天无力，谬兼疆寄，心窃耻之。用是挂印封金，拜还大命，呕心沥血，敬进忠言。倘蒙鉴其愚忱，顾名思义，回师抗日，统一救国，则束身待罪，固所不辞，弃诸市朝，亦无所悔！否则从井不能救人，清白未敢自玷，唯钧座者有以谅我矣。

抑再有所陈明者，职此次愚莽之举，纯出于爱国爱民之至诚，受良心血性之所驱使，事前绝未对任何方面有所接洽，事后亦非对任何方面有所企图。国难亟矣！我身安寄？世有复兴民族之领导者，负弩前驱，誓作马前之卒。如时不我许，则乘桴浮海，当为衔石之禽，皎皎此心，可质天日！

至东区现状，李参谋长当能维持。各项存款约二十万元，敬谨存储，毫不敢有所苟用。合并陈明，统祈钧察。不胜彷徨，待命之至。

职 李汉魂叩鱼印

另一封电文《致第一集团军各将领电》，是写给广东的海军、陆军和空军司令以及宪兵司令和公安局局长等高层同僚的。

广州缪军长、大庾余军长……各师师长、各绥靖委员均鉴：

顷上总座一电文曰："……"（《为拥护统一御侮呈陈总司令济棠电》全文）敬祈气求声应，贯彻初衷，或公开呼吁，或伺间恳陈，保历史之光荣，挽狂澜于既倒，党国前途，实利赖之。

李汉魂叩鱼印

电文拟好，已经是 7 月 5 日的凌晨，李汉魂为保万全，即给身在广州东山家中的吴菊芳发了一封密电，嘱她马上动身，务必在 7 月 6 日赴抵香港。

7 月 6 日，李汉魂吩咐译电员林应荣，等他脱身后就将通电从汕头发出。下午 3 点，李汉魂带着秘书梁钜德以及警卫两名，秘密登上了"新海门"号轮船离开了汕头。

7 月 7 日中午，李汉魂平安抵达香港，与吴菊芳会合，接着又给南京国民政府发出一封《为拥护统一御侮呈林主席蒋委员长电》，说明去职原因。

南京国民政府主席林、军事委员会委员长蒋钧鉴：

自西南揭橥抗日，举国惶然，决计伊始，不特高级将领不敢苟同，即二三元老亦持异议；嗣陈总司令察纳群情，幡然变计，目标只在抗日，领导仍仰中央。西南两机关冬电，亦未违此主旨。各将领当即分途返，整戈待命。讵突来请绥改号之支电，西南政委会又从而嘉纳之。浸假而进兵邻省，摇撼中枢，星火燎原，间不容发。职备员东区，适当外交冲要，寇患日深，危机四伏，智殚力竭，应付几穷。窃以为示抗日之决心，应挥戈而东指，先固吾围，候命前驱，大局庶乎有豸。乃再四请命，未蒙采纳。海疆之戎卒尽撤，国防之设备毫无。即令抗日出自至诚而舍近图远，已属非计，况道途流言，群疑满腹，倘不幸而变故横生，国家前途，讵堪设想！

职救国有心，回天无力，爰于鱼日挂印封金，藉以明志；并电请陈（济棠）主任，悬崖勒马，听命中央，暨电粤中将领，一致主张，共促实现。

时至今日，非御侮无以图存，非统一莫从御侮，伏恳钧座俯察愚诚，统筹大计，对西南此次举动，因势利导，纳诸正轨，一分歧之军令，宏御侮之远谟，临电不胜迫切待命之至。

> 陆军第二军副军长兼广东东区绥靖委员
> 李汉魂叩虞印

接着，李汉魂派外甥林则士连夜坐火车赶到广州，通知邓龙光尽快离粤，免遭不测。

邓龙光已经被秘密监视，接获通知后，便假装去戏院看戏，趁人多时甩开跟踪的密探，安全脱身赴港。

7 月 9 日，全国各大报都在显著位置刊登了李汉魂的几封电文。

广东局面随之发生了巨变,特别是空军司令黄光锐也率领广东空军投向了南京,震惊中外。陈济棠的"机不可失"大计于是破局。

官复原职　兵驻开平

7月9日,李汉魂在香港接到蒋介石身边谋士杨永泰的来电,转达了蒋介石请李汉魂"入京晋谒"之邀。李汉魂婉言推辞了。因为他觉得自己的举动只是为了阻止内战发生,并不是为了向蒋本人表示效忠。

第二天,蒋介石拍来专电:

虞电诵悉,忠忱至佩。此次两粤异动,分政自扰,举国痛心。中央始终深信我革命策源地之粤中将士,必能认识时代之要求,珍重光荣之历史。得兄秉义执言,更使袍泽感动,共循正轨。望益昭宣正义,共同努力,促成军权之统一,增厚国家对外之力量。民族前途,实深利赖。特电嘉慰。

中正、灰未

陈济棠大势已去,无力回天,只好宣布下野,随后余汉谋奉南京命主政广东。

负责主持广州行营解决两广事件的陈诚,约李汉魂于7月25日在广州会面,带来了蒋介石的手札:"返省襄助幄奇,奠定粤局。"(幄奇,即余汉谋)

为了报答李汉魂为统一大业作出的贡献,陈诚提出三个高级职位让李汉魂选择,一是广东民政厅厅长,二是广东建设厅厅长,三是广州市市长。

李汉魂却坚决地表示,自己的行为只是为了团结抗日,无意借机升官,若能恢复原职,回到原来的岗位,继续担任第二

1936年8月,李汉魂复职,第六师改编为第155师,李汉魂仍任师长

军副军长兼第六师师长，以及东区绥靖主任，便于愿足矣。

陈诚见他态度坚决，也就不加勉强，同意了他的复职要求。

李汉魂自此官复原职，其麾下第六师也奉命由中央统一编制，改编为一五五师。

改编后的一五五师，下辖两个旅共六个团。两名旅长由李汉魂当年的老上司何彤、以及跟随多年的老部下孔可权分别担任。参谋长则由老同学陈公侠担任。

此前被陈济棠处决的原参谋长吴沧桑，获蒋介石追赠为陆军少将。

广东问题虽然平息，但广西方面却仍坚持反蒋立场，派兵入侵广东。所以李汉魂奉命暂在开平一带布防。

直到 9 月，广西问题终得以和平解决，李汉魂即奉命率部回到汕头继续履行职务。

1935 年 10 月 3 日上午，李汉魂在汕头市国民党党部宣誓，正式就任广东省东区绥靖委员

第二十一篇　劳心严吏治
尽职守南疆

（1936年10月至1938年5月）

1936年10月1日李汉魂奉命率师回驻潮汕时，南京政府已经撤销了陈济棠时期的分区绥靖，但是换汤不换药，地方政事仍然由军事长官执掌。

李汉魂成了潮汕地区军队和政府的最高领导人。

加强吏治　整顿民风

李汉魂回潮汕才两个多月，就发生了震惊中外的西安事变。李汉魂对此一大事件甚为愤慨和不解，因为数月前他封金挂印时，张学良和杨虎城还曾经发通电，对他表示支持，电文中慷慨激昂地说"方此国家多难，非谋统一团结不足以救亡图存"，想不到一转眼，他们就做出了这一"忤逆犯上"的举动。

所幸事变很快就得以和平方式解决，李汉魂这才放下心头大石。

1937年1月，李汉魂从潮安出发，前往潮阳、澄海、汕头和揭阳等辖区视察，深入了解民情。

李汉魂早前绥靖东区时，就已经觉察到当地民风虽然纯朴，但存在很多不良习气，一是迷信，二是烟赌，当时虽有意加以整顿，但受到各方面势力的制肘而难以展开。而今他实权在握，便不再有所顾忌。在这次视察中，他觉得问题比印象中更加严重，便痛下决心，马上开始整治。

当时潮阳城中神庙林立，集各式各样五花八门的偶像，竟有三千多尊，民众花费大量时间精力沉迷于拜祭，劳民伤财。李汉魂召集当地有关负责人开会商讨决定，全面整顿城中庙宇。

首先，李汉魂下令重点修缮维护一些对民众思想有积极意义的庙宇，如潮安的双忠祠，乃为纪念抗敌守城宁死不屈的张巡、许远而建。另外，保留文、武二庙和有正式僧尼主持的庵寺，还有当地人特别尊崇的青龙庙。其他宣扬落后迷信的庙宇，一律关闭或移作公用，佛像全部集中移放到城隍庙安放。

对于城中赌档，一律关闭。吸食鸦片的人，全部关进祠堂中强制戒毒。

李汉魂平生最痛恨的是贪官污吏，所以在他治下，政府取消苛捐杂税，凡贪腐者必受严惩。

澄海县的一名参议长，倚仗权势鱼肉乡民，作恶多端，被李汉魂查办枪决。还有一名姓苏的市府社会科科长，本是由李汉魂举荐上任的，但其以为有后台撑腰，居然抬高出国船票的价格为手段，受贿数万元。李汉魂获举报，经查明属实，即予撤职查办，绝不徇私。

对于国共矛盾，李汉魂一向秉持以和为贵的态度。如1937年7月上旬，各县市拘捕了一批示威的共产党员和学生，押解到师部等候发落。李汉魂不忍心惩办他们，认为他们一时作出过激的行为，都是出于爱国热情，乃情有可原，于是亲自召集他们谈话，希望他们将这种爱国热情正确发挥，动员他们加入部队的抗日宣传工作。经过耐心开导，矛盾最后得以化解。

这批年轻人，之后都在抗战中作出很大的贡献。

宁为玉碎　不为瓦全

潮汕海岸线，可说是中国的南大门，日本的军舰经常在附近海面游弋挑衅，日本人在这里登岸出入，也肆无忌惮，极度嚣张跋扈。

1937年5月22日，日本领事馆官员青山清在迁入神州洋行二楼时，没有按中国有关规定领取迁入证，受到汕头警察二分局盘查。

青山清违规在先，居然态度蛮横，出手殴打我方警察至伤，于是警方依法将其拘捕。

　　李汉魂在接获参谋长陈公侠报告后，因考虑事涉外交，即连夜赴潮州余汉谋的总部汇报请示。

　　鉴于青山清享有外交豁免权，余汉谋下令汕头警察局，于5月24日将青山清交还给日本领事馆。

　　然而日方却不肯罢休，纠合当地日侨举行示威抗议，要求李汉魂和余汉谋向他们道歉。但李汉魂以对方违规在先，坚决回绝了日方的无理要求。

　　当时，著名画家徐悲鸿先生亲身见证了李汉魂的这一事件。

　　5月25日晚上，李汉魂到潮州的哥伦布酒家，参加广州培桂中学校长阚宗骅先生的邀宴，著名画家徐悲鸿先生也在座。徐悲鸿时为南京中央大学艺术系教授。

　　徐悲鸿告诉李汉魂，自从去年5月开始南游，他去过很多地方，唯独这次乘船到汕头，看到岸上高悬"打倒日本帝国主义"的巨幅标语，令他感到特别痛快。

　　徐悲鸿及在座宾客，都对李汉魂的对日强硬态度表示支持，李汉魂大受鼓舞。

　　26日，日本驻台湾的海军司令率领三艘军舰开进汕头港口，并声称他们的两千名海军陆战队随后将至。

1936年9月下旬，两广事变和平解决，南京政府派出何应钦以广州行营主任之职，坐镇羊城，负责两广善后。图为李汉魂（左）与余汉谋（中）合照

仍身在潮州的李汉魂立即电令参谋长陈公侠，将全师两个团集中到潮安备战，同时通知邓龙光随时准备增援，然后立即坐船赶回汕头。

上峰拱手 下级捶胸

6月1日，汕头市府与日方展开整日谈判，终无结果，不欢而散。

日军军舰于30日撤走后，这天又开来了四艘军舰进行恐吓，他们的条件是要中方将执法的警官撤职，取消中方颁发的迁入证，还要向日方当事人赔礼道歉和赔偿。李汉魂与汕头市众官员同仇敌忾，坚决不作妥协。

为应对威胁，李汉魂令驻守揭阳的张云亮营推进到遂溪，驻守惠来的陈公任营推进到揭阳，王伯群营调庵埠，韩建勋营集中黄岗，谭荣森营进驻车站和公署，其余各部队随时准备起拔。

而日方的多艘军舰，连日来也增减调动频繁，以张声势。

谈判僵持到6月8日，日方派来航空母舰"夕张"号，卸下炮衣，再进一步作出了动武威胁。

李汉魂虽然知道自己的武器远远落后于敌，但他已经下定了与敌一拼死活的决心，连清朝张之洞年代留下的几颗水雷，都被他从仓库搬出来布设到海面上了。

汕头军民不畏强敌的表现，受到了全国各地民众的热烈声援。

日方见李汉魂如此强硬，知道讨不到便宜，遂改变策略，绕过汕头当局，找广东省主席吴铁城谈判去了。

6月20日传来消息，吴铁城居然满足了日方全部5项条件。李汉魂闻讯后非常愤慨，但又感到无奈。他在当天日记上记述："如此条件，予虽未敢苟同，然权责非属，且正守缄默之戒，亦只听之已耳！"

27日，李汉魂与余汉谋会面后的日记写道：谒总座于私邸，报告一切，特以外交事省府方面似已表示撤调警官，以求妥协。予尤力示反对，盖日方对于此条，早已表示让步，我实不应断送主权也。

李汉魂在汕头与日方谈判时，日方本来已经同意妥协让步，但省府居然满足了日方的所有无理要求，还将中方的警官撤职。李汉魂认为这是丧权辱国。

事后，李汉魂也在日记中有过检讨，他觉得弱国外交，难有胜算，汕头警察局在事发初时，似有过当之嫌，明知此时日方正在多方寻衅生事，稍有不慎之举，都会被日方抓住把柄借题发挥，影响全局。

1937年7月7日，卢沟桥事变发生。由于新闻渠道闭塞，消息传到潮汕时，已是7月9日。

中国从局部抗战开始转入全面抗战阶段。李汉魂估计事态还会扩大，为随时抵御日军在防区内登陆，作好了积极应对的准备。

7月14日，正是李汉魂所在的第二军成立周年纪念，全军召开纪念大会，李汉魂向全军官兵训话："国难严重，吾人处此要冲，时时刻刻都要准备为守土而牺牲，假使敌人来犯，则潮汕即吾人之坟墓！故今日之庆祝，亦可作为誓师！"

7月17日，蒋介石发出号召："地无分南北东西，年无分男女老幼，皆有抗战守土之责。"全面抗战宣告开始。

7月底至8月初，局势日益紧张，潮汕的日本领事馆和日侨相继撤离，日本派出军舰迫近潮汕，并放出流言，欲威胁驻军退出汕头。李汉魂也率部厉兵秣马，做好了迎战准备。

李汉魂身经百战，对于敌舰侵入及部队登陆并不畏惧，他最没有把握的是对付敌人的空袭，因为中国的空军力量非常薄弱，无法与之对抗，只能加紧修筑防空设施，被动应对。

时任军事委员会副委员长的冯玉祥将军赋诗一首登于各家报纸，其中的两句提到了李汉魂在潮汕的表现："君不见，奋力为国拼性命，佟赵英名传五洲；汕头师长李汉魂，誓死不屈把土守。"

冯玉祥把李汉魂在汕头的表现，与在"七七事变"中率部奋勇抗敌的佟麟阁和赵禹登两位名将相提并论，可见在他心目中，李汉魂就是南方抗日将领的杰出代表。

8月13日，上海"八一三"淞沪抗战爆发，平汉、平绥及津浦各线都相继爆发了战事。

当时身在香港的吴菊芳，于8月14日赶赴汕头第一五五师驻地，动员军官家属，组成了一个"眷属自卫团"，提前做好了协助军队战地服务的准备。

8月16日，李汉魂在潮安成立了"御侮救亡会"，并在潮州成立了"女子救护队"，加以短期医疗促成训练。

8月18日，日本军机开始全面轰炸广州以及广东、福建各大城市。

增援淞沪　坚守汕头

第四战区此时宣告成立。早前西南事变时，由南京政府派来坐镇羊城任广州行营主任之职的何应钦，升任第四战区司令长官，余汉谋任副长官。第四路军扩充为第十二集团军。

李汉魂受命升任第十二集团军第六十四军军长兼潮汕纵队司令，以邓龙光为副司令，下辖一五五师和一五六师。

李汉魂的就职礼于8月30日上午9时在总部大礼堂举行。

8月31日，日军飞机六架轰炸广州市区，天河机场、中山大学和燕塘军校都被投弹。在广东军队的还击下，一架日机被击落于东莞。

9月5日开始，日军飞机和军舰开始向潮汕展开轰炸，汕头机场和石炮台都被炸了。

9月15日，广澳灯塔有一股日军企图登陆，被守军击退。当天，有九架中国军机奉派飞到汕头海岸上空轰炸日军的战舰，但都没有命中目标。

此时淞沪战事局势渐趋严峻，守军伤亡非常惨重。9月25日，余汉谋命令李汉魂派出一个营兵力，增援叶肇在沪参战的六十六军。

李汉魂向余汉谋提出建议，认为不宜仅分割一个营的兵力，应该派出至少一个团建制，方可发挥作用，但未获批准。李汉魂只好派出韩建勋一个营，于28日从揭阳出发赴沪。当天，李汉魂还带病

1937年8月30日，李汉魂宣誓就任为第十二集团军第六十四军军长和潮汕纵队司令

前往训话，勉励出征将士。

9 月 28 日，李汉魂在日记中写道：……病仍未愈，惟北上之韩营，今日抵揭阳，予勉往训话，回后益觉不适。该营此次北上，虽为军人难得之机会，士气尤极旺盛——无逃兵且有由别营逃来，要求同去者。据韩营报告，予嘉其志，不加追究，然该营随予六载，各干部中有私人关系者尤多，此去为国牺牲，必甚壮烈，故于慷慨激励之余，私衷亦不无耿耿也……

获派出征的部队，不但没有出现怯战的逃兵，反而还有从别营偷跑过来，要求同上战场的"逃兵"，可见当时军心士气之盛。

李汉魂一向严格军纪，但此回非但不加追究，还对主动请缨的"逃兵"给予嘉许。李汉魂深知他们此行必将付出重大牺牲，所以对他们的报国热情，除了感动，还有万般不舍。

国难当头，李汉魂对部队纪律管束比平时更加严格。有一名连长因违背禁令，在潮州举行婚礼，致使其下属多人起而效尤，李汉魂即对其处以军棍惩罚。

10 月，淞沪战况激烈，叶肇部队伤亡十分巨大。增援的韩建勋营上阵后，于 18 日参加了广德战役，也遭到了重创，全营死伤过半。

10 月中旬，上级将第六十四军的一五六师扩编为第八十三军，由副军长邓龙光升任军长，紧急北上增援淞沪前线。

李汉魂于 21 日为第八十三军送行。李汉魂的日记上记载，邓龙光当时并未随部队同行，直到 11 月 8 日才赴港乘飞机抵达武汉。

一五六师扩编北上后，彭林生的一八七师被调来补充第六十四军。一八七师是新编的部队，李汉魂立即举办了一个"军官轮回训练班"，紧急培训中下级指挥官，以随时待命上前线。

新补充的部队军事素质等尚未成熟完备，需花很大的精力来整训。由于事务繁琐，难免滋生暴躁脾气。李汉魂在日记中自我告诫："保持安详的态度，冷静的头脑以养神养望。"

另一方面，邓龙光率师到达苏州时，上海已经失陷，其部队随即奉命归第十九集团军司令薛岳节制。

在这段日子里，李汉魂一直坚守潮汕，除加紧训练部队，还组织民众进行军事训练。除外，李汉魂认为，"训练重于作战"，所以他每天的很多时间都花在军官训练班上。

由于防守严密，日军多次试图登陆都不能得逞，只能以飞机四处轰炸。直到年底奉命移防之前，李汉魂负责守卫的潮汕地区没有丧失过一寸国土。

牵怀全局　拱卫广州

1937 年 12 月 3 日，李汉魂奉命率师调防惠州，潮汕防务移交给从漳州调来的李立之旅。

数月来，李汉魂一直与北上的邓龙光保持联络，得知淞沪战场持续失利，所以极度担忧。

12 月 12 日，消息突然中断了。李汉魂很清楚局势危急，知道邓龙光率师正在南京身陷围城之中，不由焦虑万分。

话说邓龙光率第八十三军自辗转江阴、无锡、镇江和龙潭之后，已于 12 月 8 日冒着日军的炮火开进南京，奉命在光华门内加紧构筑巷战工事，准备迎击日军的进攻。10 日，日军部队以飞机掩护，大举攻城，邓龙光奉命率部加入了光华门的激烈战斗。

12 月 13 日，南京失陷。邓龙光奉命率领第八十三军和叶肇率领的第六十六军一起负责断后，掩护其他正面突围的部队。

然而，兵败如山倒，国军溃兵并未按原计划正面突围，第八十三军无从掩护，只得与第六十六军一起，冒险从正面向城外突围。

值得一提的是，第八十三军开始突围不久，即被日军打散，在连指挥官邓龙光都不知去向的情况下，训练有素的将士们仍然拼尽全力各自为战，更一度克复了芜湖，重创了日军，打出了"铁军"的威风。

在如此残酷的战事中，第八十三军最后从正面突围出来的官兵，仍有七八千人。这与他们平日接受的严格训练不无关系。

这支残余部队经过此番历练，不久便恢复了第一五六师番号，重归李汉魂麾下，后来在罗王砦和万家岭战役中，他们又一次次打出了威风。

南京突围之战，最令李汉魂伤心的是好朋友罗策群的阵亡。

罗策群是李汉魂的保定军校同学，又是第四军时代的同袍。七七卢沟桥事变时，罗策群任第六十六军第一五九师第四七五旅的旅长，在南京突围时，他作为代理师长，担任前锋，在紫金山陷入敌阵。罗策群身先士卒，以广东话高呼："弟兄们，莫做衰仔（孬种），冲啊！"奋不顾身率领部队带头冲锋，最后不幸中弹，以身殉国。

在南京保卫战中突围阵亡的罗策群代师长

南京失陷后的 12 月 15 日，李汉魂接获通知，担任总预备队司令官，率第六十四军移驻增城，拱卫省城广州。

日军此时已经集结在台湾，随时准备渡海侵袭广东。

增城东距广州市只有数十公里，第六十四军下辖的四个师和一个旅，负责扼守省城东面四十多公里长的防线。

由于增城不断受到日机的轰炸，李汉魂选择把指挥部设在距离增城县城还有二十多公里的光汉小学内。日军每天轰炸广州的飞机，都从头顶上飞过。

一连几天，李汉魂除了指挥布防，就是忙于起草《发动全省抗敌民团章程》。

20 日，南京城破已有一周，消息闭塞，谣言满天飞，邓龙光所率的第八十三军的去向全无消息，李汉魂感到焦虑万分。这天有确切消息传来，闻知李江已经脱险，才稍觉安慰，但未得挚友邓龙光的下落，仍然难以安心。当晚，因为思念过度，做了噩梦，梦到邓龙光在阵前自杀，李汉魂因大哭而惊醒。

21 日，终于获报邓龙光与叶肇都已脱险，还听说他们的部队在突围时，仍奋力克复芜湖重创日军，李汉魂这才放下心头大石。

国家正处于危急关头，李汉魂为准备迎接即将来临的大战，便让家人将他随军携带的书信、日记和照片等物分别疏散到吴川乡下、广州和香港等地保存。

李汉魂在 25 日的日记中写道："连日收拾书物，甚为忙碌，盖浩劫将临，不欲以多年心血概付劫灰，只好分别清理分储各地也。"

很多珍贵的物品都没能逃过这场战火，如他的小说手稿和大量诗稿，都在广州的寓所被日军抄家时掠走，不知所踪。本书所载的珍贵图片，由于放在香港而侥幸得以保存下来。

增城练武　击落敌机

1938 年的元旦，李汉魂清晨集合直属部队，取消了历年都会举办的庆祝和阅兵仪式，作了一次悲壮激昂的演讲。

1 月 14 日，邓龙光辗转回到广州，与李汉魂述及突围后的遭遇。邓龙光提到一个细节，令李汉魂非常感慨唏嘘。

他们的部队浴血突围出来后，沿途竟然遭到其他中国军队、民团以及土匪的抢掠打劫。

李汉魂当天的日记这样记载："胜败固兵家常事，然此次首都保卫战，竟因军队复杂，自起崩溃，致陷于自相残杀及践踏而死，敌人乘之，遂陷于空前浩劫至堪痛恨。至若部队撤退时之被友军民团及土匪到处拦途缴械，而散兵更到处焚杀，则尤足令人痛心，初不料吾民族之堕落，竟一至于此也！"

1938 年 2 月初，日军飞机便开始加紧轰炸广州和广增公路。24 日，十多架日机轰炸南雄，被广东空军击落了两架。同一天，又有两架日机在增城上空低飞侦察时，被第四六五旅正在修筑工事的士兵全部击落。其中一架坠毁，另一架受损迫降于国军防区。四名日军机师被击毙，一名被俘。

移防增城后，李汉魂还发觉，增城的民众还没有真正发动起来，抗战意识十分薄弱，于是连日深入各地，召开大会作宣传，动员青年参加抗日青年自卫队，并派出军官进行严格的军事训练。

经过两个月的组织和训练，增城青年自卫队组建了 25 个中队，人数达三千多人，取得了非常好的成绩。

3 月 1 日，李汉魂在清联乡检阅了增城青年自卫队。

广东部队击落敌机后缴获的日军机枪、护身符等战利品

日军自从攻陷了上海、南京等重镇，并没有乘势溯长江取武汉渡三峡入四川，而是北上直指徐州，并且从华北另派大军挥师南下，他们以为打通了津浦路，国民政府就会屈膝求和，与他们订城下之盟。

长达五个多月的徐州会战，经台儿庄一役，日军遭到了重创。

中国军队取得了抗战以来首次大捷，大大振奋了广东的军心民心。

4月28日，总司令余汉谋召见李汉魂，出示了刚刚上任的国民党总裁蒋介石的电报：略开着六十四军开赴武汉，归叶军长肇督促指挥，限于蒸日前到达。

李汉魂早就期待北上抗日这一天的到来。然而，对于蒋介石把六十四军拨归叶肇指挥感到不解，因为在原第四军旧同袍的眼中，很多人都认为，无论从威望还是能力，叶肇都难当如此重责，一时议论纷纷，大家都表示不服气。

李汉魂虽然同样心存顾虑，但还是耐心开导手下将领以大局为重，精诚团结。

5月3日，六十四军一五五师和一八七师乘坐火车沿粤汉铁路北上。李汉魂本人则绕道香港，转乘欧亚航空直飞武汉。

临行时，李汉魂接到调令，部队北上先到河南信阳、明港集中待命，不再交由叶肇调度，而是直接归军委会指挥。

第二十二篇　喋血罗王砦
漏网土肥原
（1938年5月至1938年6月）

在接到蒋介石下达的北上抗日命令之后，李汉魂于1938年5月9日飞抵武汉，当天下午就晋见了蒋介石和陈诚。蒋介石当时正要偕同第一兵团总司令薛岳飞往河南开封督战。临走前，蒋介石嘱咐李汉魂立即率部前往河南归德（商丘）待命。

归德集结　阳堌收容

这个时候，已是徐州会战的尾声。中国军队奉命按计划秘密撤退，只留下刘汝明部队千余人担任掩护任务。

大部队的运动，目标很容易被发现，尤其在日军侦察机的眼皮底下，要秘密撤退，难度极大。不过，由于这次撤退组织得相当严密，加上一连两天的大雾与风沙，有如天助掩护。

在当地向导的引领下，国军大部队翻山越岭，夜行晓宿，神不知鬼不觉地避开了日军的封锁线，顺利穿越了津浦铁路。

日军的三十万大军到了徐州城下，才发现抵抗他们的中国军队不过才千余人，不禁大为诧异。

李汉魂对这次撤退的评价很高，他在日记中写道：我第八十六军刘汝明军长于掩护任务达成后，由我空军在苏北基地，将之安全载返后方，遇敌不惊，后退不乱，确为抗日战争史中佳话。

5月12日，李汉魂奉命率第六十四军开赴河南归德（今之商丘），加紧布防，准备堵截土肥原率领的日军第十四师团部队，以确保徐州会战后突围的十万中国军队能够安全撤入河南境内。

此时的归德，已经成了敌我双方必争之地。

向归德靠拢集结的中国军队，超过二十个师，统帅部根据形势调整部署，所有附近的国军部队，均归第一战区司令长官程潜指挥。

13日，李汉魂经过驻马店、临颍、许昌等当年北伐旧战场，当晚赶到郑州，向程潜报到后，还要连夜赶路。

5月17日，根据军事上的需要，兵团总司令薛岳将第二十七军桂永清部划归李汉魂指挥。

19日，薛岳下达全线作战命令，为确保陇海线砀山至兰封段不失，调六十四军主力即晚驰赴桃园关，以堵截土肥原军的南下大军。薛岳更传令下来，以桃园关为中心的所有部队，全部归李汉魂节制。

李汉魂受命后，将王耀武的第七十四军部署在孔庄，并传令冯圣法的第五十八师向孔庄靠拢。

深夜，李汉魂赶到桃园关，即获悉土肥原的主力部队万余人，坦克百多辆，大炮七八十门，正向兰封方向推进。

李汉魂考虑到当地地形平坦，无险可守，纵使设置重兵把守，也无法有效阻拦日军，于是请示总司令薛岳，提出不如选择敌人的薄弱环节，主动出击，以分散敌军注意力的主张。

薛岳当即回复表示同意，并授予李汉魂因应局势、见机行事的全权。

李汉魂随即传令各部队立即出发，兼程赶往内黄集。

5月22日，第六十四军第一五五师师长陈公侠，率部抢先抵达内黄集、人和集以及黄寨，会合廖龄奇的第二六四旅，击退了攻入高集的日军。

日军已在周边结集了骑兵二千多骑，坦克七八十辆，装甲车百多部，炮二三十门，伺机侵扰。

23日，李汉魂乘车赶往内黄、高集与俞济时会商军务时，沿途见到很多从徐州前线撤回但与原部队失去联系、不知何去何从的零星队伍，不由地想起了唐代诗人高适的那首《燕歌行》：

> 汉家烟尘在东北，汉将辞家破残贼。
>
> 男儿本自重横行，天子非常赐颜色。
>
> 摐金伐鼓下榆关，旌旆逶迤碣石间。
>
> 校尉羽书飞瀚海，单于猎火照狼山。
>
> 山川萧条极边土，胡骑凭陵杂风雨。
>
> 战士军前半死生，美人帐下犹歌舞。
>
> 大漠穷秋塞草腓，孤城落日斗兵稀。
>
> 身当恩遇常轻敌，力尽关山未解围。
>
> 铁衣远戍辛勤久，玉箸应啼别离后。
>
> 少妇城南欲断肠，征人蓟北空回首。
>
> 边庭飘飖那可度，绝域苍茫更何有。
>
> 杀气三时作阵云，寒声一夜传刁斗。
>
> 相看白刃血纷纷，死节从来岂顾勋。
>
> 君不见沙场征战苦，至今犹忆李将军。

诗中那句"战士军前半死生"，尤为李汉魂动容。他觉得自己身为领军将帅，不能置掉队官兵之生死于不顾。

到了阳堌，李汉魂立即召集各部队负责人，商量紧急收容方法，要立即想办法将附近一带散兵游勇加以收编，同时向薛岳打报告，要求提供给养。

此举非常及时地解决了掉队官兵的生存问题，也增强了部队的战斗力。

浴血车站　重夺罗王

24日，李汉魂派陈公侠师，按原计划攻取了罗王砦。

想不到，负责配合左右翼的友军却没有按计划行动，兰封已经陷入敌手，宋希濂等部均已擅自撤退。

陈公侠感到情况对己不利，尚未征得李汉魂同意，便下令部队撤出了罗王砦。

罗王砦是陇海铁路上的一个车站，东距兰封只有25公里，是一个非常重要的战略要地，如守不住，日军便可轻易挥军直下开封，截断中国军队的南撤归路。

李汉魂闻报，当即传话陈公侠，严加申斥，责令其立即停止撤退，并伺机重夺罗王砦。

有鉴于各军之间常为沟通不良，导致怠误戎机的教训，各部队的将领都意识到，必须有一个统一指挥，于是纷纷提议，推举李汉魂充当总指挥的角色。

正在李汉魂谦让之际，坐镇武汉遥控指挥的总司令薛岳似乎心有灵犀，竟在同一时间下达命令，任命李汉魂担任第一兵团第一路总指挥。

李汉魂阵前受命，当仁不让，立即将所属部队分为中、右、左三路。中路由桂永清的第二十七军和宋希濂的第七十一军负责进攻兰封。右路由俞济时的第七十四军负责进攻三义砦和曲兴集。左路由他麾下的第六十四军主攻罗王砦及罗王车站。

25 日凌晨一点，各部队集合出发，按计划进入各自阵地。

这是预期中的一场恶战，一批中外记者来到指挥部，强烈要求跟随部队赴前线报道。

这批记者有的是从徐州战场撤回来的，有的是专程从郑州赶来的，都由上级军政当局转介而来。

李汉魂欣赏他们的热情，又担心无法保证他们的安全，只好给他们作了尽可能妥善的安排，让各部队的参谋给予各种配合和照顾。

这批记者临出发时，李汉魂还对他们发表了谈话。

当天午后，陈公侠率第一五五师向罗王车站发起了正面强攻，先以猛烈的炮火集中轰击车站和罗王砦内的日军，随后以步兵发起冲锋。

在日军猛烈炮火的还击下，第一五五师伤亡枕藉。官兵们为了夺回因为自己一时失误放弃了的失地，不惜一切，前赴后继，

李汉魂阵前受命担任第一兵团第一路总指挥

在枪林弹雨中很快就冲上了站台。然而敌人凭借炽盛的火力，也冒死冲过来，双方于是展开近距离肉搏战。

短兵相接，我军炮兵怕伤了自己人，爱莫能助，只能干瞪眼作壁上观。

罗王车站和罗王砦成了反复拉锯血战的重要战场，双方都毫不退让。

蒋介石发来电报，命令各路部队必须在晚上九点前拿下所有据点。

傍晚六点，总司令薛岳亲自赶来阵前指挥，得知前方官兵已经两天没有饭吃，精疲力尽，急忙传令后勤补给迅速补充供应，让官兵恢复战力。

第二天（26日）拂晓四点，部队再度发起攻击，但依旧难以取得进展。到午后，李汉魂改变了战法，命令炮兵与步兵同步向前推进，直到接近敌人一千米后再发炮。在炮兵的紧密配合下，把阵地推进至距离火车站一公里左右。

敌人此时也利用火车站里的火车卡设置了两重防线，火力交织，给第一五五师造成了很大的伤亡。

27日凌晨五点，第一五五师再度向罗王车站猛攻，在炮火轰击之后发起冲锋，终于在九点左右攻入车站，占领了主要的火力点。

敌人仍顽强坚守着几个据点抵抗。因为要花时间去逐步肃清，原制订中午十二点攻克罗王砦的计划也未能实现。

下午一点，敌人突然从右翼发动猛烈的袭击，罗王车站差点再次失守。幸有第四五六旅在重围中坚持战斗，誓死不退，才守住了失而复得的罗王车站。

第一五五师在此役中阵亡将士达五六百人之多，伤者也有两三千多人，伤亡人数达全师三分之二。两位团长谭生霖和韩建勋也都受了伤。

李汉魂在27日的日记中写道："早五时续向车站炮击，步兵随之进攻。于九时完全肃清车站之敌，惟少数敌人，尚死守据点，顽强抵抗，逐步扫荡，颇费时间，故虽限十二时攻克罗王砦，仍未能达到目的，只先行炮击耳。下午一时许，敌之一部忽向我右翼袭击，竟被突破，几至全线崩溃，虽旋归安定，然占领罗王砦之希望，竟功败于垂成也。甚而以旄旐，贡璆之冒失，直连血肉搏来之罗王站，亦弃之。据各部报告，伤亡人数已过半数，谭、韩两团长亦受伤，如此无代价的牺牲，予虽以任务心切，杀敌情殷，问心并无所愧，然七年心血，江东弟子，一旦使之丧尽，真不知涕泪何从也！"

由于早前的疏忽弃守，致使付出沉重的代价，牺牲了大批广东子弟兵，李汉魂感到万分的痛心和自责。

日军付出的代价其实并不比中国军队小。当晚，日军遗下数百具尸体于不顾，趁夜色仓皇撤退了。

28日早上，第一五五师完全收复了罗王火车站，陇海铁路即告完全打通，42列满载中国军队、从徐州方向撤回的火车，陆续通过罗王站，安全撤往后方。

第一五五师官兵在罗王砦日军指挥部遗弃的物件中，发现了土肥原的军刀。

土肥原竟然亲自出马坐镇指挥，可见其对罗王车站的重视程度，只是他万万没想到，第一五五师居然有能力攻入罗王砦，害他不得不狼狈逃跑，连随身的军刀也来不及带走。

土肥原的军刀锋利无比，军部有人拿了一叠共20枚的河南大铜币来试刀，一劈两半，确是名副其实的削铁如泥。

军政部长何应钦之后对罗王车站的争夺战作出高度评价："历次作战，从未有力攻陷敌人据点者。有之，自此次一五五师始。"

李汉魂为此战吟成七律一首：

> 悼罗王砦
>
> 罗王血战摧残敌，
> 滚滚黄河泛豫中。
> 国脉千钧悬一发，
> 胡尘万里障双瞳。
> 哀师有道应多助，
> 真理无偏本大公。
> 举世滔滔天下事，
> 扫除荆棘振英风。

奉令西撤　痛失戎机

此时敌人已经开始围攻商邱，守卫潘口的黄杰第八军，竟然擅自撤退，令情势

变得甚为危急，

28 日下午四时半，李汉魂接获薛岳的紧急命令，令其不留一兵一卒，马上率部出发，当晚要全线发动总攻击。

军令难违，各部队连阵亡官兵的遗体都来不及掩埋，即开赴前线，向何砦、范店、杨砦、杨庄和大杜庄发动进攻。

部队当晚进至范庄，即与日军遭遇交战。然而攻击并未奏效，战况胶着。

第二天，闻报日军已经攻陷了商邱。因顾虑被敌人抄后路，李汉魂奉命调整路线，于 29 日晚上向杞县转移。

30 日凌晨撤到杞县时，李汉魂所部彭林生师也已经到达睢县布防。日军也随即兵临城下，开始发动进攻。

负守城之责的彭师，本来已经兵疲将乏、弹尽粮绝，但奉薛岳命固守，虽知任务难以达成，也只有尽力而为。

李汉魂立即派车冒险解送粮饷前往接济彭师，但车未到，睢县已被攻破，彭师向杞县撤退，日军也尾随而来。

31 日晚上，行营主任龚孟熹从郑州打来电话，转达蒋介石的命令，命令各部队即晚行动，撤往河南密县待命。

6 月 1 日，紧随彭师而来的日军开始进攻杞县，炮火非常猛烈，李汉魂只好把指挥部搬到地下室。但据侦察得知，追兵其实只有二三百人。

将在外，君命有所不受。李汉魂觉得，自己的兵力有八师之众，此时若给这一小股日军来一个回马枪，速战速决是稳操胜券的，所以决定暂缓撤退。

为不错过杀敌良机，李汉魂决定翌日早上行动，命宋希濂及彭林生等三个师抄敌之左翼，派黄杰及钟松等三个师抄敌之右翼，自己亲率陈公侠、冯圣法两师担任正面进击。

想不到负责抄敌左翼的宋希濂部，却没有知会总指挥李汉魂，就擅自西撤了。

负责抄右翼的黄杰和钟松部，也无心恋战，按兵不动，没有作出积极配合。

李汉魂见众心不齐，敌人大部队主力已经陆续靠拢，虽然此次出击仅略微奏效，但歼敌良机已失，只好传令撤退。

计划中的回马枪，功亏一篑。

6月2日晚，李汉魂率军部撤离杞县，打算从陈留和通许两县之间穿过，想不到此两处都已被敌占，只好转向西南方向辗转撤离。

天黑兼下大雨，敌人近在咫尺，军部与各部队通讯极度不方便，彼此一度失去了联络。

李汉魂带着军部不过10人的随员，3日清晨抵达邸阁寨。

李汉魂正想进寨，孰料举目一看，就在数百米外，大队日军正在寨中行进，车辆频密往来，这才知道邸阁寨已经被日军占据。

幸好他们人少目标小，并没有被敌人发现。

李汉魂等人偷偷潜入寨中后，一名当地的保长把他们隐藏了起来。一直等到天黑，保长才带领他们溜出来，冒险绕过敌军的数重哨卡，然后想办法雇来两辆大车，让他们上车继续赶路。

6月4日早上，李汉魂等人来到一个不知名的小乡村借宿，众人疲惫已极。当地保长热情接待了他们，并告知说这里已经是中国军队的防区，一零二师就驻扎在三里之外。

李汉魂等人这才放心地蒙头睡了一天安稳觉。

之后数天，他们晓行夜宿，于6月7日抵达密县，即把军部设在该县红十字会济众医院，与陆续后撤到来的部队会合。

6月8日，李汉魂召集撤回部队的军官开会，汇报总结，吸取教训。

自从中国军队迅速撤退后，日军即从开封侵入中牟，直逼郑州。

就在这天，蒋介石为了不让日军长驱直入中原地区，决定炸开花园口黄河大堤，以洪水阻挡日军的铁蹄。

6月9日，黄河大堤被炸后的第二天，李汉魂接获蒋介石的任命，被委任为第二十九军团长。

二十九军团下辖陈公侠的一五五师、孔可权的一八七师、张言传的预备第九师、七十军的李觉十九师、冯占海的九十一师，以及吉章简的预备第六师，共六个师。

6月10日上午，军团长李汉魂召集军团干部训话，首先为此次北上抗日英勇作战而捐躯的将士默哀。

想到数百名同去不能同返的南粤子弟兵，李汉魂在发言时悲从中来，痛哭失声，

254

引得会场上众将领都是一片悲声。

11 日，为了指挥便利，李汉魂把军团指挥部移至登封的女子小学内。

由于黄河决堤，洪水泛滥，敌人无法按他们预期的部署会战中原，窥视洛阳，只好改变战略，向皖、赣、鄂等地推进。

6 月 15 日，李汉魂奉令回师武汉，当天上午十点乘车出发，下午两点到达洛阳，与长官程潜见面。

16 日清晨，李汉魂即随部队开拔。

19 日李汉魂刚刚抵达武汉，随即奉命领兵开赴江西。

部队从 22 日起陆续开拔。

6 月 23 日，蒋介石邀约午膳，李汉魂感冒发烧，勉强渡江赴会。

午膳座中有宋哲元、刘汝明、庞炳勋及程潜诸人，全部都是豫中战役中最得力的战将。

6 月 26 日，李汉魂渡江到徐家棚，与匆匆赶来送行的吴菊芳告别，乘车沿江东去，直奔南浔前线。

1938 年 6 月 26 日，吴菊芳赶来武汉，送别李汉魂奔赴南浔前线

1938 年 6 月 9 日，李汉魂在武汉会战结束后，获任为第二十九军团长

第二十三篇　鄱阳湖失守
万家岭奏功

（1938年7月至1938年10月）

　　徐州失陷之后，日军计划大规模南下攻占武汉。国民政府为争取时间，在郑州花园口炸开黄河堤坝，暂时阻挡了日军对武汉的进攻，同时在武汉集结百万大军准备迎战。

　　最高统帅部将武汉及周边地区划为第九战区，由陈诚总指挥。第九战区的任务划分是，薛岳的第一兵团负责鄱阳湖西岸和南昌地区，张发奎的第二兵团负责保卫九江和长江南岸，还有第三兵团负责保卫平汉铁路沿线，第四兵团守卫广济、罗田和鄂东要津。

　　日本第十一军在空军和海军的掩护下，溯长江而上，向武汉逼近。马当要

李汉魂的中将军服照

塞的守军，在日本空、海军的猛烈炮火中伤亡殆尽，遂于6月29日失守。日军舰队长驱直入，指日可达湖口、九江。

　　在敌机的一路追踪和轰炸之下，李汉魂率军在7月1日赶到江西瑞昌。

九江弃守　二线相持

瑞昌距离九江只有三十多公里。

李汉魂率军在 7 月 1 日赶到江西瑞昌，暂驻扎在学宫小学，第二天再移驻北门外兵马曹家。

由于最高当局早前下令将周围公路尽行破坏，此时就给自己的部队行动和给养运输都造成了极大的不便。

负责指挥长江南岸军事的，是李汉魂的旧上司、第二兵团总司令张发奎。李汉魂的第二十九军团到达江西之后，即归张发奎直接指挥。

7 月 3 日这天，李汉魂接到薛岳转来蒋介石嘉奖电，授与李汉魂"华胄荣誉奖章"，此奖项表彰的是其在陇海战役中的杰出表现。

薛岳还私下透露，有人向蒋提议让李汉魂主政广东。李汉魂向薛岳表示，此时大敌当前，当务之急是集中精力打好这一仗，其他事暂时不宜分心考虑。

7 月 4 日，日军开始攻打湖口。湖口与九江仅一水之隔。

5 日，湖口陷落。国军十九集团军司令官罗卓英率第十一、第十六师仍在努力牵制日军向前推进。

1938 年 7 月 4 日，湖口陷落，日军在 7 月 21 日正式入城（资料照片）

若日军舰艇进入鄱阳湖，就会形成半个包围圈，包抄九江东、北两面。

7月6日，李汉魂奉命迅速进驻九江，负责九江防务。原守军李玉堂的第八军也奉命划归李汉魂指挥。

当天天气恶劣，加上道路都被提前破坏，李汉魂冒着风雨率部行军，历尽艰辛，至傍晚才抵达九江。

据说此前的九江驻军军纪不良，导致市面秩序混乱，当地商民均大门紧闭，不敢营业和外出，城中一片萧条景象。

8日，李汉魂将他的军团指挥部设在甘棠湖中的烟水亭。相传此地是三国东吴大都督周瑜的点将台。

李汉魂召集师长以上将领开会，布置各部队加紧布防。

为了阻挡敌舰进入鄱阳湖，李汉魂首先命令部队用水雷封锁了九江江面。

日军从湖口派出扫雷舰前来扫雷，我军即开炮进行轰击，日军则出动空军对我军炮兵阵地展开轰炸。

7月14日，日军有两艘汽艇被击沉，一艘军舰被击伤，只好停止扫雷，派出飞机拼命轰炸我军炮兵阵地。

进驻九江之后，李汉魂除加紧布防，还致力于恢复城市秩序，整顿军队纪律，下令不得扰民，并在九江商会召开各机关团体及军民代表大会，成立了"党政军联合办事处"，主持市政，恢复商业活动。

7月17日，第二兵团总司令张发奎在九江召开军事会议，重新调整李汉魂二十九军团所辖的部队为：

第六十四军，军长由李汉魂军团长兼，下辖陈公侠第一五五师、彭林生第一八七师、张言传预备第九师。

第八军，军长李玉堂，下辖赵锡田第三师、陈明仁预备第二师、赵定昌预备第十一师。

第七十军，军长李觉，下辖李觉兼任师长的第十九师、顾家齐第一二八师、汪之斌第十五师。

三个军共九个师，都归李汉魂指挥。

据张发奎分析估计，日军很可能会利用其海军、空军的优势，同时在姑塘和九江强行登陆，所以打算将第二十九军团主力放在姑塘和九江之间的弧形地带布防。

22日晚上，日军趁着下雨，在汉奸的协助下，悄悄扫清了我军在长江与鄱阳湖之间布下的水雷。

半夜十二点，月黑风急，日军分乘十余艘登陆舰，驶进鄱阳湖，在炮火的掩护下，突然在姑塘强行登陆。

驻守姑塘的第八军预备第十一师仓促应战，但抵挡不住日军的猛烈攻势，一击即溃，日军很快就攻占了马祖山和普泉山。

由于第十一师遇袭后，没有即时报告，致使李汉魂在凌晨四点十五分才获知消息，延误了四个多小时，敌军已经争取到充足时间修筑工事。

23日早上，李汉魂急调李觉下辖的第十五师的一个团向左翼增援。

此时敌军已经越过广西桥，李汉魂又调第七十军的第一二八师会同反攻姑塘，与登陆的日军一零六师团及波田支队万余人展开激战。日军有一百多架飞机助战，加上他们已攻占马祖山，我军失去战机，武器又落后，损失重大，难于进展，反攻失败。

日军登陆后，挥军向九江和星子县方向长驱直进，企图截断九江守军退路。

李汉魂见局势危急，断然决定，从各军中各调出一个师，兵分三路向南转进，向在九星公路行进中的日军发动攻击。

日军突然遭到背后袭击，一时不敢贸然再进，便出动飞机轰炸作掩护，令我军无法组织有效的攻击。

25日清晨，日军出动飞机和军舰，对九江展开狂轰滥炸，敌机投下的燃烧弹在市区燃起了熊熊大火。

我军虽三路反攻，但敌军不断增兵，至中午，日军在九江马厂湖及洋油厂两处登陆，随即占领了八里坡。

我军所有部队都受制于日军毁灭性的炮火轰击中，无法出击。

张发奎见势不妙，急调第四军火速前来增援。

日军步步为营，傍晚时分，已经到达距离李汉魂的军团指挥部三里远的太阳观。

根据形势分析，张发奎觉得双方火力太悬殊，第四军虽然赶到，但无险可守，实难抵挡敌军，乃决定弃守九江。

张发奎命令李汉魂立即率部南撤，依仗庐山地势，再建防御阵地，并命欧震所率的第四军负责掩护撤退。

晚上十一点半，李汉魂把各部撤退事宜安排好，才乘黑夜离开了九江。

27 日，李汉魂部署的新防线为：

欧震的第四军，守狮子山、张家岭、两台岭一线。

陈公侠的第一五五师，守东林头附近。

彭林生的第一八七师，守沙河附近，准备接应第四军撤退。

李觉的第七十军，守牛头山、金官桥一线。

李玉堂的第八军，守十里山、钻林山、亘成湖一线。

日军一零六师团趁我军部队立足未稳，出动飞机掩护，尾随而来，人举进攻。日军的意图，是攻取德安、南昌后，绕袭长沙，切断粤汉铁路，对武汉实行大包围。

第四军在张家岭的阵地，一度被日军突破，经反攻才得以重新夺回。

陈公侠第一五五师的东林头阵地和彭林生第一八七师的沙河阵地，与日军于 29 日凌晨展开激战，其中负责守东林头的王伯群营长，稍作抵抗就要撤退，被李汉魂当即严令将其撤职留任，戴罪立功，并令其团长亲率两营组织反攻。重夺东林头阵地后，战况才得到了改善。

在这场战斗中，一向打得不好的彭林生师成绩甚佳，越战越勇，特别是扼守沙河北端杨家大山头的一个营，顽强作战，寸土不让，令敌军始终无法得进一步。

争夺一六八八高地以及杨村的战斗尤为激烈，得失多次才得以稳住局势。

阵前易帅　岭下折兵

一五五师因为战事太紧张，无暇顾及伤兵，李汉魂只好命战事没那么紧张的第七十军派人来帮忙运送伤兵到义门铺，再想办法送往后方。

经激战两天两夜，重创了日军，成功扼阻了日军南下的步伐。我军伤亡官兵上千人。

29 日，张发奎将完成掩护任务的第四军调往铁路以西的马回岭，部署第三道防线，目的就是把日军逐步引向铁路以西的多山地区，形成一个袋形阵地，将敌人包围歼灭。

30日，李汉魂按照张发奎的计划，留下韩建勋团长带领三个营坚守阵地，其余部队则在晚上转移到了马回岭西南三里的马庄。

李汉魂当天日记记载："夜行且雨，备极淋漓，行了四五点钟，只二十五里，然沿途所见，置于路旁之伤兵（因天雨路滑不能抬），为之心痛至极，倘非为国家故，则带兵之罪孽大矣。"

31日，在前线留守南昌铺、苗土岭及黄排岭的韩建勋团所部三个营，仍然坚守阵地拒敌。对于率部后撤的陈旒旟旅长和李贡璆团长，李汉魂对他们处以撤职留任的处罚。

当天发生了一件大事，由于蒋介石对张发奎撤出九江的决策非常不满，认为他的弃守只是为了保存他的旧部第四军的实力，所以发来电报，命令张发奎将指挥权交给薛岳，立即返回武汉。

蒋介石还下令："固守牛头山、金官桥、十里山、鸡公岭、桓城湖之线，如有退却者，就地枪决，某部溃退，即惟该部长官是问。"

8月1日，张发奎离开指挥岗位，取道长沙转武汉。

同一天，李汉魂被任命为第八集团军副总司令，仍兼原职。第八集团军总司令就是张发奎。

自北上抗日三个月以来，李汉魂接连得到了两次晋升和一次褒奖。

张发奎返回武汉，向蒋介石报告原委后得以复职，但所辖部队已重新划分，李汉魂的第二十九军团，以及吴奇伟的第九集团军，已经划归薛岳指挥。

留守南昌铺、苗土岭及黄排岭的韩建勋团，以伤亡四百多名官兵的代价，完成了掩护任务，撤回归队。

日军开始在狮子山、张家山和东林头一带构筑工事。

李汉魂于是派出小股部队袭击敌营，敌人则开炮五六百发轰炸我军作报复。

这天李汉魂还在日记上记录：太平宫街通沙河公路，人民之筑路者甚多，九莲路上亦多行人。似此敌来而人民返回，兵来而人民远避者，实亡国景象，而吾人应深自猛醒者也。

当地民众对于自己国家的部队竟然避而远之，对外敌入侵反而无动于衷的现象，李汉魂觉得必须作出深刻反思。

3日下午，在纱帽山方向出现了数百名便衣队，随后是大队日军向我军仰头罗防线开进，还有炮兵在推进中，敌舰更向我军阵地炮击，发射了五六百发炮弹。

李汉魂估计，日军明天将有大动作了。因为当天国际新闻，日俄发生武装冲突，日军是希望尽快拿下武汉，尽快抽兵对付苏联。

4日拂晓，日军便向铁路两侧发起了猛烈进攻，攻占了我军阵地仰头罗。

我军第七十军退守黄大脑，第八军退守马鞍山。激战持续至下午三点，左翼第八军发起反攻，将敌人击退，俘虏了数名日军。

右翼第七十军阵地战况却异常激烈，李汉魂派出两营增援，协助第三师发起反攻，俘虏了松浦一零六师团一名中尉和几名日军，缴获轻重机枪步枪一百多支，还有一些旗帜、文件和日记等物。

当夜，李汉魂为变更部队部署，通宵没有合眼。

5日凌晨四点，日军即对我军阵地发起攻击。

第八军阵地遭日军施放毒气，不少人中毒晕倒，但该部官兵寸土不让，激战终日，还多次组织出击。

左翼李玉堂部也打得非常顽强，数次组织出击，俘获敌兵数名。

右翼李觉的第七十军却连连失利，连钳制全线的老虎山也放弃了。李汉魂对军长李觉很失望，除责令其尽快收复要地，为防万一，还派兵迅速占领第二战线，以连接各军阵地，不致影响全局。

6日凌晨三点，敌军为了争夺邓家河东南方的警戒线，集中火力炮击彭林生师阵地。双方多次反复争夺，我军用手榴弹击毙敌军甚多，日军终无法得逞。我军张泽深团长也在争夺战中受伤。

当天因为伙食供应不上，官兵们从早到晚都没有进食，仍然坚守阵地。更严重的情况是弹药不足，无以补充，严重影响战局。若弹尽粮绝，将会全线崩溃。李汉魂再三致电南昌，要求尽快解决弹药补充。

7日凌晨一点，日军开始全线攻击。坚守狮子山阵地的第一营官兵几乎全部战死。敌军攻破狮子山后，继续攻击焦家山口。

第七十军第十五师反攻大天山，克复了南端高地。

而第八军的兵力已经用尽，无以为继，李汉魂赶紧把第四军调来增援。

8日凌晨三点半,敌军又向彭林生第一八七师阵地发起猛攻。彭师官兵沉着应战,静待敌人冲近才突然开火,当场击毙日军二十多名,其中有一名中队长。

其他各阵地战况同样激烈,第八军第三师击退了敌人的四次进攻。

这两天的战斗,我军伤亡巨大,第七十军第十五师在两天内伤亡竟达二百五十人之多,其中有一名团长和两名营长受伤,四名连长和十三名排长阵亡。

9日,彭林生师阵地的战斗仍在持续,击退了敌军的两次进攻。

第三师与敌军为争夺河洲上西北高地,来回四次争夺,最后守住了阵地。

之后数天,日军都没有发动大型攻势,按兵不动,只是用飞机、大炮对我军阵地展开轰炸。

至8月14日,第一五五师派出游击队偷袭敌营,在龙溪庙击毙日军一一三联队数十人,其中有一名中队长。

因为每晚都发动偷袭,敌人已经有了防备,所以每次都收效不大。

这几天,大批中外记者前来战地采访,李汉魂抽空接受了英国女作家乌特雷女士和路透社记者史密斯的采访,希望通过他们的报道,让国际上知道中国军民的抗战决心。

18日早上,李汉魂到第一五五师视察阵地,下午再到第一八七师阵地视察。

由于前线补给的严重不足,有些士兵因为饥饿,强割附近农民的禾穗充饥,李汉魂给予了严肃处理。

19日,李汉魂又徒步往各阵地巡视,至半夜才回到指挥部。

双方对峙至8月20日,日军第一零一师团横渡鄱阳湖,在向右侧的星子县猛烈炮轰后,强行登陆。

负责守卫的王敬久第二十五师经过激战,终于不敌,退守玉筋山。

日军在星子县登陆后,长驱直入,很快占领了通向牯岭的观音桥。他们的目的是攻占德安,夺取南昌。

左翼方面,日军8月24日攻占瑞昌县。

左右两翼都处在日军的控制之下,我军只能依仗庐山一带的山地与敌人对抗。日军每日发射炮弹千余发,并以三十多架飞机对我军阵地进行轰炸和施放毒气。

李汉魂在24日当天的日记另外记载:"汉口方面,国共摩擦益甚,内容吾人固不得而知，然分裂阵线，终非抗日战争中之好现象也。"

抗战期间，李汉魂是非常希望国共真诚合作的。

孔庙拉锯　前线劳军

26 日从早上到下午，日军向我军发射了千多发炮弹。下午三点，又在沙河至南昌铺一带施放烟幕，然后有密集的部队进入南昌铺，以及向马鞍山和金官桥推进。

27 日晚上，老虎山阵地失守，但到 29 日又被我军夺回。

29 日拂晓，敌军猛烈炮轰铁路以东全线，并施放瓦斯毒气。我军两名连长和几名士兵因违令退却，被当场执行枪毙。敌军再向金官桥发起攻击，突破了孔家庙阵地。当晚八点，第一五五师发起反攻，于晚上十一点收复孔家庙，继而乘胜追击，将一百多名敌军包围在北面一处高地。

从 30 日到 31 日一连两天，陈公侠的第一五五师都与正面进攻的日军激战，官兵伤亡两千七百多人，但他们仍然固守阵地，坚决不退。

这一战双方都死伤惨重，李汉魂连夜把张言传的预备第九师调来接防。

预备第九师接防金官桥和孔家庙后，面对敌人的进攻不够沉着，很快就被敌军占领了孔家庙。危急关头，原属叶肇第六十六军第一五九师的林伟俦旅，奉命率部前来增援，李汉魂立即派林旅的一个团前往支援预备第九师，并责令预九师抽出兵力夺回失地。

凌晨三点，李汉魂接报，预九师已夺回孔家庙，但天亮后，他们又报说阵地再被敌人反攻夺回了。

李汉魂心中明白，其实预九师凌晨时并没有收复失地，只因怕遭处罚，所以编造假消息卸责。预九师此役也伤亡官兵四五百人，其中有一名团附和一名营长。六个连只剩百余人，六个连长只剩下一个。

预九师的战斗力已经很难恢复，李汉魂无奈，只好命第一五九师林伟俦派兵去夺回阵地，再交给预九师来守。

9 月 1 日，林伟俦派一营营长张光农，率兵冒险突袭，以伤亡两百余官兵的代价，一举夺回阵地，日军遗尸两百多具退去。

陈公侠的第一五五师在三天苦战中，也损失官兵两千七百多人，尚能担任战斗任务的只剩下五百多人。陈师长只好将他们集中编成两个营，留下两个连继续坚守原阵地，其他人撤回本部附近休整。

其他八个师，也都损失大半，每个师都所剩不足千人。

此次第四军前来增援，一个月内损失兵力达五分之二。

9月2日，左翼从瑞昌方向进犯的日军已经接近马回岭十余里。

当晚，一支日军已经逼近李汉魂的军团部，相距只有两公里多。

此时腹背已经受到严重威胁，极度疲惫的残兵也不堪再战，总司令薛岳和前敌总指挥吴奇伟命令部队立即撤往德安。

由于前线各部队的电话大部分都打不通，李汉魂只好摸黑徒步到马回岭，向各部队下达了撤退命令。

至命令全部下达，已是半夜十二点，李汉魂才动身向十五公里外的德安南撤。

李汉魂率部于9月3日清晨抵达德安后，再沿铁路线南行十五里路，到施沟岭稍作小息，接通电话线与薛岳通话之后，再转往左庄。一路安然，因当天天气不好，天阴云厚，敌机无法前来轰炸。

日军经连日激战，也是元气大伤，不敢贸然推进了。

我军也利用短暂的沉寂，让身心俱疲的将士休息整顿。

李汉魂经过这一场大战，疟疾复发，但因军务繁重，也难得有时间休息。

9月4日，负责镇守东孤岭和灰山的叶肇，因军情危急，来电要求李汉魂帮忙向俞济时调兵增援隘口。

可是给俞济时的电话一直打不通，李汉魂决定动身亲自去七十四军总部，正苦于找不到向导带路而一筹莫展时，电话接通了。可惜，虽然俞济时的救兵已借到，但东孤岭第二天还是失守了。

随后一连几天，日军都派出飞机轰炸我军阵地。

第一五九师林伟俦镇守的红花尖和金林街，击退了敌军的屡次进攻。敌军派出六架飞机掩护撤退时，误投了两弹在他们自己的队伍中，据闻伤亡颇大。

马回岭通向庐山的朝天庙和福龙山，也有大批日军出现。

7日，中国空军派出飞机六架，在九江江面炸沉了敌舰三艘。

1938 年 9 月 3 日，日本军队占领了南浔铁路上的马回岭车站（资料照片）

1938 年 9 月下旬，李汉魂（右）与黄治平、潘伯铭在德安留影

李汉魂则因为手中兵力已经有限，费了很多唇舌，才向第七十四军军长俞济时借得两个团来补充。

当天广济又告失守。

8 日，西孤岭和烂泥塘经激战后相继失守，隘口告急，第七十四军俞济时即派出一个旅去增援。

李汉魂这天集中所剩六连官兵训话，勉励大家在最困难的时候要保持斗志。

第一八七师师长彭林生不知何故，于是日辞职离队，遗缺由孔可权接任。

彭林生是湖南人，辞师长职后，曾担任广阳守备区指挥官，又曾担任第六十二军参谋，之后回乡经商。其后于 1949 年与共产党地下组织合作，出钱出力，组织武装成立游击队并自任副司令，遭国民党通缉。同年底又配合解放军解放祁阳城，年底被任命为解放军零陵军分区高级参谋。

9 月 9 日，元气大伤的第一五五师和第一八七师接到命令，调回南昌休整。

9 月 22 日，吴菊芳率领一个十六人慰问团，代表香港妇女慰劳会前来劳军。

9 月 23 日，文化界人士沈钧儒、邹韬奋等也到来慰劳和献旗，表示坚决支持抗日统一战线。

由于左翼前线的日军已经突破了友军的阵地，南下的日军也已迫近虹津北面，李汉魂第二天即奉命指挥第九十一师、第一四一师、第一四二师、第六十师、第十六师和预备第六师等六个师乘车出发，前往反击。吴菊芳也率领慰问团随队出发。

25日中午，吴菊芳率慰问团，在最后一站山下王，高歌相送前往甘木关前线的抗日将士，有如易水相送之悲壮。

连日以来，日军通过空中侦察，发觉了中国军队在万家岭一带的防守漏洞，冈村宁次决定把一零六师团分成五部分，偷偷从万家岭一带穿插，越过我军的阵线，绕到我军背后，配合南下的日军将我方二十万中国军队围而歼之。

敌军迷路　口袋张开

24日晚，日军的一零六师团之一部一三六旅从九江出发，却在万家岭地区迷失了方向，被我军第四军、第六十六军和第七十四军从侧后迂回，将其包围起来。

冈村宁次闻报，即派第二十七师团前去救援接应，却在万家岭西面白水街地区遭到我第二十集团军第三十二军拦截，日军则攻占了白水街北面的制高点麒麟峰。

李汉魂在半路上已经听到炮声隆隆，刚好接到总部电话，知道敌第二十七师团已经在左翼占领战略要地麒麟峰，我军已经退守望月楼、桃花岭。

李汉魂当即决定，调冯占海的九十一师和傅立平的一四二师，由右翼出击，全力以赴夺回麒麟峰。

26日清晨，李汉魂找到一四二师师长傅立平和预六师师长吉章简，限令他们于下午五点展开攻击。

薛岳随后传令，再将刘彦可的新十三师划归李汉魂指挥。

李汉魂即决定由刘彦可的新十三师取代吉章简的预六师执行攻击任务。

当晚，我军以伤亡将士七百多人的代价，克复了麒麟峰。但在27日，麒麟峰再度失守。李汉魂深知此处是必争之地，决心不惜一切代价也要夺回。

28日，日军第一零六师团的三个联队以及山炮兵部队，开进了德安以西50华里的万家岭、雷鸣鼓刘、石堡山、南田铺、背溪街、墩上郭等地。同日，第一零一师团一四九联队也开进了万家岭地区，与第一零六师团会合，由第一零六师团长松浦淳六郎中将指挥，企图切断德安中国军队的退路。

由于中国军队的严密包围，日军第一零六师团与后方失去了联络，冈村宁次顾不上后路被切断，强令第二十七师团再次进攻麒麟峰，接应被围的第一零六师团。第二十七师团派出第三联队残部不惜一切代价攻击麒麟峰，并施放毒气，曾一度攻上山头。

此时左翼敌军已经进抵李家山东南高地和熊庙，右翼则已突进至何家山。李汉魂乃令刚刚拨归他指挥的刘若弼新十三师、吉章简的预备第六师，以及傅立平的一四二师，全力猛攻麒麟峰。

薛岳总司令也亲临白槎督战，与李汉魂一起定夺进退。

因为久攻不下，薛岳一度打算撤退，但最后觉得此战关系成败，乃决心全力以赴，取消了撤退计划。

29 日下午六时，第一四二师七二五团发动猛烈反攻。经过激烈战斗，麒麟峰终于被克复，敌军遗尸满山。

日军第二十七师团东进援助第一零六师团的企图被粉碎。

同日，日军第一零六师团一二三联队一部企图从白水街以西突围，我军预备第六师、第九十一师从小坳东面向日军发动猛攻，日军第一二三联队均被阻于白水街以东。

日军第二十七师团在麒麟峰再次受挫后，本间雅清师团长不顾冈村宁次"希望第二十七师团能确保白水街"的命令，借口要执行攻打天河桥任务，不再接受冈村宁次的命令，置陷入重围、濒于绝境的第一零六师团于不顾，转向辛潭铺前进。

30 日，中国军队东、西两路夹击，第九十师和第九十一师会合，对日军第一零六师团发起攻击。

10 月 1 日以后，日军改变作战方式，派出便衣队，到处突袭骚扰各军。预备第六师的指挥所以及二十二团团部也被袭击，伤亡达千余人。李汉魂的指挥部也被日军便衣队突袭，指挥部只有工兵连和特务连驻守，枪声一响即乱成一团，四散奔走，幸好李汉魂镇定处理，才控制了局面，化险为夷。由于自己兵力太薄弱，对于敌人的嚣张行径，也是一筹莫展。各军将领提议军团部转移别处，但李汉魂认为，如果军团部转移，会影响军心，所以决定仍留原处，加强戒备。

3日，第九十师、第九十一师联合进攻南田铺，重创日军，并以密集炮火轰击位于雷鸣鼓刘的日军第一零六师团司令部。

10月4日，李汉魂派傅立平的一四二师向东发动攻击，甚有进展，但是想不到北面的第八军四个师不但不能配合，反而节节败退，撤往甘木关一带。

鉴于敌军已经逐渐陷入重围，如不及时行动，将会错失歼敌良机。奈何我军也是兵疲将乏，只怕力不从心。

李汉魂前往白槎与薛岳及吴奇伟、俞济时和叶肇见面，商议下一步的总攻行动。

经研究，定下了具体计划，以正面的守军对敌发起佯攻，同时抽调右翼的六十六军、五十一师和九十师，对南下的敌军实施侧击。第七十四军五十八师从南面、第四军九十师从东面、预第六师和第九十一师各一部从西面、第六十六军一五九师和一六〇师从北面四个方向加紧合围。

总攻计划决定后，薛岳代总司令和前敌总指挥吴奇伟郑重授权李汉魂，全权指挥参与本次总攻任务的所有部队，包括左右翼所有地面部队及其所配属的特种兵，以及临时拨入战斗序列的人员。

10月5日，敌军派出十几架飞机分批猛炸我军阵地，李汉魂的军团指挥部电话总机不幸被炸毁，通讯中断，以致行动受到很大的影响。李汉魂派一四二师的一个团进占来龙岭，堵住来犯的三路敌兵。

一八七师调回南昌补充后，勉强凑够两团人，因为任务紧迫，李汉魂也将其派往长岭、赵家山增援。

6日，敌机继续狂轰滥炸，所有的阵地几乎都被炸毁。担负侧攻任务的六十六军、五十一师按计划需在晚上到达预定位置。按原部署，各部队在原驻地枕戈待旦，静候总攻命令。

大包围已经完成，口袋即将收紧。

围歼张古　苦战德安

10月7日上午，大战前的沉寂。

李汉魂令军团部全体通讯系统的战斗人员，强化电讯联系环节，让所有有番号的师一级以上部队，确保各单位之间联络顺畅。所有联络参谋，一律奔赴指定岗位，通过电话线路向所在部队长官报到。

午后两点，正面阵地开始向日军发起炮击，两点半，守备部队正面发起佯攻，但由于敌军的飞机持续轰炸我军阵地，我军无法快速前进，但一连两天都步步为营，敌人已无路可逃了。

到了10月9日，口袋缩小，全部敌军已经被压缩到南田铺、雷鸣鼓刘和潘家等村庄、纵横不到三里的狭小地区。

在敌机的狂轰滥炸下，我军一时无法继续进击。刚刚从南昌调回来的第一八七师，因阵地被严重摧毁，伤亡极大。

蒋介石即日发来电令，限时当晚肃清所包围的日军。前敌总指挥吴奇伟也亲自到指挥部督战。

李汉魂认为，被围之敌不过为三千多人的一个联队，但已经牵制了我军第一兵团主力于此，如果不加以速决，敌援兵一到，便会失去歼敌战机，乃决定当晚挑选奋勇队打头阵，对敌发动总攻击。

傍晚六点，先头部队出其不意地攻进了日军一零一师团位于雷鸣鼓刘的司令部所在地，与日军展开白刃战。

左翼的陈沛第六十师、商震部唐永良的第一四一师、王陵基部刘若弼的新十三师等，严阵以待，密切监视敌人动向。

右翼由傅立平的第一四二师、陈公侠的第一五五师、孔可权的第一八七师，以及吉章简的预备第六师等五个师，分别在张古山四面逐步把包围圈缩小。

10月10日，整日激战，被围的日军大部被歼灭，一部向西北逃走。

李汉魂当天的日记：围攻张古山附近之敌，合围之势已成，敌除被歼外，一部向西北逃去，一部在前炉、苏长岭、张古山负隅顽抗，遗尸及遗弃枪械，遍地皆是，马匹到处乱窜……本晚继续攻残敌，终夜电话不绝，为之竟夜不眠。

当天战况并未如理想，担任正面进攻的第七十四军五十一师和五十八师，因伤亡惨重，最后没能夺回张古山北端最高峰和苏长岭。更严重的是，此两山阵地失守后，第七十四军竟然拖延了数小时才报告，以致误事不小。

总攻尚未完成，万家岭大捷的消息，却已经通过传媒记者的宣传，传遍了全世界。因为当天是"双十节""国庆大捷"，对振奋中国人民坚决抗战的决心也起到了很大的作用。

此后历史记载万家岭大捷，也多以 10 月 10 日为此战役胜利之日。

但是其实敌人并未被全歼，战事仍在持续中。11 日，李汉魂日记载：残敌仍未肃清，昨日大捷，经已传遍遐迩，问心很觉难过。今晚再行总攻，依然无大进展，而敌之救兵，已由箬溪东进，大可虑也。

连日激战，日军近卫师团已从箬溪前来救援。我军在白槎的弹药仓库也被日军飞机炸毁。我军阵线多次受敌冲击动摇，幸得力于冯占海的九十一师和傅立平的一四二师加入作战，方才稳住了阵脚。

李汉魂此次大战所指挥的部队，均来自不同系统，东北军、西北军、川军和中央军都有，装备与实力乃至特点都不一样，各部队之间的协调既不容易，对任务的执行也经常大打折扣，李汉魂就算不满意也只能耐心包容。

13 日，张古山方面仍战斗激烈，张家坳西端又被敌突破一部。

傅立平的第一四二师在左翼的下东山和梧桐尖阵地也相继失守，李汉魂急调冯占海师的一个旅连夜前往接守，才克复了梧桐尖。

以下乃李汉魂一连三天的日记摘要：

14 日，梧桐尖得而复失。公路以南之冯师王旅，亦起混乱，经我陈、吉两师切实堵截，并以一部由卢家山攻击敌之侧背，始获稳定。本晚再抽一八七师由卢家山向梧桐尖之敌进攻，并限于明晨攻克，惟该师联络不确实，须予直接指挥到团，竟夜未能少息。此数日间，殆为作战以来少有之辛苦也。本部附近公路，车马往来，被敌机发现，轮流轰炸，予以机枪射击，密如鞭炮……空军威力，诚足惊也。作战而不能制空，胜算已输其六，此真抗战前途一绝大问题也。

15 日，孔师攻梧桐尖，得而复失，盖敌机炮轰击甚烈，实亦无法立足也。下午左翼方面，陆续崩溃，特以九一师为甚，预六师、一四二师亦然。至入黑时，聚于曹家坳外者已二三千人，此为伯芹（叶肇）所守之主阵地带，倘受牵动，全局将成瓦解。予及陵兄（薛岳）俱异常焦急，结果乃准令调下整理，好在右翼方面，尚未十分动摇，还可勉支危局。然予之目不交睫者，已四昼夜，今晚颇觉肚痛，未晚餐。

16 日，各师除溃退者外，仍力守原防。陈沛、傅立平、孔可权三师，虽只各剩三二百人，孔师因失联络，莫名一兵，亦严令固守牛车盘、陈家垄之线。各师长则集合于箬坑之陈沛六十师部，以示死守。敌兵节节前进，其坦克车已进至甘木关。不过我不撤退，彼亦未敢贸然前进耳。下午奉命，本晚转移新阵地（只以右翼为轴，转移至郭背山、柘林之线）。予改为指挥三十六军及第四军，共六师，于本晚九时移动。予本日胸膈闭塞，筋骨酸痛，下腹苦闷，辛苦不堪，终日未尝进食，除乘车外，俱用帆布床抬，亦生平未有之苦事也。夜十二时抵缪庄。

观李汉魂此三日所记，便可知万家岭之大捷，日军并非全军覆没，只是受到重创，双方都是元气大伤。

作为这场总攻击的全权总指挥，李汉魂在日记上并没有提及此役全歼日军两个师团的战绩。

接下来的几天，李汉魂奉命布防于德安一带。直到 24 日武汉失守，仍与日军周旋。

日军计划溯长江攻武汉的计划并未得逞，攻陷武汉的日军，其实是由平汉铁路南下的部队。

24 日当天，李汉魂指挥部队出击，缴枪二十多支。但日军在德安北岸架桥渡河，我军第一三九师却无力抵挡，任其登陆。该师官兵因为太疲劳，几乎没有了战斗力，李汉魂无能为力。

10 月 27 日，日军已经突入德安城内，与我军展开巷战。第二天发起总攻，我军守城部队坚持了两天，因内外隔绝，成了孤军。

28 日晚，李汉魂电话请示薛岳，提出既然武汉和广州都已陷入敌手，死守德安已经失去意义，为了保存实力，是否应该撤出战斗。不料薛岳告知说，蒋介石准备 29 日来江西南昌视察，为了不让蒋失望，请李汉魂再坚持几天。

李汉魂也没有办法，只好在 29 日早上命第四军的林贤察旅、一三九师孙定超旅反攻。日军坚守山头，无法攻破。孙定超旅反被敌包围，陷于苦战，牺牲颇大。

30 日，蒋介石驾临南昌时，因孙旅仍陷于敌军重围，李汉魂没法抽身前去晋谒。蒋介石便亲自来电话询问战情，李汉魂如实相告。蒋介石对前线将士表示勉励，并嘱"即可准备转战"。

李汉魂当天日记说：予从前对于委座，认识素浅，抗战以来，始知精神之伟大也。

272

李汉魂于内战期间曾多番参与反蒋，只是在抗战开始以后，才对蒋改观。

当天晚上，李汉魂奉命撤退。

从 7 月 1 日进军江西开始，李汉魂率军在南浔一带转战，长达四个月，先后指挥过的部队达三十多个师，先后交锋过的敌人有日军第九师团、第二十一师团、一零一师团、一零六师团和近卫师团，还有东北伪军四师，以及安徽保安团改编的一个师团等。

能在敌强我弱的情况下，以最小的空间换取了最长的时间，最终在弃守德安的问题上，李汉魂是问心无愧的。

1938 年 10 月，李汉魂在南浔战场上

第二十四篇 广东肩省政 粤北赴戎机

（1938 年 11 月至 1940 年 1 月）

自撤离德安后，李汉魂便奉令率领第四军和二十九军团的剩余部队，转进到修水布防。

1938 年 10 月 12 日，广东局势骤然危急，日军第十八师团在中国广东惠阳的大亚湾强行登陆。

此前，因为蒋介石误判形势，以为日军会忌惮美英等国在广东的利益，不敢贸然进犯广州，因而将大部广东军队北调，致使广东军力空虚。当他得知日军在广东登陆，匆忙调兵回防，但为时已晚。

日军兵分三路，一路沿广九铁路线推进，一路经惠州、博罗、增城直指广州，另一路经平山、仍图、平陵向从化方面迂回，包围广州。

1938 年 10 月 12 日，日军第十八师团在中国广东惠阳的大亚湾强行登陆（旧金山涵芬楼外楼提供照片）

1938年10月21日广州沦陷，当天下午3点半，日军占领了广东省政府（旧金山涵芬楼外楼提供照片）

沿增（城）博（罗）公路向广州进犯的日军第二十一军十八师团三十八旅团，在增城曾遭中国军队独立第二十旅较激烈的阻击，但未能阻止日军向广州推进。

10月21日，广州沦陷，远在江西修水的李汉魂与家人失去了联络。

李汉魂在广州东山的家，遭到日军破门而入，大肆搜掠。李汉魂在保定军校时所写的一部十万多字的长篇小说《雪梅影》手稿，就是在此时被日军搜去的。

李汉魂的正室妻子庞芷馨仍在广州，带着三个尚未成年的儿子李焕、李敢、李扬，以及两岁的女儿李澜芬到处走避。刚刚出生不久的儿子李华生，在日军的炮火中失踪，估计是被炮弹击中，尸骨无存。

只有24岁的大儿子李斌去德国读书，没有受到波及。

吴菊芳和她所生的子女李浈、李韶生及李淇，此时都在香港，暂时平安无事。

回师南粤　迁府韶关

广州沦陷，李汉魂即奉命回师广东。

众将士知道家乡落入敌手之时，无不希望早日打回去，听闻要回师广东，人人群情激奋，摩拳擦掌。

11 月 14 日，第四军和第一五五师相继开拔。

李汉魂则因为接到参加南岭会议的通知，25 日抵达湖南衡阳，当晚就与第四军军长欧震一起，应蒋介石邀约共进晚餐。在席间，蒋介石除了询问李汉魂有关南浔战事作战详细经过，还鼓励李汉魂以后多读些政治书籍，暗示将委以重任。

此前白崇禧也曾给李汉魂电话透露，蒋介石正在物色广东省主席的人选，当时白崇禧推荐了他，蒋虽表示满意，但仍在考虑中。

因为毛遂自荐的人选很多，蒋介石的顾虑更多。

蒋的顾虑是肯定有的，因为李汉魂出身于粤军，并非他的黄埔嫡系，北伐期间，李汉魂曾经追随汪精卫的武汉政府，之后还数度通电反蒋倒蒋。

根据曾在蒋介石侍从室工作的黎天荣回忆，蒋介石曾致电西安行营主任程潜，要他推举贤能。与白崇禧不谋而合，程潜也推举了李汉魂，称他"励志忠诚，文武兼资，可任为封疆大吏。"

蒋介石一向不信任广东人，但通过观察和了解，确知李汉魂文武兼修，廉洁奉公，所以在众多人选中，终于决定任用李汉魂。

27 日，蒋介石召见李汉魂，询问他对出任广东省主席的意见。李汉魂老老实实回答说，广东现时是一个残局，要治理好恐怕把握不大。蒋介石对李汉魂说，广东官场一向以贪污闻名，知道你一向廉洁，一定能铲除积弊。

对于蒋介石的征询，李汉魂表示再考虑一下。第二天午餐时，陈诚劝说李汉魂，应该接受蒋的重托。

29 日晚餐后，蒋介石训话完毕，宣布大会闭幕后，李汉魂再次晋见蒋介石，承诺接受重任。

蒋介石很高兴，让他再推选省府秘书长人选，李汉魂于是推荐了自己信任的王棻庭、朱晖日和何彤等人供蒋挑选。

12 月 3 日，李汉魂回到韶关。

12 月 21 日，国民政府正式宣布任命李汉魂、顾翊群、许崇清、王应榆、胡铭藻、曾养甫、朱晖日、何彤等人为广东省府委员，李汉魂任广东省政府主席并兼民政厅长，顾翊群兼财政厅厅长，王应榆兼建设厅长，许崇清兼教育厅厅长，胡铭藻兼秘书长。

吴铁城被免职，但仍任国民党广东省党部主任（之后调任国民党中央海外部部长）。曾养甫被免职后，调任滇缅公路督办公署督办。

蒋介石随即来电，希望李汉魂能尽早赴任。

22日，全体将士为李汉魂举行隆重的欢送会。

24日，李汉魂与刚刚到任第四战区司令长官的张发奎一起，前往翁源会晤负责广东军事的余汉谋。余汉谋此时任第十二集团军总司令、第四战区副司令长官。

据说余汉谋在任内与原广东省主席吴铁城合作很不愉快。

李汉魂不希望这种局面在自己任内发生，所以首先就希望与余汉谋搞好关系。见过余汉谋之后，再赴临时省会连县，会晤卸任省主席吴铁城。

因为日军飞机连日轰炸韶关，行程受到阻滞，李汉魂在翁源见过余汉谋后，直到1938年的最后一天才抵达连县，与吴铁城会晤，并办理了交接手续。

吴铁城当时有点无奈地对李汉魂说：在粤年余，误于"委曲求全"四字，而经手所放之百余县长中，出自己意者只十二人。

李汉魂回答吴说："以你及惜白（欧阳驹）之交际长才，尚且应付不了，可知此路已走不通，予此后当不再走。至若县长予固欢迎介绍，但用否之权在我，我要九十余县长个个都由我衷心放出。"

惜白，即原省府秘书长欧阳驹。

广州沦陷时，原省主席吴铁城将省政府迁到了粤北偏远的连县，余汉谋却把部队撤到了东面的翁源。两地相距两百多公里，交通极其不便，很难互相呼应。另外，省建设厅也分散在云浮和遂溪两地，财政厅撤到广宁去了，几大主要部门全都各自为政，省政一片混乱。

省政府各部门的整顿改组迫在眉睫。

励精图治　约法三章

1939年元旦，李汉魂在连县宣誓就任广东省政府主席及保安司令，并暂兼民政厅厅长和建设厅厅长。上任不久，李汉魂即将民政厅交由他的旧上司何彤专任。

1939年1月5日，白崇禧和陈诚奉蒋介石命，专程到韶关传达治理广东的指示，李汉魂匆匆从连县赶到韶关迎接，沿途的波折，令他深感不便。连县地处偏僻，虽然相对比较安全，但在施政联络各方面都非常不方便，因此下决心要尽快把省府迁往韶关。

1月6日，李汉魂与省府全体委员发出通电，严厉谴责汪精卫公开叛国投降日本的行为。曾身为国防最高会议副主席、国民党副总裁、国民参政会议长的汪精卫，于1938年12月潜逃越南，发表艳电，公开投降日本。李汉魂此通电，公开表明了广东政府反对求和、坚持抗战的立场。

1月25日大年初六，李汉魂向全省发表了《告广东各界同胞书》，提出了四项施政方针。大意内容为：

1939年元旦，李汉魂在连县宣誓就任广东省政府主席及保安司令，并暂兼民政厅厅长和建设厅厅长

第一，动员民众，人人参与抗战。第二，复兴民族精神，选用贤能，铲除污吏劣绅，肃清汉奸。第三，希望社会各界协助政府，争取国家民族的生存，各尽所能，减轻人民痛苦。第四，培养民力，发展乡村经济，减轻人民负担，节省政府财政开支，组织人民自卫，充实持久抗战的活力。

李汉魂同时还跟老百姓约定，如果发现官员贪污和劣绅为害乡里，希望揭发举报。如果政令下达不能有效执行，也要受到处罚。

在省府，李汉魂订立了公务员必须遵守的六条准则：一、除弊急于兴利；二、实干重于理论；三、责任重于权力；四、气节重于生命；五、律己重于责人；六、严谨重于宽容。

2月中旬，省府正式从连县迁到韶关。第四战区长官司令部、国民党省党部、省军区司令部及各党政机关、报刊、团体、学校等，也逐步迁到韶关，韶关遂成为广东临时省会，成为全省战时政治、经济、文教的中心。广东当局各自为政的混乱局面，至此暂告结束，工作开始步入正轨。

李汉魂把自己的办公地点从黄冈村搬到附近幽静的山林木屋中，闹中取静。

李汉魂上任省主席之后不久，吴菊芳也被任命为广东省"新生活运动"促进会妇女工作委员会主任委员。

"新生活运动"是蒋介石早在1934年提出的，目的在于改善国民素质。1936年，"新生活运动"总会增设了妇女指导委员会，宋美龄担任指导长。抗战开始后，"新生活运动"将工作重点转移到了空袭救济，抢救难童等方面。

吴菊芳在南浔前线曾组织慰问团劳军，显露了杰出的组织活动能力，因此，李汉魂也乐于让吴菊芳出来做点工作。

痛失亲子　义救难童

自从广州沦陷，继之南海、番禺、顺德、从化、花县以及台山、开平、新会、恩平等县也相继被日军攻陷，到处出现无家可归的难民和无依无靠的流浪儿童。

由共产党员区梦觉等在广州沦陷前成立的"广州抗日妇女模范连"和"广州抗日儿童模范连"，于广州沦陷后也辗转来到了临时省府连县。

吴菊芳作为省主席夫人（外界多数不知她是如夫人），又新任妇女工作委员会主任委员，很自然就接触到了妇女连和儿童连的救助工作。

沦陷之后，广东全省各地很多儿童因为战争成为孤儿，李汉魂与吴菊芳都觉得，由妇女促进会出面救助是义不容辞、刻不容缓的任务。

随后，吴菊芳在李汉魂的支持下，拟就了一个拯救难童的计划。

1939年2月2日，吴菊芳亲自动身前往重庆，找到财政部长孔祥熙进行游说，报告了她的举办儿童训练团计划，争取到了十万元的经费。接着，吴菊芳又受到了宋美龄的接见，得到了很大的鼓励和支持。

3月4日，吴菊芳回到韶关，接管了儿童模范连，并在距韶关十余公里的犁市乡沙园村成立了广东战时儿童训练团。同时开始登记军人遗孤，并组织人手到敌占区去抢救难童。

吴菊芳聘请了中大研究院院长崔载阳为顾问。崔载阳是一位杰出的教育家，留学法国里昂大学期间获得哲学博士学位。1927年，崔载阳应中山大学戴季陶校长的聘请回国任教，先后担任教育学部主任、教育研究所主任、师范学院院长与中山大学研究院院长等职。

崔载阳为战时儿童训练团提出十八字方针："论先后，养为先，教为后；论轻重，养为轻，教为重。"

在沙园村一块平坦开阔的大地上，搭起了一间间松皮为顶、竹笪为墙的简陋房子，作为战时儿童训练团（也是之后的儿童教养院）的办公室和宿舍。

吴菊芳还接手了抗日妇女模范连，改名为妇女生产工作团，团址设在马坝。

妇女团原先也是由吴菊芳兼任团长，但因忙不过来，就把此职位让给国民参政员陆宗骐的夫人陈明淑担任。

妇女生产工作团共有三百多人，她们的经费、资金都是由省赈济会提供的。

妇女团的工作相对比较简单，主要是编织草鞋和草席，供给前线的将士。

3月11日，省府为方便会客，将太平关辟为省府招待所，取名"斌庐"。

3月中旬，李汉魂又获中央党部委任为广东省党部主任，兼管党务。李汉魂也把他的保安司令部由云浮迁到了韶关。

由于广东省军政之间一直互不沟通，坊间逐渐传出有关李汉魂与余汉谋不和的风言风语。上一届省主席吴铁城就是因为与军方不和而去职的。

李汉魂为了表达团结的意向，在余汉谋奉命赴重庆开会之际，特意写了一封信，托余汉谋带去面交蒋介石，希望以行动表达团结诚意，破除外间的流言。

1939年，省主席李汉魂在韶关向妇女生产工作团训话

1939 年，吴菊芳在韶关沙园接收难童

1939 年，在离韶关约 10 公里的沙园村，搭起了松皮为顶、竹笪为墙的"战时儿童训练团"办公室和宿舍

这两个月，李汉魂除了处理政务，还继续着力于整顿纪律，起用年轻人。

省参议会也宣告成立，由著名教育家、国民大学校长吴在民担任议长，首届省参议会议在韶关召开。

省参议会闭幕后，李汉魂陪同包括泰国侨领蚁光炎在内的华侨代表参观了战时儿童训练团。

相册中这几张照片是泰国侨领蚁光炎的秘书苏宗泽赠送给李汉魂的。

蚁光炎应邀回国参加省参议会，曾与李汉魂合影。

蚁光炎是澄海人，年轻时赴泰国，成年后成为当地著名实业家，后来兼任中华总商会主席。蚁光炎一向热心公益，出钱出力。抗战爆发后，蚁光炎号召华侨抵制日货。1938 年，蚁光炎发起成立泰国潮州会馆，购买泰国大米运到潮汕解救当地粮荒，并带头捐献汽车到滇缅公路为中国运输抗日物资。

蚁光炎于 1939 年受邀回国参加广东省首届参事会，11 月在曼谷被日本特务暗杀。

刘侯武早年曾参加黄兴领导的广州起义，曾任潮安县长，时在泰国从事教育和新闻工作。1939 年 12 月中旬，中央监察院为整饬两广吏治，监察各地民众，特设两广监察使署，并派刘侯武为两广监察使。

5 月下旬，李汉魂奉命赴重庆，在郊外的复兴关参加中央训练团的训练。中央训练团是训练全国党政军高级干部的组织，团长由蒋介石兼任。训练期间，李汉魂接替陈诚，兼任了训练团的军训处处长。

1939 年 5 月，省参议会开幕，图
为会场内景

1939 年 5 月，省参议会开幕，上图为会场外景；下图为闭幕后，部分与
会代表与战时儿童训练团合照

　　6 月下旬，因闻汕头被日军占领，李汉魂离开中央训练团，回到广东，赶赴东
江了解敌情。

　　这段时间，李汉魂和吴菊芳都各有各的事务，忙得不可开交。

　　8 月 8 日，李汉魂与吴菊芳生的儿子李韶生在韶关不幸病逝，年仅六岁。吴菊
芳因为一直忙于抢救难童的事务，疏于关照已经病了三个月的儿子。李汉魂更加忙，
几乎没有回过家。

1939年5月，省主席李汉魂与泰国侨领蚁光炎（中）、刘侯武（左）合照

当时正室夫人庞芷馨因为幼子李华生遭遇不测，得了忧郁症，李汉魂已经送她回吴川乡下去了。吴菊芳也忙于抢救各地难童，很少回家，儿子交由保姆照顾。

李韶生是吴菊芳生的第一个儿子，平时比较受娇宠。据知情人士透露，当年吴菊芳的下属为了讨好她，公开称呼李韶生为"大少爷"，吴菊芳听了也没有加以制止纠正，令李家其他成员都感到尴尬。

李府真正的大少爷，是已经二十四岁的李斌，此时正在德国学军事。而李斌以下还有李焕、李敢、李扬，几位男丁中，李韶生仅排行第五，称"大少爷"明显不妥。

李汉魂在这一年间失去了两名幼子，受到了很沉重的打击。

李华生是在逃难时丧生于炮火之下，尸骨无存。

李韶生则是因病去世，被安葬在南华寺，由虚云和尚超度。当时李汉魂还在李韶生的墓碑上题了一联：

礼佛好向南华，大梦醒后心不昧；

祝尔安居西土，众生渡了我当来。

韶生死后才几天，8月14日，战时儿童训练团改名为广东儿童教养院，在韶关中山公园举行隆重的成立典礼，正式宣布由吴菊芳担任院长。

省参议会代表游览南华寺

省参议会闭幕后，李汉魂陪同包括泰国侨领蚁光炎在内的华侨代表参观了战时儿童训练团

借兵湘省　迁院连州

9月12日，李汉魂任命何彤兼代广州市长。此时广州市已被日军占领，这个职位仅是象征性的职务。

10月，李汉魂到湖南衡山出席中央第二次军事会议之后，奉命兼任新组建的第三十五集团军总司令，下辖邓龙光的第六十四军、邹洪的暂编第二军。

暂编第二军，是由原广东挺进第三、第七、第八纵队以及广东保安处直属部队，还有保安团等部合编组成的，邹洪任军长，古鼎华任副军长，下辖王作华的暂编第7师，张君嵩的暂编第8师，郭礼伯的预备第6师。

11月16日，李汉魂在韶关宣誓就职，就职礼后，以广东著名粤剧演员关德兴为团长的粤剧救亡团，演出粤剧《岳飞》助兴。李汉魂一向对岳飞的爱国情怀至为崇敬，对关德兴的精彩演绎赞赏有加。

对于第三十五集团军总司令一职，李汉魂原是想推荐邓龙光担任的，但余汉谋的副手王俊也想竞争此职位，战区司令张发奎担心邓龙光竞争不过他，所以暂时让李汉魂兼任，让邓龙光暂任副总司令。

集团军下辖的这两个军由于被调驻广西，李汉魂便只是挂名总司令之职，军务全部交给邓龙光负责。

在广东身负守土之责的余汉谋，自因广州失陷而备受指责后，不敢松懈，将第十二集团军第六十二、第六十三军驻扎在清远县城以北地区，与日军第二十三军对峙。这一年来，粤北地区仍在中国军队的手中。

12月17日，日军为策应桂南作战，调动第十八师团、近卫师团混成旅以及三十八师团、一六零师团、第十一师团等各一部约六万人，由安藤利吉指挥，兵分三路，从广州出发，向北进扰。其中左翼日军一零四师团奉第二十三军司令官古庄干郎中将命令，率军沿铁路北犯，向清远银盏坳地区猛烈攻击。

第十二集团军六十二军与日军展开激战。第一五二师在陈章师长率领下，坚守阵地将近一个星期，伤亡惨重，营长吴麟不幸牺牲。第一五七师师长练惕生、第六十五军第一五八师师长林廷华、一八七师师长孔可权先后率部投入战斗。

守军六个团的兵力在银盏坳、伯公坳、王子山、青龙岗、源潭等处阵地、方圆10公里的区域内，与敌进行反复激烈的争夺战。守卫王子山阵地的两个连，全部壮烈牺牲。

在争夺伯公坳战斗中，第一五七师九四零团在团长李友庄带领下顽强拒敌，其中两个营损失四分之三。营长连士英、副营长倪伟英相继殉国。

12月24日，日军以机炮掩护，强渡滃江，溯北江而上，直趋英德县城。

30日，日军从子贡岭经龙头圩到达南山，英德县长李辉南来不及撤退，被日军机枪射中，英勇殉职。

尽管第十二集团军付出了很大的牺牲，但依然没挡住日军的攻势。

12月25日，日军攻陷了英德，敌先头部队出现在官渡翁源附近。

余汉谋的司令部，半夜三更从三华仓皇撤到韶关附近的大坑口。

手中并无一兵一卒可以调用，指望余汉谋的部队保护省府已经无望，李汉魂赶快报告张发奎，让他调兵回援，又打电话找到兼任第六战区长官的陈诚求援。

陈诚当即从湖南急调陈烈的第五十四军前来广东增援。

陈烈奉命，率军日夜兼程，从湖南常德、衡山、衡阳疾速南下。

第五十四军属于中央军精锐劲旅，装备优良，下辖阙汉骞第十四师、杨文璟第五十师、王育瑛第一九八师。出发前，全军将士人人佩戴黄底红字"还我河山"臂章，以示杀敌决心。

大战即将开始，为防万一，李汉魂命令省府各机关即时迁往连县，自己仅带领卫队和秘书，转移到韶关情报总所办公。

儿童教养院也在此时紧急撤往连县。

由于没有交通工具，一千多名儿童，先被送到坪石，再由坪石步行到连县，行程一百六十公里。

这批从韶关长途跋涉迁徙到连县的难童，自此就在星子墟旁的一座小山岗上落地生根，由六十六名教职员工负责管理，被命名为中央赈济委员会广东儿童教养院第一分院，此后再也没有迁回韶关。

随着难童逐渐增多，儿童教养院在连县继续扩大，不久就在龙嘴设置分院，称第二分院，占地三个山头，也收容了一千多名难童。

之后一年，儿教院先后在连县城郊的元村和连县保安的蝠山，以及仁化县、南雄县办了第三、第四、第五和第六分院。

原来在韶关的儿教院旧址，改为第七分院，按规定也收容了一千多名难童，有教职员工六十六人。

因为第七分院距离吴菊芳家很近，李汉魂和吴菊芳经常过来视察。

1939年夏天，省主席李汉魂陪同岭南大学农学院首任院长古桂芬视察难童救济院，并为准备北迁的农学院在韶关选址。古院长后来在建校期间因过度操劳殉职

鏖兵粤北　祝捷曲江

陈诚对广东战局非常重视，12月29日当天便偕同李济深一起，随第五十四军先头部队抵达韶关。第四战区司令长官张发奎也率第三十五集团军两个军的部队同时赶到，李汉魂会合几位前来增援的指挥官，一道共商作战部署。

31日，第十二集团军在良口、吕田一带的守军全线崩溃，指挥部也与部队失去了联络。日军左翼已经进至河头，右翼则已经占领翁源，开始进攻官渡。

韶关局势已是岌岌可危，南华寺虚云方丈给李汉魂送来一签曰：

大地忽回春，无限真消息；目前生意多，管甚闲荆棘！昔年曾种善根来，今日依然得其力。四川十段锦，添花色更鲜。

以内容看，虚云方丈是为李汉魂坚定必胜信心。

第五十四军甫到，即接替了余汉谋的守军，在沙口和河头迎击正面之敌。

李汉魂随派邹洪暂二军绕到北江西岸，攻击敌人侧背；派邓龙光率第六十四军，深入敌后，把粤汉铁路、清远至花县的公路，以及佛冈至广州的公路，全部截断，以包抄敌军的退路。

1940年的第一天，斗志旺盛的第五十四军大部队正面进攻奏效。敌军正在乘胜追击，突然碰上劲旅，被打个措手不及。

2日，暂二军王作华的暂编第七师，与退至连江口的大部敌军对峙，其他两个暂编师则在北江西岸截击敌人退兵。

邓龙光率领第六十四军向赤泥、白泥方向直趋清花公路，从背后向敌发动猛烈进攻。

余汉谋的溃兵得以喘过一口气，重整旗鼓后，再次投入战斗。

3日，五十四军收复翁源。王作华的暂编第七师仍在连江口与敌对峙。

战局已经趋向稳定，逃难的韶关民众也开始陆续返回家园。但是，清远却在这天沦陷了。李汉魂限令张君嵩率暂编第八师负责克复，并命军长邹洪前往督战。

4日，占领青塘、回龙的敌军开始溃败撤退。

5日，英德被国军收复。

6日，收复连江口，国军左翼部队继续向沙田、良口前进。

7 日，梅坑、吕田、黎洞一带的残敌也被肃清，暂二军仍在围攻清远城。

8 日，清远仍陷于敌手，李汉魂限令日内攻克，否则军法处置。张君嵩率暂编第八师分头攻进清远城的东、西、北门，只有南门仍在巷战中。

胜利在望之时，李汉魂却收到蒋介石电令：粤军事（除南路）归余副长官负责，桂及南路军事，归张长官负责。

原来，余汉谋觉得广东是他管辖的地盘，李汉魂私自请来中央军，又调回第三十五集团军救援，令余汉谋很不高兴。

蒋介石为调和矛盾，把张发奎的军事管辖权限制到广西地区，把广东军事大权全部交给余汉谋。张发奎一怒之下，就向蒋提出辞呈。

各军政首领间关系复杂，权限划分不清，确实容易发生误会摩擦。但大敌当前，互相照应是非常必要的。

其实此次若非搬来救兵，余汉谋很可能连韶关都保不住，何来有粤北的大捷！

9 日，敌军出清城，向增城方向撤退。

10 日，清远城被完全收复。

12 日，省政府再次回迁到韶关。连县这次只当了十二天的战时临时省府。李汉魂回想虚云送来的签文，感觉相当准确。

由于粤北一战告捷，李汉魂以省政繁忙为由，提出请辞三十五集团军总司令的军职，并推荐邓龙光继任，辞呈很快就得到了蒋介石的批准。

24 日，广东省各界在曲江举行万人祝捷大会，这是抗战以来第一次举行如此热

1939 年 5 月 6 日，日军通过江门的公路。中国人为阻止日军坦克通过而破坏了该路段(旧金山涵芬楼外楼提供照片)

李汉魂指挥粤北战役（资料照片）

烈的庆祝大会。李汉魂上台报告了此次粤北抗战的经过。当晚，曲江市民举行晚会，彻夜鞭炮声不绝于耳。

由于各省前来慰问的人员太多，李汉魂在日记中抱怨：各省纷来慰劳，徒盗虚声，且应酬不暇，实至惭且厌。

战区权限的争执也令李汉魂感到极度烦扰。

蒋介石为了缓解局面，决定让张发奎专门负责广西军事，广东军事让余汉谋全权负责。

邓龙光的第六十四师，本来可以留在广东协助李汉魂的，但邓龙光与余汉谋一向水火不容，无法合作，李汉魂花了很多唇舌作调解仍难调合，所以非常苦恼。

最后的结果是，不再划分战区，将邓龙光的第六十四师调往广西归张发奎统辖，令李汉魂如失一臂。

1939 年 5 月下旬，李汉魂奉命赴重庆，在郊外的复兴关参加中央训练团的训练。李汉魂接替陈诚，兼任了训练团的军训处处长

第二十五篇　扶危平战祸
济困拯侨胞
（1940年1月至1942年8月）

李汉魂在广东省省主席任上

刚刚从前方回来的妇女生产工作团团长陈明淑，讲述她在各灾区所见到的战后惨象

粤北之役结束之后，李汉魂辞去军职，专心省政。

1940年1月27日下午，李汉魂召集所属党政军各机关团体主要负责人共八十多人，在韶关斌庐开会。会上请刚刚从前方回来的妇女生产工作团团长陈明淑，讲述她在各灾区所见到的战后惨象，听者无不动容。

李汉魂当即决定，由省府筹集二百万元赈灾，同时通电海外，呼吁海外及港澳侨胞们伸出援手。

李汉魂还下令省银行发放贷款，并由省府拨发临时救济款，协助各地民众准备春耕和修葺房屋。

辖区内的英德、清远、佛冈、从化、花县、龙门、新丰和翁源等县，刚刚经过日军蹂躏，疮痍满目，民众流离失所，亟待救援。李汉魂决定亲自下乡一趟，实地巡视灾区并赈济灾民。

出巡八县　赈济灾区

由于考虑到以往政府的赈灾款项，多有中层贪污、中饱私囊的现象，为了能够将款项切实交达灾民手中，李汉魂在省府组织了九支赈济工作队，自任总队长，将从省府拨出的二百万元，连同向银行贷款的四百万元，直接送到各灾区，公开派发，以帮助灾民春耕备种，重建家园。

1940 年 1 月 29 日，李汉魂从大坑口乘船出发，首先赴英德主持李辉南县长的公祭大会。

英德县长李辉南是台山人，保定军官学校第一期毕业，1928 年曾任韶关市政局长，颇负众望。李辉南 1936 年调任英德市长后，即致力建成了前任规划的全长三十五公里的英浛公路。

日军进攻县城时，李辉南动员各区乡军民奋起抗日，在南山的指挥所坚持到敌人近在咫尺才撤退。

因为李辉南腿部患严重风湿，在撤退时行动不大敏捷，不幸在翻墙时与卫士黄如才同时被敌人射杀，成了广东省首位在抗战期间殉国的县长。

1 月 30 日中午，李汉魂到达英德县城。

李汉魂在公祭大会上，为李辉南写了一首五律挽诗：

李汉魂与吴菊芳在韶关战时儿童教养院

守土摧强暴，临危挺执戈。

华南成创见，粤北动悲歌。

杀敌声犹壮，捐躯志足多。

浈流带呜咽，英石共嵯峨。

日军占据英德达一星期之久，共有二百四十多人被杀，三千多间房子被烧。李汉魂对敢于奋起抗敌的则黄和黄塘两地民众给予表彰奖励。

31日早上，李汉魂乘船经过连江口，看到沿岸处处是被火烧过的废墟。十一点到黎洞，此乡数十户几乎都被焚毁。由于乡人逃避得快，遇难者有三人，其中有一妇女，是因为生疮无法奔走，被日军强奸后，遭丈夫遗弃而羞愤自杀的，实是人间惨剧。李汉魂听闻，悲戚不已。

给受灾民众发放救济金后，李汉魂乘晚船经浧江口、飞来峡，半夜抵达清远。

2月1日清晨，李汉魂上岸，临时借用清远消防队的办公室处理公务。午后，与县长欧阳磊一起巡视县城街道。

清远上一次被入侵时，已经被敌机炸毁房铺一百四十多间，这次又被烧毁一百八十多间，城中已经难见完整的店铺，本来最兴旺的南门街，都只剩残垣断壁了。

下午两点，李汉魂召集公务员及自治人员训话，但只有四名乡长到来。李汉魂看到这些保甲长，都是年老昏庸之辈，没有年轻人的面孔，对清远的现状感到有些失望。

2日凌晨三点后，李汉魂才上船休息并出发前往龙山。由于逆风逆水，行进速度极慢。龙山乃清远四区，此区是浧江之中心，人口有十三万之多，民团拥有六七千枪支，轻机枪二百多挺，重机枪也有五挺，在这次大战中作战甚为得力，击毙和俘获日军不少，自身伤亡三十多人。

李汉魂召集民团训话后，感觉这批民团虽然强悍，但纪律涣散，而且骄傲，所以打算派人来加以训练，让他们成为更好的抗日力量。

下午，李汉魂再度乘船赴佛冈。3日上午登岸视察。

佛冈在此次抗战中贡献很大，但损失也很惨重，被日军焚毁房屋八百多间，全城几乎被炸毁，被日军杀害一百一十人，受伤四十七人。

4日，李汉魂来到距离龙山四公里的石角镇，听取龙山县长黄祥光的汇报。当得知龙山县抗敌以水头乡最为得力，李汉魂特意召见了该乡的普训队中队长邹六，特加奖赏。该团队死伤四十八人，缴获数十支枪，大炮一门。

查佛冈乡有两人曾向日军竖白旗投降，即予以扣留严惩。

5日，李汉魂来到英德境内的太平墟。此地已被日军焚烧殆尽，李汉魂步行进墟内，到处可见流离失所的乡民。

民众听说省主席亲来视察，纷纷跑来迎接，前呼后拥，如见亲人，很多人还找来鞭炮燃放。李汉魂非常感动，只恨自己没有能力拯救他们于水火。

6日，李汉魂路经青塘、官渡，转乘车到三华，与余汉谋见面，察看了被炸的第十二集团军总部。下午，李汉魂乘车到翁源。翁源是这次被破坏最严重的县份，全县被烧房屋三千三百多间，整个县城只剩三间房子没有被炸。

李汉魂此行视察为期九天，于2月6日晚上回到韶关。

李汉魂出巡八县时视察翁源（资料图片）

1942年春，李汉魂出巡到各县视察，检查各地搭建难民营的进度

建设难民营的外国工程师肯德尔先生

柳州开会　湘省换粮

赈灾工作告一段落后，李汉魂奉命于1940年2月17日与余汉谋一起赴广西开会。皆因此前由白崇禧和陈诚指挥的桂南战役中，中方以优势兵力对敌，结果却损失惨重，蒋介石震怒，要在柳州开会检讨，追究责任。

李汉魂等先到桂林，会晤了白崇禧和黄旭初等广西政要。

21日，蒋介石飞到桂林，李汉魂与余汉谋同往机场接机，并陪同蒋一起往行馆会谈。蒋介石向李汉魂询问广东教育厅的情况时，李汉魂因为耳朵听力不好，以致没听清楚而答非所问，虽然蒋没有怪罪，但仍自感到尴尬和不好意思。

午夜过后，众人分别乘车连夜前往柳州，蒋介石邀李汉魂同车，李因不好意思而婉拒，只与余汉谋另乘一车出发，早上九点多到达柳州。

下午三点，在机械化学校召开第一次会议，与会者有二百多人，由蒋介石主持并作了长篇发言。

饭后，蒋介石在下榻的羊角山行辕内休息，突然听到飞机的隆隆声，引起警觉，急忙披衣起来，迅速钻进后山的防空洞。紧接着上空就出现了数十架敌机，向着防空洞口投弹，轮番轰炸，当场死伤守卫十二名。

这次开会地点，位于柳州河南荒郊山野、人烟稀少之地，从无敌机来此，实不知敌人的情报为何如此精准，居然飞来集中轰炸一处，令人怀疑有内奸报信。幸蒋介石毫发无伤，会议也继续举行。

李汉魂与陈诚等同住另一宾馆，并无受到任何影响。

23日的会议，仍由蒋介石训话。下午，蒋介石单独召见李汉魂，听取他的广东党政事务的简单汇报。蒋听后甚为满意，勉励其继续努力。

军事会议于25日闭幕，因为桂南战役的失败，蒋介石宣布了赏罚结果：

桂林行营主任白崇禧因为督率不力，政治部长陈诚因为指导无方，两人由一级上将降为二级上将；

第三十七集团军总司令叶肇扣留交军事法庭会审；

第三十八集团军总司令徐庭瑶撤职查办；第三十六军军长姚纯撤职查办；第六十六军军长陈骥撤职查办；第九十九军军长傅仲芳撤职查办；第三十六军参谋长

郭肃撤职查办；第四十九师师长李精一撤职查办；第一六零师师长宋士台撤职查办；第九师师长郑作民已阵亡免究，该师番号取消，改无名师；第一三五师师长苏祖馨撤职留任；第一三五师四零五团团长伍宗骏扣留交军事法庭会审。

第三十五集团军总司令邓龙光，因在其他部队均节节败退的情况下，仍能阻敌取胜，记功一次；第四十六军军长何宣及第七十六师师长王凌云，也各记功一次。

此外，蒋还宣布：取消叶肇、徐庭瑶两个集团军番号；桂林行营不再指挥各部队，按战斗序列归第四战区指挥；第四战区司令部由韶关迁移到柳州。

柳州会议之后，李汉魂回到韶关，案头积压了二百多封信件需要处理，其中大部分是旧识谋官职和推荐任职之类的信，令李汉魂头疼不已。

由于每天太多人事应酬，为不影响工作效率，李汉魂立下规定，即日起，上午一概不见客。

李汉魂在任内的三大忧患，一是外患，日本飞机经常来轰炸；二是内讧，政府内部各方派系互斗，影响施政；三是粮荒。其中最操心的事就是粮食问题，因为既要解决老百姓的吃饭问题，又要满足前线军粮的供应问题。

广东一向产粮都不足以自给，需要进口洋米补充，这一年海岸线被日军封锁，湖南和江西也因交通受阻，粮食无法迅速运到，广东多地便出现了粮荒，米价暴涨，五华和揭阳等地还出现了抢粮事件。

李汉魂于4月中赶到兴宁，召集当地负责人商讨对策，解决办法是开源节流与赈济并举。至5月，各地米价才渐趋平稳。

李汉魂随后与邻近的广西、湖南和江西等省负责人开会沟通，采用了以盐换粮的交易办法。因为广东沿海盛产食盐，而内陆省份大多缺盐，正好可以互换。

11月，李汉魂还专门到赣州，与江西省主席熊式辉商讨具体交易方式，粮荒总算暂时得到了缓解。

为了防止第二年出现春荒，李汉魂号召人民增加粮食生产，以防患于未然。

推新县制　立新校规

1940年4月，中央派人来韶关宣传讲述新县制，李汉魂按照中央政府的要求，立即开始在全省进行宣传，并研究实施新县制的具体事项。

新县制是国民政府 1939 年开始推行的地方行政制度。

国民政府在《县各级组织纲要》中规定：县为地方自治单位，县下设乡，乡设保，保内设甲；县内的各级执行机关为：县政府、乡公所、保办公处；各县设县参议会、乡民代表会、保民大会、户长会议；县长由国民党员担任；保长及区署的军事、教育两指导员，乡公所的警卫、教育两股主任，须经训练合格后才可充任。

广东省政府按照省内各县的面积、人口、经济、文化、交通等状况，将全省九十七个县分为五等，一等有十八个县，二等有二十九个县，三等有三十九个县，四等有八个县，五等有三个县，开始贯彻执行。至 1942 年底，除战地县份外，全省共六十八个县基本完成实施。

1940 年 6 月，吴菊芳生下了她的第二个儿子李沛，也就是李汉魂的第七个儿子。

这个时候，由苏联派驻中国的空军总顾问帕尔霍明科提议，由中国航空委员会开办的中央空军幼年学校，开始向全国招收十二至十五岁的高小毕业生。

李汉魂从广东各地选送了一批广东优秀少年前往四川灌县（现在的都江堰）入学。这批少年人才通过学习训练，后来很多都成了中国的空军或民航飞行员，还有不少成为将领、教授、科学家和艺术家。

下半年，李汉魂的主要工作就是解决缺粮的问题。因为军粮和民粮不足，民众与军方产生了诸多矛盾和摩擦。

1941 年，李汉魂兼任三民主义青年团粤支团部筹备主任。

3 月底，李汉魂赴重庆述职及开党政会议一个多月。

5 月返回韶关，正逢暴雨连旬不止，李汉魂是信佛之人，11 日正好是四月初四"浴佛节"，李汉魂冒雨赴南华寺，诚心礼佛祭天求晴。巧的是翌日就真的雨过天晴了。

7 月，由于妇女团团长陈明淑不幸遇上车祸去世，吴菊芳在众人的推举下，又兼任了该团团长。

妇女团的工作范围也得到了很大的扩大，在李汉魂的全力支持下，陆续开办了织染厂、缝制厂。

儿童教养院经过一年多的经营，也取得了很好的成绩。教育家崔载阳担任顾问之后，提出把小学六年缩短为四年一贯制，一学年分四学季，每学季十个学周。

因为儿教院的儿童大多无家可归，所以无须考虑给他们放寒假和暑假。

崔载阳还提出了儿教院的"家、校、场、营"四字方针。

家，就是管理。老师既为教师，又是家长，儿童以院为家。分院的每座大宿舍，住宿儿童约 200 人，大宿舍后边有男女老师的集体宿舍。老师除负责教学，还兼管儿童的生活伙食。

校，就是学校。学校设主任一人，班主任若干人。学校采用单一年级的或混合年级的编制。儿童每班 30 至 50 人不等。

场，就是劳动。适当参加生产劳动。

营，就是军训。军事化管理。有些院采用童子军制，有些采用陆军制，经常实行军事操练。

由于采取四年制，之前商务印书馆、中华书局出版的全国通用小学六年制的课本已经不适用了，在崔载阳的推动下，成立了"广东儿童教养院新中国儿童课本编纂委员会"，请戚焕尧主持制订纲目、科目及编写计划，在莲塘展开编纂工作。

《新中国儿童课本》分成四个科，每科 16 分册。

一是政治科，包括政治常识、三民主义、公民训育；

二是文化科，包括语文、历史、音乐、美术；

三是经济科，包括算术、珠算、自然、地理；

四是军事科，包括军体、卫生、手工劳作。

中赈会还拨专款二万元给该儿童教养院用于发展生产。儿童教养院下设有生产组，有主任一人，技术员五人，技工十人，事务员二人。有大工场一座，小工场二座，农舍一座，牛、猪、鸡舍各一座，工农具一大批。每个星期，每班儿童有专授生产教育课二节，劳动实习课四节。

1941 年，儿童教养院种植花生二十八亩，收获三千余斤；种植甘薯十亩，收获四千余斤，种菜二十四亩，年产二万余斤。另外，儿童教养院全年承制军用竹水壶一万多个，他们生产制作的九里香筷子，以精美著称，很受欢迎。

7 月，李汉魂奉命赴重庆述职。并参加了中央训练团，任军事处处长。

9 月，日军飞机大举轰炸韶关，并侵占了四邑、清远和三水等地，直到年底湘北大捷之后，敌军才撤走。

正在小学接受文体教育的难童

外国记者访问儿童教养院

儿童教养院实验小学的粤剧团在排练节目

救援港客　接济侨胞

10月8日，广东省成立了"广东省侨资垦殖委员会"，李汉魂兼任了主任委员。

10月12日，李汉魂前往湖南衡山参加南岳会议，为期十天，23日才回到曲江。

10月27日，李汉魂出巡到各县检查工作，巡视了十五县，为期四十三天。巡视刚结束，珍珠港事件就发生了。

在李汉魂出巡这段时间里，吴菊芳于11月赴香港，为李汉魂生下了第二个儿子，取名李浩。

1941年12月8日，日本偷袭珍珠港，挑起了太平洋战争。

吴菊芳这时仍在香港坐月子，得到消息后，不顾当时还发高烧，赶快包了一架小飞机飞回南雄，再转车回韶关。回来没几天，香港就沦陷了。

香港沦陷后，大量香港难民蜂拥逃入广东境内。李汉魂指示广东省政府立即大动员，展开努力救济香港同胞的工作。

韶关各界和机关团体组织成立了"紧急救港侨委员会"。当时称居住香港的中国人为"港侨"。

1942年1月，广东省府颁布《救济港侨工作大纲》，要点如下：

第一，凡归侨经过的地方，无论县城、市镇应即成立"救侨办事处"和"归侨招待所"，负责招待归侨膳宿；

第二，归侨回乡，每人每日发给旅费二元。

第三，其无家可归或愿意留韶参加抗战工作的应妥善安置。

日军占据香港后，以粮食不足为由，强迫疏散70万香港人口，香港难民每日拖儿带女，经淡水等地回乡避难者不下千人。据报，有些难民不但食宿无着，且在途中屡屡遭到抢劫。

刚刚从沦陷区抢救出来的难童

李汉魂闻报，立即下令沿途各市镇，除设立办事处及招待所，照章招待并发给旅费之外，并严令各地保安团队，切实保护港胞安全回乡。

受难港胞对此举无不感激，广为称颂"李汉魂不愧为民之父母"。

为了更好地进行紧急救济，李汉魂在韶关发起"出钱救侨运动"，李本人带头捐助一万元，余汉谋也捐了一万元，带动各厅长、处长以及各界人士亦纷纷解囊捐助。

加上省银行捐助出来的三十万元，此次捐钱运动共筹得一百万元。另外，中央政府也拨来一千万元、救侨委员会也捐助了一百万元。

在港胞回乡途中所经地区，省政府和当地人民，在极其困难的条件下，先后接待了数十万香港难民，帮助他们顺利地回到家乡，可谓功德无量。

不少滞留在港的达官贵人，也混在逃难的香港难民中隐姓埋名，冒险乔装出逃。李汉魂也在省府设置特别招待站，让他们得以休整后，再送往后方桂林。

这些名人中，有廖仲恺夫人何香凝女士、杜月笙夫人孟晓冬女士、著名影后胡蝶夫妇、唐生智夫人、谢晋元夫人等。

已经移居香港的"南天王"陈济棠，此时也化装成难民，混于人海中出逃，在乘搭西江轮时，被军长陈公侠认了出来，立即派专人护送到韶关，李汉魂对他礼遇有加，把他安全护送往重庆。

1月19日，李汉魂再次冒着风雨出巡，先后到过平山、海丰、陆丰、惠来、普宁、揭阳、丰顺、兴宁、梅县和龙川等县。

海丰一名抢劫难民的人，被捕获后即由当地保安团就地枪决。陆丰也有乡自卫队向难民勒索钱财，也被加以拘捕查办。

至2月24日除夕，李汉魂才回到韶关，历时一个多月。

返程时路经龙川，李汉魂巧遇刚从香港逃出来的著名美国侨领司徒美堂，以及知名学者陶希圣，于是结伴同车回程。

太平洋战场拉开战幕后，又有大批侨居于南洋各地的侨胞逃离他们的家园，返回祖国。救侨行动再次大规模展开。

根据广东省紧急救侨委员会制订的救侨工作计划，广东省的救侨工作共分三期进行，每三个月为一期。

首期预计救助香港难民十五万人；

第二期预计救济香港难民十五万人；

第三期预计救助南洋归侨十万人。

救济对象包括难侨、侨生、技术工人以及国内的侨眷。

广东省紧急救侨委员会根据实际需要及为工作便利，特别在惠阳、台山、茂名、丰顺、兴宁、高要等六县设置了办事处，分区办理救侨事宜。

在各办事处之下，又分别于归侨入口路线及侨胞众多区域，成立护送站、招待所一百多个。另外，又派出十四支救侨队、七支医疗队、三支妇孺抢救队，出发到东江、西江、南路各县，协助各站、所，从事救护工作。

1942年1月至4月，广东省紧急救侨会共计接待归侨六十六万四千四百多人，是预计人数的一倍以上。

到1942年6月中旬，救侨会基本完成了第一、二期救侨工作，开始进入第三期救侨活动。

在第一、二期救侨工作完成后，由于归侨日见减少，救侨会对其原设各办事处进行裁并，其内部机构也有所收缩，仅设立总务组、救济组和会计室三个部门。

至于救侨经费，除了中央向广东拨付了紧急救侨费一千万元外，大部分由广东自筹解决。

自香港、菲律宾沦陷以后，战事波及到马来亚、缅甸等国，沿海地带已被日寇封锁，除了少数闽籍侨胞选择从漳州等地登陆外，多数侨胞选择从广东、广西以及云南等地入境回国。

到1942年8月底，接待归国难侨的工作接近尾声，接下来的工作转入到如何安置难侨上来。根据中央的指示，各省在1942年成立了省建教委员会，具体负责

广东省政府紧急救侨委员会收容和救济因战争而涌入的难民和难侨

归侨的登记与介绍工作事宜。

为充分利用归国难侨中的技术人员为抗战事业服务，广东省于1942年1月颁布了"粤侨技术人员调查登记任用办法"，对于粤籍侨民中具有特定资格的技术人员，由广东省政府制定调查表，委托海外侨团及党部暨使领馆查填，或由侨胞本人向省府申请登记。对愿意回国服务的侨胞，由省、市府就所属各机关之需要尽量延揽，并分别介绍各省及呈请中央任用。

对于那些没有一技之长的难侨，广东省救侨会根据安置归侨工作的需要，在1942年4月初开始筹设小型工厂，计有制纸、文具、竹木、纺纱、织染、砖瓦、火柴、牙刷、制糖及酿造等轻工业小厂二十多间成功开办，分别安置安排了归侨二千多人就业。

同时，省救侨会与侨资垦殖委员会洽商，在龙坪垦区划出土地三千亩，马坝垦区划出土地一千五百亩，作为归侨垦场，安置归侨一千五百多人，从事垦殖工作。

另外，李汉魂还组织归侨青年，成立了青年训练营，进行严格的军事训练。

国民政府救济归国难侨的活动，是中华民族团结互助精神的集中体现，给予海内外侨胞巨大的物质与精神鼓舞。海外侨胞也由此增强了对于祖国的认同感，激励他们对祖国抗战事业作出更大的支持，成为争取最终胜利的一支很重要的力量。

李汉魂的照片集中，收藏了一张1942年从美国寄回来的照片，记录了美国波士顿举行七七抗战5周年纪念大会的筹款大游行。由华人社区组织起来的数十名女青年身穿旗袍，抬着巨大的筹款帐幕，沿街走过，引来不少热心人纷纷解囊。

海外侨胞所筹得的款项，也是用于救助归侨和灾民的部分资金来源。

李汉魂在韶关组织归侨青年成立了青年训练营，进行严格的军事训练

李汉魂在韶关组织归侨青年成立了青年训练营，进行严格的军事训练

粤北马坝垦区的办公厅

经历沦陷毁坏重新修复的广东省侨资垦殖委员会
马坝垦区和厚小学

1942 年 7 月 7 日，美国波士顿侨界发起筹款大游行，由华人社区组织起来的数十名女青年身穿旗袍，
抬着巨大的筹款帐幕，沿街走过，引来不少热心人士纷纷解囊

第二十六篇　官场疲内讧
政海砥中流
（1942年2月至1944年10月）

1942年的春节期间，李汉魂要应酬的人事特别多，如从美国回来的著名侨领司徒美堂、闽粤赣边区总司令香翰屏，及伤愈刚出院的虎门要塞司令陈策等人，全都怠慢不得，另外还有不少归侨时来求见，这些人除了给他们拜年，还需要妥加关照，要帮助他们解决各种各样的疑难琐碎问题，李汉魂由是忙得不亦乐乎。

力拒军购　勉解粮荒

2月25日，已是正月十一，李汉魂难得地偷闲数日，偕同吴菊芳，逃出烦嚣的事务，驱车前往阔别了三年的连县，探视当年因避战而迁来的儿童教养院。

位于连县的儿童教养院，此时已经发展到三个院，外加两个保育院，共收养难童三千多人。因为到处都是小孩，李汉魂戏称这里为"小人国"。

每天跑一间儿童教养院，李汉魂和吴菊芳一连三天都在"小人国"视察。

当年绥靖粤北区时，李汉魂曾在连县狮子岩边搭建了一间自住的小泥砖屋。此屋不但非常简陋，而且年久失修。

李汉魂视察完儿童教养院后，旧地重游，他们并不嫌弃小屋破旧，来到即亲自打扫一番，在那里住了三个晚上。

李汉魂非常享受这段短暂的乡居生活，这里景色幽美，他希望有朝一日能把这里建设成风景名胜区，更遐想等抗战结束后解甲归田，搬来这里常住，过上优游于

1942年2月底，李汉魂和吴菊芳在连县儿童教养院与被称为"四喜"的四名难童合照。此四名难童是两对孪生儿童

林泉下的隐士生活。

两人在连县逗留一星期才返回韶关。

1942年开春以来，风调雨顺，李汉魂相信，如果不是战乱，必定会是丰年。

由于去年对冬耕抓得很紧，各地的杂粮都获得增产，当时觉得全省粮价已经基本稳定，民间的粮荒总算度过了。

至于军粮的征购任务，李汉魂也如期上交了十万大包军粮，估计上半年可以安稳度过。令他想不到的是，军方的征粮局突然向省府额外加征粮食十二万大包，令省府压力骤然大增。

老百姓的口粮本来就严重不足，要靠杂粮充饥度日，不可能再向他们要粮，这些年省府解决征购军粮的办法，都是由省府出钱到外省以高价购进，再以低价供给军方，每年省府都要亏折三千多万元。

军方内部一向有虚报名额吃空饷的陋习，李汉魂是心知肚明的。而军方有些不肖分子，常暗中把多余的军粮运往外地，高价出售牟利，李汉魂也时有所闻。

1942 年，李汉魂在垦区内向归侨发表演讲

李汉魂没有权力去管军队事务，但而今国难当头，民不聊生，省府也没有多余的钱去额外购粮了。

与余汉谋多番交涉周旋并无结果，李汉魂只有上报中央，最后由蒋介石亲自下令到战区，命余汉谋不得再向广东省内额外征购军粮，此事才算得以了结。

军粮危机刚刚解决，到了 4 月，西江一带和四邑等地不知何因又闹粮荒，粮价猛涨数倍，尤其以四邑各县最为严重。

为了找到粮荒原因并尽早加以解决，李汉魂在 5 月 8 日率议长吴在民及地政局长高信、银行行长云照坤、粮政局副局长巫海帆等人，再次出巡，前往清远、四会、肇庆和开平、恩平、阳江、阳春、电白、茂名等地作深入调查。

经深入了解，他们终于弄清了导致这次粮荒的四大原因：

一、地方官员管理无方，导致粮食流通阻滞。

二、敌占区日军以高价收购粮食，诱使国统区内的不法粮商将粮食走私外运至敌占区售卖获利。

三、有奸商囤积粮食，操纵粮价。

四、由于大批香港和东南亚国家的华侨难民涌入，增加了粮食的需求。

原因查明之后，李汉魂立即采取措施，统筹拨济，调运粮食到四邑各县，压制粮价，严禁走私外流，法办投机奸商。

吴川探母　韶府逼迁

　　出巡的最后一站，李汉魂到了茂名，故乡吴川近在咫尺。

　　由于军政事务缠身，已经三年没有回乡见母亲的李汉魂，于24日清晨早起，匆匆赶路，终于在晚上8点跨进了家门，见到了多年卧病在床的母亲。

　　见到儿子回来，母亲精神顿时好了很多，甚至可以坐起来说话了。

　　因为公务在身，李汉魂只在家乡陪侍母亲数天，便在29日辞别了。

　　李汉魂的母亲十年来因病卧床，甚少走出房间，这两天竟能由人搀扶到大厅稍坐。李汉魂辞行时，她还亲自送至门口。

　　李汉魂当天的日记这样写道："早六时由家动身，母并出门口送我，慈怀宽快，幸无寂容，予此度归来，见母体清健亦甚放心，殆较前度在谢鸡时之凄然拜别，大不同也。予赖先人余荫，受

1942年5月24日，李汉魂出巡清远、四会、肇庆、开平、恩平、阳江、阳春、电白、茂名等地，顺便回乡探母

国厚恩，一切俱过其分，现别无他望，只盼早复山河，慈晖永驻，则如天之福矣。"

　　在回程时，李汉魂绕道到广西柳州探访了张发奎，又赴桂林拜访了李济深和黄旭初。

　　就在李汉魂出巡的这段时间，韶关方面发生了一件大事。

　　余汉谋在李汉魂出巡未回之时，以"日军近日要打通粤汉铁路"为借口，不经知会身为省政府主席的李汉魂，便在韶关召开了一个党政军联席会议，宣布将省府从韶关永远迁出，移往连县，并且限令在当月底迁移完毕。

李汉魂在回韶关的半路上听到了这个消息，大为惊讶。

盘踞广州的日军，虽时常叫嚣"打通粤汉铁路"，但一直没有实际行动，迁府实在算不上迫在眉睫之事。

既然此次的强制性举措，并非势在必行，估计很可能是因为数月前逼交军粮的事，令余汉谋心存芥蒂，在外界看来，似是报复的行为更多一点。外间传闻已久的军政不和局面，看来已经公开表面化了。

余汉谋和李汉魂当年都是保定同学，毕业后也都服役于粤军第四军，本来应该没有什么隔阂。

分歧始于北伐之初，第四军一分为二。李汉魂参与北伐，余汉谋留守广东之后，两人便各自属于不同的阵营，还曾经在蒋桂战争时兵戎相见。到全面抗战时期，本该尽释前嫌，但广东军方有些将领却心病犹存，导致在处理各种事务时经常性地互不信任，衍生出很多不必要的矛盾。

李汉魂主政广东之后，余汉谋作为战区司令长官，因为缺乏互信，已经运用各种手段，把可能有利于李汉魂的所有势力排挤出广东范围，对已经手无兵权、不再有任何威胁的李汉魂，他仍任由手下诸多刁难而视若无睹。李汉魂百般无奈，也只能百般忍让。

李汉魂迁府韶关，用心经营了三年之久，韶关已经成为广东的政治中心，就算需要搬迁省府，也要从长计议。

连县地处偏远，虽然安全有保障，但交通极不方便，非但不利于治理省政，也不利于民心的维系和军心的提振。对于省府搬迁，如非紧急情况，李汉魂觉得应该由中央政府决定和批准，然后从容进行，而不是由地方军事长官来限令逼迁。

6月7日，李汉魂去见余汉谋，平心静气地提出折中意见，谓省府如果因为局势紧张需要临时疏散，那是绝对没有问题的，立即就可以进行。但若不是紧急情况，作为省会的迁移，还是应该先请示中央，待中央决定后，再召集各部门委员商量具体事项，而不应该是由军方限时"永远迁出"。

然而余汉谋态度甚为坚决，只承诺将命令措辞由"永远迁出"改为"彻底疏散，准备迁移"。

第二天，李汉魂又接到余汉谋新的命令，在"彻底疏散，准备迁移"之后，加上了"此后不再回韶"的字眼，并限令于7月15日迁移完毕。

此命令还在当天的报纸上全文发表，引起社会各界哗然，谣言四起，都说广东军政两方已经势不两立。

李汉魂深知此时据理力争也没用，只能约束部属不要发牢骚，一边加紧部署搬迁事宜，一边静候中央指示。

行政院很快就复电批示："抗战期内，省府可迁连办公，并可酌留一部分人员，在韶处理紧急公务。"此电文的意见虽然同意迁府，但实际上已推翻了余汉谋"彻底疏散"的命令。

李汉魂为了不让余汉谋感到尴尬，并不对外公布电文内容，而是仍然加紧一些部门的疏散工作。

余汉谋感到各方舆论均对他不利，终于明白制造摩擦只会两败俱伤，乃于6月8日约见李汉魂，态度明显软化。经过交谈，两人决定联名给蒋介石发电报，表示听从中央作最后决定。

24日，余汉谋更主动向李汉魂提出，如果有什么困难，他可以帮忙解决。两人再次联名致电中央，提议将省民政厅、财政厅、教育厅、建设厅以及秘书处、会计处，还有粮政局等重要部门都留在韶关。

最后，余汉谋不再要求省府永远迁出，而且同意将最重要的几个部门留在韶关。李汉魂为了顾全他的威信，也就不再公开行政院的电文，让人们觉得是余汉谋自己改变了主意，而非军政两方闹矛盾。

谣言不止　物价难平

省府迁址的风波平息后，李汉魂感到心力交瘁。

于7月底，李汉魂陪同美国侨领司徒美堂到连县，参观连县的几所儿童教养院。

由于劳累过度，李汉魂刚到连县就病倒了，连日高烧不退，又呕又吐。回韶关后，经确诊为恶性疟疾，病了十多天才好起来，其体重下降为七十七斤。

病后的李汉魂身体虚弱，然而公务积压太多，他仍然要夜以继日地投入工作。

病刚有点好转，李汉魂又碰上一件烦心事。省府全体工作人员因为薪水太低，

1942年，美国著名侨领司徒美堂和广东省议会吴在民议长亲临难童救养院视察，并与难童合照

1942年7月，美国著名侨领司徒美堂和广东省议会吴在民议长亲临难童救养院视察

1942年7月，由于劳累过度，李汉魂在连县病倒，连日高烧不退，又呕又吐，回韶关后确诊为恶性疟疾，病了十多天才好起来，体重只剩下七十七斤

生活拮据，集体联名上书要求加薪，甚至有人提出，要求省府退回他们在年初捐助救侨的捐款。

因为他们有人对比过军方人员的薪酬，自己的待遇，确实与他们相差很大，也难怪大家有意见。但李汉魂也无能为力，因为省政府太穷，他只能搬出大道理来尽力说服众人共济时艰，不敢苛责。

此时外间又盛传，说垦殖场账目不清。司徒美堂于 9 月 4 日来见李汉魂，要求交代侨胞捐款去向。李汉魂只好抱病立即召开了救侨会会议，派人对过往的赈济账目进行审查。

11 日，李汉魂召开侨垦委员会议，特邀司徒美堂参加，将全部经营账目公开，这才化解了众人的疑虑，破除了谣言。

9 月中旬，四邑粮荒再度出现，台山尤为严重，李汉魂再次拨款救济，并从灾区救出千多名皮包骨头、濒临饿死的儿童，送到韶关儿童教养院。

9 月 20 日，由第十二集团军主办的《建国日报》登载了一篇文章，就救侨会有关特种人员救济费的事，对李汉魂进行肆意诋毁。李汉魂找到余汉谋，希望他约束下属，不要无事生非，但余汉谋不置可否。直到中央赈济委员会委员长许世英在重庆表示，此事责任不在李汉魂，并指出李汉魂在救侨行动中认真负责，才让造谣生事者无话可说。

10 月初，中央党部考核团主任李宗黄前来考察广东党政工作，参观了在韶关的儿童教养院和力行中学。李宗黄对广东省政工作非常满意，尤其是对机关工作效率、财政公开、救济、禁烟禁赌等方面，都给予好评。

10 月之后，李汉魂到重庆去开十中全会，12 月才回到韶关。

年底，潮汕粮价再度飞涨，原因是日军对当地施行经济破坏，高价收购当地粮食。为防止有人受敌利诱运粮出境，李汉魂除加强封锁巡逻之外，又在当地实行五户联保，以保证没有人运粮出境，违者严办。另外，实行增加生产、整理水利、改良肥料、防虫除害、推广冬耕、开荒种杂粮、不准用粮食酿酒等措施。

1943 年元旦，久雨初晴，吴菊芳筹办了一场"赈济生产事业展览会"，在韶关中山公园展示儿教院的生产自救成果。

儿教院共有两千七百多人参与了展览会上的检阅活动。

展览揭幕的第三天，敌机忽然来空袭韶关，造成大批人员伤亡和财物损失。

展览会场地即被改为难民收容处，安置受空袭影响的民众。

1月15日，十中全会上通过的《加强管制物价方案》，开始在全国开始实施。

李汉魂召开各县、市长开会，再召开全省动员大会，制定管制工资、租金、运输和物价等施行细则。

由于方案实行过于仓促，到15日正式开始实行的当天，就出现了很多意想不到的情况。例如有些粮店干脆不开门营业，开了门的，也没有按规定的价格来出售。

物价管理施行了一个月，表面上物价能够稳定，但只是流于形式。战乱时期，要实施物价管理实在非常困难。

1943年2月中旬，日寇在广东西南部的广州湾（今之湛江市）强行登陆，令局势更加紧张。李汉魂遂于3月11日出发经衡阳转柳州，约张发奎一起到前线巡视。

李汉魂沿途调查民情，尤以了解各地粮价为主，发现到处都有黑市。广西桂林、柳州米价都比韶关贵，食盐也很贵。

3月16日，李汉魂与张发奎从柳州出发，取道贵县、兴业、寨圩、张黄、白沙和廉江。因为我军一六五团刚刚在这里跟日军打了一仗，日军气焰稍敛，当地民心还算稳定。

4月1日，李汉魂到达茂名。他的旧部一五五师就驻守在这里，负责堵住日军北犯之路。李汉魂与当年患难与共的同袍战友见了面，又是一番感慨。

4月2日，李汉魂与张发奎在茂名告别，动身继续巡视民情，经过信宜时，他顺道探访了在高岭逃难的母亲。

李汉魂见母亲此时竟然抱病寄身于乡间一祠堂中避难，真是情何以堪。

李汉魂心中不忍，找到当地一位姓梁的小学校长，拜托其给予关照，让其母亲暂时寄住在他家。

4月6日，李汉魂辞别母亲，翻山越岭，经怀乡、贵子到罗定，再到德庆，沿路打听米价，并留意各县政情。11日抵达肇庆，肠胃病发，在他忍痛接见完当地官员之后，吃药卧床三天才好起来。14日坚持出发，15日到达开平三埠，巡视两天，17日巡视了台山，18日巡视了苍城。

这几处地方治安皆甚为堪忧，到处是盗匪烟赌。李汉魂虽然当时处置了一些不法之徒，并命当地政府严治，但他深知山高皇帝远，待他一离开，一切又会死灰复燃，也是徒唤奈何。

此次出巡花了四十六天，回到韶关已是 4 月 26 日。

粮荒严峻　党务费神

刚刚回到办公室，李汉魂就接到各地粮食告急的电报，请求紧急救济的人接踵而来。由于遇上特大天旱，战乱之时又无暇投入水利建设，最终酿成了特大灾难。

1943 年广东发生的大旱灾，在史书上被称作"二十世纪十大灾难之一"。

抗战前，广东每年都要从外省及海外进口粮食。自从香港、东南亚和广东沿海各地被日军占领以后，外来米源断绝。

由于原本生活在东南亚的几十万华侨，在日军的驱逐和迫害下纷纷逃回广东家乡，人口激增，粮食供应便愈加紧张。

华侨的汇款，也因日军的经济封锁而被阻断。

日军更在其占领的广东沿海地区实行海禁，渔民不能出海捕鱼。一向靠买米过日子的渔民，一下子失去了经济来源，大量渔民被活活饿死。

台山和陆丰两地，哀鸿遍野，饥民大量饿死，更发生了人吃人的惨剧。

李汉魂下令省内所有仓库的粮食，全部拿出来赈灾，同时向中央报告，要求中央下令，让邻省开放米禁，并给广东赈济一百二十万担粮食。

然而邻近的广西省政府以自顾不暇为由，拒绝提供援助。湖南省政府则连民间捐助的粮食也不准运出省境，甚至还向广东提出，以一担食盐来换一担粮食等量交换为条件。

只有江西省给予了很大的支持。因为广东潮梅地区与江西接壤，赣南地区荒地多，平时也经常有潮梅地区的人民迁移到那边开荒种地。

经时任江西省主席曹浩森的同意，粤赣两省成立了江西省救济粤东移民委员会，广东省向江西移民了七万多人。

尽管李汉魂已经竭尽全力，军方仍然在《建国日报》上撰文，不遗余力地对他进行攻击。

中央粮食部派人来视察，还有人拦路告状，歪曲事实，攻击省府粮政。李汉魂只好跟中央来人进行座谈，详细报告粮荒起因及救灾经过，才让来人明白了真相。

李汉魂为了节省粮食，一连数月，每天仅以吃粥果腹，瘦得像骷髅一样，这时还有人幸灾乐祸造谣，说李汉魂将一病不起，省主席将要换人，传得满城风雨。

李汉魂担任广东省党部主任委员以来，开展工作也是非常困难，因为党部中，大多数人都采取不合作态度，阳奉阴违，令李汉魂很无奈。

李汉魂办过一个干部训练团，原意只是为培养党政干部，却被党部有些人诬蔑为"造党"，密报南京，害李汉魂还要在百忙中花费精力向中央作详细解释。

李汉魂主持的粤党部，执行委员会委员共有十人，其中李伟光（梅县人）、萧宜芬（平远县人）、许成业（汕头人）、余建中（惠来县人），是中央组织部人事室主任陈绍贤保荐的人选；谢鹤年（高要县人）、冼家锐（德庆县人），是地方军事长官余汉谋保荐的人选；李伯鸣（梅县人），是中山日报社社长，与中央宣传部有关系；高信（新会县人），是广东省地政局局长，与CC系有关系；只有陆冠莹（信宜县人），才是李汉魂自己保荐的。至于郑丰（茂名县人），是辞去书记长后保留下来的委员。李汉魂在省党部中，只有陆冠莹、郑丰两委员可以依赖和信任。

李汉魂主粤党部时，慕僚长（即书记长）初为陆宗骐（信宜人），陆后来做了参政员，由郑丰接替；郑后来做了广东建设厅厅长，才由袁晴晖接替。

袁晴晖是东莞人，以往与李汉魂关系不深，但因其胞弟袁春晖曾于李汉魂任师长时，历任师政治部科长，袁晴晖才得以此关系在广东省地方行政干部训练团担任了教育长，之后又调任省党部书记长。

李汉魂任用慕僚，比较重视历史和地理关系，只有跟他共事甚久了解底细，或者是同乡，才敢放心使用。因此，李汉魂对袁晴晖履任初始时，确实没有给予相当的信任。

袁晴晖在省党部感到郁郁不得志，于是在1943年秋，联络李伟光、李伯鸣、余建中等其他委员，以李汉魂过于专断，致工作无由表现为辞，致电国民党中央组织部集体辞职。

当时省党部主委之下有秘书、组训、宣传、监察四个处，秘书处处长由袁晴晖兼任，下设总务、人事两科；组训处处长由陆冠莹兼任，因赴重庆国民党中央训练团高级班受训，由李伟光代理，下设组织、训练、党团指导三科；监察处处长由余建中兼任，下设第一、第二两科。

四个人的同时辞职，等于四个处的解体，亦即等于拆党部的台，而且他们事前都不曾向李汉魂提出过任何意见，搞突然袭击，等到部令表示慰留，李汉魂方知其事。

李汉魂对袁晴晖发了脾气，说他带兵数十年，从来未见有部下这样反对他。

李汉魂对付省政已经焦头烂额，因此觉得办党务太棘手了，不久便向国民党中央提出辞职。

但事经好几个月，中央都不复电批准，也不慰留，直至1944年2月，才派出方觉慧接掌粤省党务。

方觉慧是一位颇有资历的老同盟会会员，曾任孙中山大本营特派宣传委员，国民政府军委会总政治部主任，抗战时曾任中央党政委员会党务组长。

1943年8月中旬，李汉魂举行了一个大规模的全省行政及兵役会议。主要是为了解决粮食问题和地方自治问题，通过议案一百七十多宗，对粮食生产管理、移民垦殖、救济和教育等方面，都制订了具体的计划。

10月1日，李汉魂又被选为三民主义青年团粤支部干事长之职。

10月，敌机开始轰炸韶关，炸毁房屋一百六十多间，炸死市民三十多人，伤者四十多人。

繁重的善后工作，令疲于奔命的李汉魂终于劳累过度，又大病了一场，在床上躺了一个多月。

1943年的抗旱救灾，是广东省压倒一切的中心任务。李汉魂在行政会议上，特别提出"以解决粮食为当前急务"。省府颁布了《修正救济民粮发放办法》，要求各县发放救济民粮，其用途分配比例为：举办平粜占50%，举办施粥占20%，收养难婴难童占15%，其他救济占15%。

由于当时广东省各地在战争、灾荒双重打击下，大批民众逃荒，又由于筹粮不易，"平粜"之策难以推行。加上原有的经济基础太差，严重的灾害所造成的损失相当巨大。

1943年，是李汉魂最坎坷的一年，经历了史上罕见的粮荒，无端陷入了党部的斗争旋涡，还大病了一场。

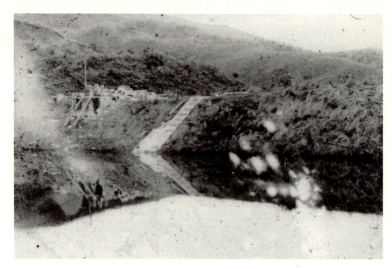

经修复后储满水的马坝垦殖区白芒坑山塘水库，该水库蓄水可解决垦区灌溉水源

1944 年元旦，李汉魂获国府授二等景星勋章。

李汉魂吸取去年教训，加紧水利建设，还暗自对天发誓，如果天不下雨，他就不吃肉。

然而 1 月份整个月全省没有下过一滴雨，春耕堪虞。李汉魂拟定了紧急救灾办法，由省银行贷款一千万元，发动农民抢种玉米，以及两月就可以收获的番薯。

2 月 2 日，突然天上雷声隆隆，下了一场大雨，李汉魂高兴万分。但是有老农告诉他，也许高兴得太早了，因为未过立春而响雷，多是水灾之先兆。

3 月底，又发生了一件令李汉魂伤脑筋的事情。省银行行长云照坤被银行董事会检举涉嫌严重违法。

此案按照规定，应该由省府全权处理。但是军方无视省府的权限，非要插手，擅自指定了继任人选并报告中央。

这位云照坤原是前任省主席吴铁城安插的亲信，吴铁城此时仍在重庆为他游说打点，争取让他留任，还很有把握地打电话来叫他放心。云照坤自恃朝中有人，愈加有恃无恐，还四处活动，以公款请客送礼。

李汉魂为了不再与军方发生过多矛盾，勉强同意了余汉谋提出的人选，但却无法容忍官场的腐败，于是派出省府委员高信、会计长毛松年和银行监理黄兆栋，深入开展彻查。

然而，孔祥熙从南京打电话来告诉李汉魂说，余汉谋其实并不打算查处云照坤，而是另有盘算。孔祥熙并叮嘱李汉魂，在还没有查清案情之前，最好还是不要撤云照坤职务。

经过调查，云照坤的问题已经坐实，证据确凿，但余汉谋却提出要董事会撤销了检举。云照坤于是继续逍遥法外，还被南京调任中国茶叶公司总经理，逃过了法律的制裁。官场的腐败，令李汉魂感到非常懊恼，又无可奈何。

痛失慈母　速练民团

5月15日，李汉魂赴重庆参加十二中全会途中，忽接报其母逝世的噩耗，如闻晴天霹雳，一时痛哭失声。第二天，蒋介石发来电报，批准李汉魂放假一个月，让他回乡奔丧。

李汉魂在回途中，流着眼泪写下了一篇《哭母文》：

呜呼！哀哉！吾母生我劬劳！匍匐归来，空作抱棺之痛！幽冥阻隔，无以色笑之欢！念半生雨雪纷飞，不惶将母念。此日捐换未报，何以为人？

回溯生平之痛史，化为恋母之哀音：

1944年5月，李汉魂的母亲逝世

1943年，李汉魂为纪念其母亲诞辰，捐资20万元在家乡吴川黄坡兴办一间"毅慈医院"。吴川卫生院也设在院内

儿生也晚，上有长姐，弟妹继生。椿萱并比，耕读家风。少小时光，庸庸碌碌。岁在辛亥，儿年十六，失怙兴嗟，清舍守屋，闾阎肆毒，取子毁巢，事鸦欲毒。母泣以儿："儿行宜速，汝能奋飞，家声不覆。"六十大洋，胡多年手蓄；行李萧条，随身一袄。既辞父灵，复听母嘱；姐妹牵衣，兄弟顿足；夜出后门，痛不敢哭，由是天涯，远离骨肉！于是再驰，奔西营盘。既离虎口，乃上洋船。二十年终，家运弥恶；季第发妻，先后俎落。母身常苦，心心何乐？我家积善，必有余庆；白云遥望，五内如煎；幸有弟妹，常侍亲前！

母固念儿，儿亦自警。奉召入都，行装已整。密祈天麻，南回归省。胡乃而也，征车待开。母已枕驾，泉台惨抱。乐昌站上，突然凶闻飞来。进退弗举，无驰含哀。昊天亡极，何胜言哉？已矣乎儿，年已半百，发且现白，若慰昏冥，我生何乐？

呜呼！倭寇乃民族之深仇，布衣乃吾家之旧宅。今后一息尚存，誓当荡倭寇、卫祖国、奉母主归敬一，以此赎儿愆！以此绵世宅，当白发随尽之年，即膝下长依之日。

呜呼！而词有尽，而痛无穷。母其有知，神祈来鉴！哀哉尚飨！

一个月后，李汉魂臂缠黑纱回到韶关上班。

此时战事紧迫，湖南株洲、浏阳均已告陷落，日军攻打衡阳，长沙估计也恐怕不保。而广州方面的日军也蠢蠢欲动，准备配合北上策应湖南。余汉谋为了阻止盘踞广州的敌军北进，下令拆毁粤汉铁路。李汉魂回韶关时，粤汉铁路已经拆至乐昌以北。

李汉魂也开始策划省府疏散事宜，筹备建立东区行署。

6月18日，长沙沦陷，但衡阳仍未被攻破，北面的敌军尚未形成威胁，所以还是以防备广州方面的敌军为主。

国际形势正在发生巨变，盟军飞机轰炸了东京，日军阵脚已经有点乱。

李汉魂加紧发动民众，组织武装自卫。

6月底至7月初，广州方面的敌军开始北进，攻占了龙门和清远两县。

7月11日，李汉魂来到连阳，组织民众自卫队，准备抵抗入侵之敌。

敌军继续北进，余汉谋的部队因为指挥失当，处处被动挨打，节节败退。李汉魂非常后悔当初为了迁就余汉谋的顾忌心理，轻易放弃了军队指挥权。而今手上无兵可用，爱莫能助。

8月8日，死守四十七天的衡阳也失守了。中央方面估计敌军将南侵和西进，下令破坏曲江以南的铁路以及韶关通往连县的公路。

在此形势严峻的时刻，广东军方又向省府预借军粮！

军方这年向省府提出的粮食征购，比上一年增加了三分之一，从二十二万包突增至三十二万包，民间根本无力承担。

经李汉魂与军方沟通，最后只减掉了两万包。

想不到，事后军方某些人还向中央粮食局诬告，说因为省府欠交军粮，致使前线将士断炊，还指责他们"政治跟不上军事，人民多做汉奸"等。

李汉魂对军方某些人的指责嗤之以鼻，在他看来，广东民众的对日抗战，比军队英勇得多，如廉江保安团与日军苦战，伤亡二百多人，大队长李夫成、缪爱民均英勇战死，如果所有广东军队都能这样英勇抗敌，日寇在广东也不至于如此猖獗。

月底，惊闻第四军军长张德能，因为长沙失守，被蒋介石下令枪决于重庆土桥。国人大都觉得这样的处分有欠公允。

1944 年，李汉魂率众在韶石山合照。左起：林春荣、张导民、吴菊芳、李汉魂、李敏、李焕

昔日第四军同袍遭如此下场，李汉魂更是唏嘘不已。

张德能是开平籍越南归侨，二十二岁携眷回国，于云南讲武堂毕业后即进入第四军参加北伐，曾在战斗中冒死救护张发奎而身受重伤，伤愈后升为团长。抗战开始后的第一次长沙会战时，张德能已经升为师长，之后第二次、第三次的长沙会战，他都因功升迁，最后成为第四军的军长。此次长沙保卫战的失利，主要责任应不在他。七天七夜的浴血苦战，在孤立无援、弹尽粮绝的绝境中，经作为上级的第九战区参谋长同意，张德能才决定撤退。想不到后来上级否认，推卸责任，令张德能含屈而死。

9月初，日军在湖南集结了十一个师团，李汉魂估计粤汉铁路沿线必有激战，所以决定省府加紧机关裁并疏散，所有机关，除了学校的教职员之外，一律裁员七分之一。各机关则分别向东、西江撤离。

李汉魂于9月8日抵达连阳后，紧急发动民众，重拾当年训练部队的专长，短短一星期之内，编训了四个自卫大队，十八个后备大队。

此时占据清远的日军已经开始向四会、广宁进攻，李汉魂集合连阳自卫队作战前动员，然后派赴三江方面警戒。

9月16日，李汉魂乘车离开三江，正好被空袭的敌机发现，在汽车前后投下了八枚炸弹，致使司机受伤，李汉魂幸无恙。

下旬，李汉魂回到韶关，即接到三青团中央电报，中央即将发动"知识青年从军运动"，询问他广东能征集多少党团员从军。李汉魂立即着手筹备，计划在年内，召集五千至七千名团员入伍。

敌军已经攻陷罗定，西江一带已经不安全，但李汉魂仍决定，省府主要部门暂留在韶关按兵不动，必要时再撤往龙川。

10月之后，李汉魂继续组织和加强地方武装民团的训练，并与军方研究如何在战时合作沟通、统一指挥。

然而，军方和绥靖公署并不热衷军民合作，他们只是想夺取民团武装的指挥权，令李汉魂感到左右为难。

第二十七篇 省府三迁址
衢州再履新

（1944年10月至1946年12月）

1944年10月14日，蒋介石发出了十万知识青年从军的号召。

李汉魂听到此消息，精神为之一振，除了积极筹备征集知识青年，他还萌生了一个念头。

在广东省政府主席任上六年，他已经厌倦了官场的互相倾轧和尔虞我诈，他想趁此机会跳出是非圈，带兵重返战场杀敌！

李汉魂深知，有意取他而代之的大有人在，而他并不留恋这个宝座，主动请辞，也好让某些人省省心。

第二天，李汉魂就给蒋介石发出一封电报，恳切表明了自己希望辞去省主席职务，并率领三个儿子李斌、李焕和李敢，一起参加青年远征军上前线杀敌的意愿。

不过电报发出很久，都没有得到回音。

11月，桂林与南宁相继失陷了，潮汕方面的敌军又攻占了揭阳和汤坑。

外患日趋严重，内忧也愈加堪虞，此时李汉魂的身体也出了毛病，腰痛突发，接着又患疟疾，痛苦不堪。

韶关陷敌 绥署争权

12月，李汉魂先后接获三个儿子来信。

长子李斌从德国学习军事回来后，一直任职于邓龙光麾下，此时他已经征得邓的同意，准备转到青年军服役。

次子李焕，已经入伍青年远征军，刚刚从重庆飞抵南宁，候机飞印度。他的信字里行间显现的"意气甚豪"，特别让李汉魂感到欣慰。

三子李敢，则已经在乡下茂名登记入伍，随时听候召集。

有知情人好意劝说李汉魂，送子当兵固然好，但也用不着把三个儿子一起送上战场。

李汉魂则不以为然。其当时的日记载："诸子能善承予志奋身报国，亦苦闷中聊足欣慰之一事也。颇有劝予不必三儿俱去者，意虽足感，未敢苟同。仍当一本初衷，鼓励前往。"

自从盟军参战，日本势力本来已是强弩之末，但在广东的军事行动却依然十分猖獗。这是因为1945年的第一个月，盟军就在吕宋岛登陆。日军必须加紧攻取中国东南沿海，夺取机场港口，以谋退路，广东自是他们必欲夺取的主要目标。

继惠州、博罗相继陷落，四会方面的日军，在攻占清远之后，开始进攻英德。

湖南方面的敌军也派出两股部队，分头南下进扰乳源和连县。

据说衡阳失陷后，余汉谋错误判断日军的主力部队会沿粤汉铁路线，进攻韶关，因此把原配备在韶关以南地区的大部分部队调驻韶关以北的坪石、乐昌一带布防，构筑工事，清远、英德方面只留下小部分部队，大坑口兵站则只留驻掩护部队一个团，可能他想不到威胁同时来自南、北两面。

省府在20日接到军方通知，说敌人有南下之势，限25日前撤离韶关。

李汉魂手无兵权，而且消息闭塞，只能坐听军方通知。通知一到，立即着手安排疏散。

这时候，广州方面的日军为了打通粤汉铁路线南段交通线，也出动了一个旅团的兵力，北上进取韶关。

有传闻说，当时日军的先头部队到达清远城附近，天还未亮，我守军哨兵麻痹大意，将敌人炮车行进的声响误认为是农民的牛车声，又把敌人便衣队当成是当地农民，故此敌军得以畅通无阻长驱直入。

1月22日，约有一个团的日军逼近横石塘，袭击当地守军，我方这时才发觉情况危急。

如果敌人继续向前推进，第二天就会到达大坑口，大坑口不但有我方的伤兵医院，还有弹药库和粮仓。另外，一批从省府机关疏散的船只，估计正好第二天会经过大坑口，极可能与敌相遇。

李汉魂闻报后，迅速布置保三团一部前往大坑口布防阻敌，一面派人沿北江南下追寻疏散船只。

23日上午，敌人果然已经到了大坑口。

在大坑口兵站部队和保三团的合力抵抗下，敌人的攻击前进被暂时阻缓了。

因为及时部署，疏散船只终于得以及时隐蔽，兵站基地也争取到时间，对弹药和粮食仓库进行爆炸销毁，兵站医院伤病员也争取到时间迅速疏散转移，避免了更重大的损失。

当天，李汉魂令身边大部分随员及吴菊芳等，先向始兴撤退，自己转移到东河坝自力山指挥疏散。

午夜过后，韶关郊外守军已经与敌军交火。凌晨一点半，李汉魂上车，赶在炸桥之前撤出。

曾声言誓死保卫韶关的余汉谋，已早一步撤离了。

韶关城区保卫战进行了一天，据报我方伤亡很大，部队最后分两路撤退，一路经曲江大桥，一路经铁路桥。按照计划，他们在撤退时，各自执行了用炸药炸毁这两座大桥的任务。

曲江大桥的建造，李汉魂曾花过不少心血。

两桥被炸，韶关公路和铁路交通都暂时受阻，日军只能借助洲心岛作为进城跳板。洲心岛上，据说有三座混凝土碉堡，仍在中国守军的死守下，暂时阻延着日军进城的速度。

不幸的是，这几座碉堡都有视线死角，而且很快就被狡猾的日军发现了。到了晚上，一小队日军神不知鬼不觉渡水绕到背后实行偷袭，搭人梯攻进了碉堡。

26日，韶关沦陷，李汉魂也在当天按原定计划撤到了龙川，随即召集干部开会，布置临时省府的各项工作。

省府东迁龙川之后，李汉魂找到了隐居于五华家乡的昔日第四军袍泽缪培南，请他出山帮忙指挥新创建的保安团队。保家卫国匹夫有责，缪培南一口答应了。

由余汉谋、香翰屏主持的绥靖委员会，来到龙川后即活跃起来。他们无视省政府的存在，下令所有的保安团、民团，一律听从绥靖委员会统一指挥调遣，直接剥夺了李汉魂的指挥权。

余汉谋没有拒绝李汉魂的引荐，让缪培南当了香翰屏的粤闽边区总指挥部的副总指挥，但这只是挂个头衔，没有给他指挥保安团队的实权。

绥靖委员会还在各县成立了自卫委员会，剥夺了各县县政府的职权，随意撤换和任命县长，还擅自派粮派款，令各地民众苦不堪言。

余汉谋的长官部也公然对省府下令，今后国库和省库的收入，以及征实、征借粮食等，如无军方命令，省府不得动用。

这时候的广东，完全就是有枪就有权。

李汉魂无奈之下，只好给蒋介石修书一封，陈述广东当前各自为政的乱象，希望中央引起重视，及时予以纠正。

但是，这种毁法乱纪的事情，并非仅止发生在广东，连中央行政院任命陈策为广州市长、谭葆寿为汕头市长，也是直接发表，没有通过广东省政府。

省政府已经形同虚设了。

巡行辖地　留守龙川

转眼到了 2 月 13 日，大年初一，李汉魂并没有留在家过节，而是一大早就离开龙川，开始了巡视东江各县的行程。

当天下午，李汉魂到达梅县，视察之后，于 15 日再前往蕉岭。

蕉岭本是全省最贫瘠落后的地方，而今却成了广东抗战的大后方，青年远征军二零九师正在这里组建，开始为期三个月的集训。

青年军的新兵中，有为数不少的高级知识分子。（笔者的父亲谢志英当时被编入青年远征军第三十一军二零九师，担任六二五团新兵排的班长，其手下就有一名新兵叫张大启的，原是五华县中学校长。他们新兵排的排长名字叫曾纯，入伍前还曾是广东省府的一名少将参议。）

17 日，李汉魂又冒着严寒赴平远，先到大柘留宿。

大柘乃蕉岭最富庶之地，省财政厅、田管处及公路处等都迁到这里来办公了。

之后 20 日到兴宁，21 日到五华，22 日才回到龙川。

此次巡视为期九天，李汉魂大致了解了临时省政府龙川周边的情况，对各地文化教育的落后现状也深表担忧。

3 月 14 日至 19 日，李汉魂又到柳城、河源等地视察，了解民情。这些地方同样是广东最落后和闭塞的地方，当地有些民众甚至不知道中国正在进行抗战。

4 月 9 日，青年远征军二零九师师长温鸣剑来访，李汉魂在家里与他共进晚餐，专门讨论继续发动知识青年从军事宜。

12 日，李汉魂专门邀请温鸣剑师长参加了广东省青年征集会扩大会议，并在会上再次发出号召，希望全省各地继续积极发动知识青年从军。

13 日，李汉魂与温鸣剑师长一起赴蕉岭，对完成集训、即将开赴前线的两千多名广东籍从军青年进行训话。（笔者的父亲经过三个月的集训，这时已经被分配到直属师部的搜索连，也就是骑兵连，随即开赴福建上杭。）

这年 5 月，国民党"六大"召开，李汉魂虽然无暇抽身赴会，但仍被选为中央执行委员。

5 月 25 日，日军约有六七百人进攻河源，我方的保安部队四个中队在埔前墟与敌激战了一整天，翌日又在教导团增援下，冒雨继续坚守。但是，日军的增援部队陆续增加，余汉谋于是下令放弃河源。

余汉谋并没有将此敌情知会省府，仅以电话通知了绥靖公署。

直到缪培南从绥靖公署来电转告，李汉魂才知道此一严重情况。

30 日，省府接到由绥靖公署转达的军方命令，说敌人有进攻龙川的企图，

1945 年 2 月 18 日，广东省政府主席李汉魂在广东平远大柘小学与广东高等法院院长史延程（右）、广东省财政厅厅长毛松年（左）合影。李汉魂仍臂缠黑纱为其母守孝

限令省府龙川的机关、学校等，除留守人员之外，彻底疏散，民众和商户，每户最多只准留两人。

李汉魂对军方总是节节败退颇有微言，因为他觉得，中国各地的抗战已经转入反攻阶段，其他战场都在收复失地，唯有广东是例外。他觉得，我军如果坚持不撤，敌军也不一定敢贸然进犯。

李汉魂连夜召开会议布置疏散，把省府留守人员集中起来，坚守岗位。

6月10日，李汉魂终于等来了蒋介石侍从室转来的复电。

这是蒋介石对李汉魂请辞信的回应，拖了四个月才回复。

蒋拒绝了李汉魂的辞职，并说已经嘱咐余汉谋，告诫他切实尊重省府职权，希望他们两人推诚相与，切实合作。

蒋还将他所听到某些人对李汉魂的指控，综合成五项列举出来，让李汉魂自我反省。

第一项是指控他密订政治新阶段工作纲要，自组智囊团。所谓智囊团密订政治纲领之类的指控，数年前上级党部已经对外澄清过，本是无中生有，想不到至今还有人旧事重提，以讹传讹。

第二项是说他对某县长用人不当，李汉魂承认这一点是有疏忽，但全省一百多个县长，出现个别不良分子，其实也很难避免。

其余的第三项是说侨捐赈灾款项不发；第四项是购粮基金不用于调节粮食；第五项是提用省银行款一万三千多万元。这后三项指控，李汉魂感到很无奈。因为这些都是无中生有的指责，如果对这些款项有疑问，完全可以通过查账，来龙去脉自然一清二楚，用不着以讹传讹。

清者自清，李汉魂自觉问心无愧，所以只回电略作解释。

山雨欲来风满楼，李汉魂已经明显感觉到省政府很快将会改组，心里不忧反喜，他期待卸下职责久矣。

其实蒋介石本无心改组广东省政府，但是经过调解，余汉谋仍喋喋于指责，令蒋觉得两人矛盾太深，确信他们将无法再合作，才下了改组的决心。

而余汉谋直到此时才开始意识到，如果李汉魂去职，继任者可能对军方更加不利，因为像李汉魂那样逆来顺受的人实在也不多。

余汉谋秘密派人给李汉魂传口信说，只要省府把财政厅长张导民和建设厅厅长郑丰，以及幕僚宗骐、卓雄等人撤换，再把田粮处交给军方管理，军方就答应与李汉魂继续合作下去。

但是，去意已决的李汉魂对所提条件不再感兴趣，他深知缺乏真诚的合作是无法维持正常关系的。

本来前任吴铁城一直都在争取重返广东执政，但现在真到了李汉魂请辞，中央征询吴铁城回粤主政意愿时，他也知道这个担子不好接了。蒋介石无奈，只好把全国青年军编练总监罗卓英找来顶上。

上杭会子　大柘辞官

6月上旬，河源、翁源和始兴的敌军开始合围龙川，余汉谋继续节节败退，李汉魂只好又将省府从龙川撤往平远大柘。

李汉魂6月18日才离开龙川到了大柘。

平远大柘是广东与江西、福建接壤之地，再退的话，就要出省界了。

到了7月下旬，李汉魂听说中央已经决定由罗卓英接任广东省主席，便立即致电罗表示祝贺。

罗卓英是保定军校第八期毕业生，与陈诚是同学兼挚友，自北伐开始其军事生涯以后，长期担任陈诚的副手，并随着陈诚的升迁而升迁。抗战开始后，罗曾任十八军军长、第十五集团军司令官、第十九集团军司令官、第九战区副司令长官、中国远征军第一路司令长官等职。由于中国战区美方联合参谋长史迪威与罗卓英意见不合，蒋介石只好将罗调回国，先后委任以军令部次长、全国知识青年军编练总监等职。

8月上旬，李汉魂应陈诚之约赴福建晤谈。陈诚问李汉魂，离任省主席后，希望到中央工作还是到战区去工作？李汉魂回答说，只要离开，并无他求，唯一的要求，是希望对跟随他多年的省府干部给予妥善安排出路，不要让他们失业。

这一要求本来很普通，但此刻陈诚其实也不能保证可以满足。

10日，李汉魂回程时经过上杭，前往青年军二零九师探望在当地驻防的广东子弟兵。数月前，该师从蕉岭出发以后，就被调派到这里。该师官兵清一色都是广东籍子弟，听说李汉魂来到，他们特地在师部开了一场欢迎晚会。李汉魂进入会场时，全场欢声雷动，气氛十分热烈。（笔者的父亲因为所部是师直属部队搜索连，所以也参加了这场晚会。）

翌日早上，喻英奇副师长邀请李汉魂前往二零九师各团驻地十方镇及广福乡，对官兵进行训话。

李汉魂的大儿子李斌，这时已经在该师六二七团担任第二营营长，驻防十方镇。第二营的士兵，不少是从儿童教养院毕业的学生，见到李汉魂，有如见到亲人，情绪非常高涨。对于他们而言，李汉魂和吴菊芳就是再生父母。

亲生儿子李斌就在队列中，父子二人已经多年没见面，李汉魂却因为碍于此行是为公事，在这里只能与李斌四目相对片刻，没有交谈，然而相互关爱之情已尽在不言中矣。

下午，李汉魂又到广福乡去对其他各团训话，晚上归程途中，留宿在梅县。

8月13日，国防最高会议正式宣布批准李汉魂请辞，由罗卓英接任广东省政府主席。

两天后的8月15日，日本宣布无条件投降。李汉魂的心情说不出有多愉悦和舒坦。抗战胜利，生灵不再涂炭，他觉得将可以退出官场了，他以后将把精力专注于教育事业、著书、游历……

李汉魂以为他的梦想，此后将有机会一一实现了。

省府各单位的主管，当天齐齐被邀请到李汉魂的住所，同祝抗战胜利。

当晚，李汉魂特意宣布解除酒禁，人人开怀畅饮。尽管在座所有人都知道，他们即将面临失业了，但抗战胜利是大家梦寐以求的大喜事，是他们抗战八年终极追求的目标，所以当晚人人都放开畅饮，一醉方休。

（笔者的父亲曾有回忆说，当天他们在部队里突然听到广播喇叭中传来日皇宣布投降的消息，当场有人大哭，有人狂笑，有人拿起脸盆拼命敲打，人人情绪处于失常状态。）

27日，李汉魂被任命为第三战区副司令长官，派驻浙江衢州。

战争已结束，不用打仗了，却要重新穿上军装，李汉魂觉得这是很大的讽刺。

8月30日，李汉魂主持了省主席任上最后一次省务会议。

9月1日是新旧省政府交接日，新科省主席罗卓英没有如约前来赴任，只派来他的秘书长罗鸣白作为其交接代表。

清晨五点，李汉魂就起床作准备，六点半准时接待了新任省府秘书长罗鸣白，扼要交代了有关事务。

省府秘书长陈元瑛以一个简单的仪式，代表李汉魂把印信交到罗鸣白手上，交接即告完成。

当天上午，各界民众为李汉魂召开了一个盛大的欢送会。辛亥革命老人姚雨平主持了仪式，并代表各界向李汉魂献旗。李汉魂也在当天发表了一篇《留别广东各界同胞书》如下：

汉魂奉命返粤主政，瞬将七载，值寇难之方函，正时会之多艰，精华沦胥，交通阻绝；加以本省缺粮特甚，难民众多，与我父老昆弟，艰苦支撑，心力交瘁，自维德薄弱鲜，建树未如所期，深愧无以对父老昆弟。兹者，抗战胜利，山河重光，让贤息肩，此正其会，经电呈中央请辞本兼各职，已蒙俯准，并奉调第三战区副司令长官，遂我初服，行就征途，频年患难，风雨同舟，一朝别离，情何能已？我父老所眷念于汉魂者固切，汉魂所耿怀于我父老者倍殷，窃报国之道，不限一途，爱乡之心，无殊两地，唯声气之应求，自精神之通感，谨缀数语，以资共勉。

汉魂下车伊始，首以发扬民族正气，曾与诸父老约，嗣复列举"五约""六则"，为各僚属立身治事之准绳。数年以来，我父老昆弟姊妹与全省公教人员，忍受一切苦难，竭尽最大努力——或流血流汗，或出力出钱，或勤劳蹈厉，窃且益坚，或忠勇坚贞，见危授命。风声所树，尚足以表现至大至刚之正气，公而忘私之精神。此回顾约言，深用惕励，为我各界同胞告者一。

汉魂奉命主政之日，正值寇祸滔天，灾民遍地，东扶西倒，百孔千疮。幸我文武百僚，全省贤达，仰体艰危，同心勠力，使社会日趋稳定，政令得以推行，于救死扶伤之中，作生聚教训之计；我全省同胞，尤忠义奋发，劳止不休。用能增产节食，而粮食克渡难关；前仆后继，而兵源赖以不绝；举凡战时要政，尚能黾勉以赴。此勉怀点滴成果，扶视深巨创痕，为我各界同胞告者二。

战时施政，大都免因军事影响而减其效能。故历年行政措施，或因敌寇而横被摧残，或遇困难而徒耗精力。虽竭其忠诚，殚其智虑，一面敬谨奉行中央法令，一面力求适应地方环境；终以种种艰困，未克悉照计划如期实施。以致民困未能尽苏；吏治未能尽理；民意机构，仅奠基础；人事制度，仅具雏形；应兴之利，尚多未举；应除之弊，尚有未革。念民事之未遂，实职责之滋惭！此深省以往，切望来兹，为我各界同胞告者三。

汉魂以一介军人，受命于艰危之会，上体国策，下察舆情。6年以来，夙兴夜寐，未敢告劳；一本公诚，持以勤毅；竭股肱之力，继以忠贞。所与我各界同胞相见于血渊骨岳者以此，所自求俯仰无愧者亦以此。唯以行能无似，学养未纯，对于处世接物之间，执法用人之际，或期许之厚，而责备过殷；或求效之速，而操切过甚；或以儒家精神，而失之于宽；或以法家手段，而失之于猛；虽与人以共见，实自责之宜严。此退思省察，益用进修，为我各界同胞告者四。

前事不忘，后事之师；景物依然，河山无恙。别矣！故乡父老昆弟姊妹！吾粤同胞已往贡献于国家民族者至大，而牺牲亦至多，现抗战胜利，宪政实施在即，富强康乐可期！唯建国工作之艰巨，视抗战或且过之，所需于我百粤同胞更大之努力者仍亟。深盼吾粤同胞，在新任罗主席领导下，竿头更进，日新又新，加紧复原，完成地方自治，促进三民主义新广东建设。而后本省每一成就，汉魂欣欣鼓舞之情，实不啻躬亲期盛也。成功不必自我，耕耘不问收获，建国必成之伟业，愿与乡邦贤达同之。

欢送会在感人的气氛中结束，李汉魂登车离开时，各界民众皆依依不舍，含泪相送。沿途各乡的民众也纷纷列队路旁，点燃鞭炮欢送。

李汉魂一向不喜欢排场，但此刻盛情难却，情绪也深受感染。想到虽然在任上抱负未得完美实现，但自己的努力仍然得到了各界民众的肯定，也不算枉付这六年零八个月的辛劳了。

以李汉魂为首的此届广东省政府，在备受战乱以及天灾人祸的极为艰难恶劣的条件下，仍尽力统管全省，兢兢业业，先后坐镇韶关、连县、龙川和大柘，坚持近七年之久，政绩显著，有目共睹，广东人民都铭记在心。

难回旧宅　虚任新官

李汉魂离开大柘后，无官一身轻，立即赴梅县与家人团聚，吴菊芳与几位子女都在梅县等着他的到来。

9月3日至5日一连三天，是全国庆祝胜利日，梅县市面非常热闹。李汉魂也心情轻松，除了留在寓所享受难得的天伦之乐，还参与了不少庆祝活动和宴会。

12日，梅县李氏家族自治会的李律生、李玉耕、李秉衡，在教子岌路华萼楼李岳云医生府上，邀请李汉魂午宴。

李汉魂在担任公职时，因要避嫌，从来不参与宗亲组织的活动，现在新官尚未上任，属于一介平民，在宗亲们一再邀约之下，盛情难却，也就勉为赴宴。宴后，宾主在府中合照留念。

此照片的背景上方，可以见到悬挂的中、美、英、俄四大战胜国国旗，这是当时特有的历史背景写照。

在梅县休息了二十天，李汉魂接到蒋介石秘书处通知，让他择日到重庆一行。

李汉魂决定先回广州安置好家小，再赴重庆，于是取道龙川，开始赴广州之行程。李汉魂早年在广州东山置有家宅，广州沦陷后便没有回去过，不知近况如何。

25日，李汉魂抵达龙川小休。龙川曾为临时省府，李汉魂当时拨款兴建的民众礼堂已经即将落成，当地民众对他十分感恩，知道他路过，特来夹道迎送，鞭炮声响彻县城。为答谢民众的爱戴，李汉魂当场又给龙川卫生院捐出十万元。

当天下午，李汉魂揖别龙川民众，乘船沿东江经过惠州，29日抵达广州。

李汉魂的家自沦陷后，日军就将之占为医务所。日本投降后，日军医务人员受命原地集中，等候国民政府接管。

李汉魂与吴菊芳回到广州东山，在家门口却遭到卫兵的野蛮阻拦。原来东山已被划为军事禁区，李汉魂的家仍有日本人居住。

经多方托人找关系，李汉魂才获许进去看了一眼，里面凌乱不堪，面目全非，花园仅存几棵大树。李汉魂当年领兵北上前，托吴菊芳带回家收藏的物品全部不知去向，尤其让他心痛的是那叠数十万字的小说手稿没有了。

国民政府的接收大员，进入市区接收时，并没有把房产归还原主，而是随意占

1945 年 9 月 12 日，梅县李氏家族自治会的李律生、李玉耕、李秉衡，在教子岌路华尊楼李岳云医生府上邀请李汉魂午宴，祝贺其荣任第三战区副司令长官

用，据为己有，导致民怨沸腾，称国民政府的接收行动为"劫收"。

李汉魂对此种与强盗无异的行径深恶痛绝，却又无可奈何。

李汉魂的家最后也被新一军接收了。李汉魂慨叹，连自己这样身份的人，遭遇尚且如此，一般平民，境况可想而知。

李汉魂刚卸任就无家可归了，幸好张发奎在复兴路 49 号有一套小住宅，暂时借给他落脚，才算安顿好家小。

10 月上旬，李汉魂独自飞往重庆会见了蒋介石。蒋问他是否愿意往边区工作，李汉魂不知道他说的边区所指何省，但仍表示愿意听从安排。

数日后，李汉魂从陈诚口中得知，蒋决定派他出任新疆省主席。

经深思熟虑，李汉魂请陈诚转告蒋介石，新疆塞外边情太复杂，如果让他出任省主席，希望中央能给予兵权。没有兵权的教训太深刻了，况且新疆的情况比广东复杂得多。

为将来适应新岗位，李汉魂专门请教了有关专家，希望尽快了解熟悉新疆政情。

到了月底，李汉魂再获蒋介石接见。这次蒋已经改变了主意，他吩咐李汉魂仍去三战区就职，不再提去边区之事。（蒋后来让参与解决新疆事务的张治中当了新疆省政府主席。）

11月7日，李汉魂踏上了履新之路，他首先飞抵南京，往陆军总部拜会陆军总长何应钦。第二天，再往中山陵拜谒后，才乘火车赴上海。

到了上海，李汉魂被邀往"傅庐"下榻。傅庐的富丽堂皇，为李汉魂平生所未见。有人告诉他，傅庐在上海仅属四流住宅，还有不少豪华小公馆，皆为达官贵人所占用。

李汉魂对此颇为反感，他当时的日记这样写：都市生活如此豪奢，社会问题何其能矣！余山野之性，厕身其中，乃如乡下佬入城也；顾我终欲保此山野本色，免为革命对象，免为社会罪人……沪上繁华过甚，且工人以要求提高生活而罢工，社会处处表露病态，余殊不欲多睹也。

看到抗战胜利后的社会乱象丛生，李汉魂实在已经看不下去。

11月10日，李汉魂来到上海北站，遥望江边的四行仓库，缅怀当年谢晋元团长率八百壮士英勇抗战事迹，感慨一番后，方才乘坐火车赴杭州就职。

正如李汉魂自我调侃所说，此来名为就职，实为游览西湖胜迹。一连十多天，李汉魂并无公事可办，只好每天徜徉于湖光山色中，把西子湖游了个遍。

说起来，他此行最大的收获还不是游山玩水，而是寻访考查到不少南宋名将岳飞在杭州的历史遗迹。

岳飞是李汉魂从小崇拜的英雄，从军以来，他就以岳飞"尽忠报国"的精神作为座右铭，并随时随地留意收集收藏有关岳飞的文物遗迹，为的是要编写一本《岳武穆年谱》。

通过这些天的考察，李汉魂查证到，杭州众安桥的岳武穆旧庙，就是岳飞遇害后的初葬之地，至宋孝宗时，岳飞才被移葬到栖霞岭下，成为今人看到的岳王坟。

　　李汉魂还专门访问了浙江高等法院的王秉彝先生，查证到浙江第一监狱的位置，就是岳飞被囚遇害的风波亭旧址，也就是宋代大理寺的原址。

　　在这大半个月的空闲里，《岳武穆年谱》的写作素材得到了极大的充实完善。

　　当月底，李汉魂得到消息，第三战区将于12月底正式取消！

　　简直像是开玩笑，李汉魂履新至今尚不满一个月！

偷闲会友　请假出洋

　　战区被取消，李汉魂不久就接获调任衢州绥靖公署副主任的调令。这也是一个有名无实的虚职。

　　然而最令李汉魂觉得不可思议的是，衢州绥靖公署主任竟然是余汉谋。

　　正要赴任时，陈诚却认为李汉魂任此闲职毫无意义，叫他暂时留下来，因为陈诚有意邀他担任军政部次长。李汉魂答应了，在12月2日飞抵重庆静候任命。

　　一直等到1946年1月7日，蒋介石接见了李汉魂。得知了李的想法后，蒋也表示同意他不去衢州就任，并让他先到南京安顿好家眷，等候命令。

　　后来，李汉魂才知道，陈诚的承诺并不现实，因为任命军政部次长需要修改组织法，所以在短期内就职是不可能的。李汉魂想，既然没有适当的岗位，不如申请出国去治疗耳疾。

　　23日，李汉魂奉命飞赴南京参加复员整军会议，入住励志社，特意找到薛岳，与他同住一座公寓。

　　薛岳为一代名将，在抗战中战功彪炳，但因为其性情刚强，锋芒显露，在官场中得罪人不少，抗战胜利后即备受冷落，现在仅屈居武汉行营副主任之职。此时外间风传，说薛岳心怀不满，满腹牢骚。

　　李汉魂此次有意与他同住，本为开解其郁闷情绪，但经接触之下，才发现薛岳态度极其安详，只关心国家安危，并不介意个人荣辱，并非如外间所传言。两人自经促膝交谈，更加惺惺相惜。

　　在南京，李汉魂还会见了很多旧同袍和将领，包括黄剑灵、黄光锐、余程万、陈又新、何应钦、白崇禧、汤恩伯、王耀武、傅立平等。

1946年2月26日，上海广东同乡会召开恳亲大会，宴请了张发奎、薛岳和李汉魂三位粤籍长官

　　其时，政治协商会议正在重庆召开，全国各党派代表云集重庆，意见纷纭。李汉魂与薛岳都希望能通过协商，和平解决国共争端。

　　战后百废待举，需要全国上下同心同德，早日恢复国家建设。但是，由于政府战后的接收措施不当，官员贪污腐化，造成经济恶化，国民党已经失去了民心。

　　28日，李汉魂离开南京前往上海，下榻于上海招待所。眼见当地物价急速飞涨，工潮不绝，社会矛盾日深，李汉魂不仅对国家前途充满忧虑，也为自己是否适合上海的高消费生活而担忧。

2月13日，李汉魂乘火车再赴南京，参加第二次复员整军会议。

会议于15日开始，16日正式开幕。蒋介石亲临作形势报告。

会议闭幕后，李汉魂21日返回上海，入住刚刚租来的福煦路947号寓所。

28日，李汉魂与吴菊芳再赴重庆开国民党六中全会。

会议开了半个月，会上揭出诸多矛盾，各方代表互相攻击，好不热闹。

李汉魂因为在这里能经常跟以前的第四军袍泽张发奎、薛岳、吴奇伟、邓龙光等朋友见面，心情大好，经常相约聚会，讨论时政，以致有人认为他们搞小集团。

在这次大会上，李汉魂还听到一些风言风语，有人到处散布流言，说吴菊芳过去以夫人干政，而她此次来，又到处给达官要人送厚礼。

这些流言令李汉魂更加厌倦官场，他已不欲再多解释，只想尽快申请出国休假，远离是非之地。

不过陈诚依然希望李汉魂静待时机，答应等时局安定后安排他到军政部任职。

李汉魂却觉得，还是不要白白浪费时间了，遂于4月6日飞回上海，打算先到衢州赴任，再行请假。

衢州地方很小，规模比不上广东的一个小县城。李汉魂在衢州绥靖公署的工作，非常简单，整日无所事事，包括余汉谋在内的绥靖公署各位高级干部，都感觉十分无聊。

李汉魂不想继续虚度光阴，便在上班十几天后，于19日宴请了公署处级以上官员，算是辞别。

4月23日，李汉魂回到上海，即前往中西疗养院治疗耳疾。

此后一段时间，内战爆发，国共之间边打边谈，李汉魂都置身事外，除了跟儿女共处，享受天伦之乐之外，就是读书，结交学者研究学问。

在前连山县长俞守范的协助下，他的《岳武穆年谱》也在这段时间完成。此书于当年11月正式出版。

1946年9月，国民党三青团代表大会在庐山举行，李汉魂赴会前，请上海耳科名医李冈出具一份证明，用以在开会期间向蒋介石请假出国的借口。

9月5日，李汉魂趁着蒋介石请他吃午饭的机会，当面提出出国治疗耳疾及考察的申请，立即就获得了批准。

李汉魂喜出望外，连会也不开了，立即下山，赶到徐州告知薛岳。

薛岳已经在5月调任徐州绥靖公署主任，正忙于调兵遣将。薛当时还邀李汉魂担任副手，但李汉魂没有答应，因为这与他在衢州绥靖公署是同样职位，如果他来徐州而不去衢州，外间会认为他真的是与余汉谋闹矛盾。

薛岳也赞成他出国，并希望他趁这段时间多研究政治，并在国防方面多作考察。李汉魂随即到南京找到外交部长王雪艇，开始着手办理出国手续。

趁等待出国之前的时间，李汉魂去了一趟北平，时任北平行辕政务主任的李宗仁热情接待了他。

1946年10月17日，李汉魂与在当地任职的林伟俦军长一起到天津，参观了天津广东中学，并会见了旅津的广东学生。

李汉魂在申请出国治病和考察时，原本只打算与吴菊芳两人一起去，但在办理申请手续时获知，16岁以下儿女可以随行，故此，他们临时决定带上女儿李浈、李淇和儿子李沛、李浩同行。

1946年，李汉魂在重庆期间，接见了在四川灌县（现都江堰市）会考选拔空军幼年学校的广东籍考生，并合照留念

338

1946 年 12 月 24 日下午一点半，李汉魂与吴菊芳携女儿李浈、李淇，在胡德舆和陈谟陪同下，在上海乘坐"金陵"号快车前往南京。列车误点，至晚上九点多才抵达。

李汉魂此行是出国前不得已的必要应酬，会见了众多官员和友人，但几天后接到上海电话，知道留在家中的小儿子李沛、李浩同时患上麻疹，来不及拜会蒋介石，就在 30 日晚乘车连夜赶回上海去了。

1946 年 10 月 17 日，李汉魂出国前，在当地任职的林伟俦军长陪同下到天津，参观了天津广东中学并会见了旅津广东学生

1946 年 12 月 24 日下午一点半，李汉魂与吴菊芳携女儿李浈、李淇，在胡德舆和陈谟陪同下，在上海乘坐"金陵"号快车前往南京

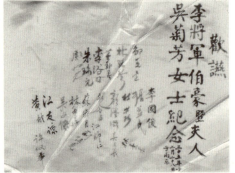

1946 年 12 月 28 日，李汉魂一早为张发奎、邓龙光送机后，中午与吴菊芳一起参加了高州同乡会的公宴。图为公宴时的嘉宾题名

第二十八篇　天涯游子意
海外故人情

（1947 年1月至1949 年1月）

1947 年1 月，李汉魂与吴菊芳及四名子女即将赴美时在上海的合照

1947 年春节，李汉魂三名从军的儿子李斌、李焕和李敢在广州聚会。此时李焕和李敢已经退役继续学业，李斌仍为现役军人。李斌已婚并育有三名子女

　　1947 年1 月9 日，李汉魂和吴菊芳领着四个年幼的子女，在上海登上开往美国旧金山的"戈登将军号"轮船。

　　经过十多天的航行，1 月21 日上午抵达旧金山。

　　旧金山，中文译名叫圣弗兰西斯科，又叫"三藩市"或"大埠"。这里的唐人街有众多华人聚居，尤其是广东人最多。

跨年大埠　跑马加州

船刚抵岸，中华民国驻旧金山总领事张紫常、中华总商会委员长郭育之以及邝炳舜、周锦朝、黄明光等侨领立即上船相见，在码头上列队欢迎的还有五六十位侨胞。

这天是 1947 年的大年三十。旧金山唐人街正在举行新年花市，李汉魂走在街上，感觉过年的气氛与在广州无异。

旧金山侨胞在中华总会馆举行隆重的欢迎大会。

李汉魂向侨胞作了简短发言，全场气氛热烈。

1947 年 1 月 21 日，李汉魂初抵旧金山市，当地侨胞在中华总会馆举行隆重的欢迎大会。李汉魂在会上简短发言

欢迎会后，李汉魂还拜会了国民党驻旧金山总支部，然后才到皇宫酒店入住。当晚，李汉魂又赴了三场不同侨社举办的欢迎宴会。一是由周锦朝和黄仁俊做东，二是黄明光与黄毅夫做东，三是邝炳舜和何少汉做东。完后还到李氏敦宗公所拜会，又接受了电台的访问，应酬至深夜才休息。

李汉魂在各大侨社间的发言，主要是感谢广大侨胞在八年抗战期间，节衣缩食踊跃捐款，救助粤省同胞，为支援家乡建设作出巨大的贡献，尤其点名旅美宁阳总会馆在侨汇不通的困境中，带头设法汇回国币七十五万元和美元二万零六百元，救助乡亲的义举，也带动了其他侨社纷纷捐出巨款。

有鉴于旧金山不少侨胞对捐款的流向有疑虑，李汉魂乘此机会澄清了坊间一些流言，告知侨胞有关侨款的使用细节，以证明他们热心捐出来的血汗钱绝没有移作他用。李汉魂此行，随身带来了《征信录》和《侨资垦殖报告》以及侨胞捐款明细账目，可供随时查阅，化解了很多之前的误会。

一觉醒来，已是大年初一，李汉魂刚起来，即忙于应酬访客，侨领周锦朝还带

1947年1月21日（除夕）上午，李汉魂（前排右五）初抵旧金山市，当天即受到当地各界领袖邝炳舜（前排右四）等人的欢迎

1947年1月21日晚，李汉魂在参加李氏敦宗总公所欢迎宴会并致辞

1947年1月21日中午，李汉魂拜会了国民党驻旧金山总支部

342

1947 年 1 月 21 日，李汉魂参加当地李氏敦宗总公所设的欢迎宴会

1947 年 1 月，李汉魂初抵旧金山后，在侨领周锦朝的引领下，与美国财政部长约翰·韦斯利·斯奈德（John Wesley Snyder）会面

1947 年 1 月 21 日，李汉魂初抵旧金山市，受到当地宁阳会馆主席黄明光（右）的热情欢迎

1947 年 1 月 31 日，李汉魂前往加州首府萨尔拉门托，在当地侨胞的欢迎会上报告抗战经过

了旧金山的报社记者前来采访，接着又去拜访前陕西省政府主席蒋铭三，饿了大半天，无暇吃早餐和午餐，只喝了一杯橙汁，直到下午四点才吃了一块三明治。

此后一个星期，李汉魂在侨胞的陪同下，除了参观旧金山最著名的金门大桥和金门公园之外，重点考察了当地的学校，先后参观了唐人街的中华中学校以及世界著名的伯克利加州大学和斯坦福大学等。

30 日，宋子安夫妇开车来接李汉魂到远东楼午餐，餐后力邀到他的住所吃八宝饭。李汉魂非常喜欢他两个儿子伯熊、伯虎的天真活泼。

1 月 31 日，李汉魂应李氏总公所的邀请，在李扬圣等三位宗亲陪同下坐车前往加州首府萨克拉门托探访侨胞。

萨克拉门托是加州首府，距离"大埠"旧金山一百六十多英里，广东侨胞称其为"二埠"，又以粤音译作"沙加缅度"。

二埠李氏公所主席李道直率十多位宗亲来迎，中华会馆特设欢迎宴会接待。李汉魂应众要求，向侨胞们讲述了八年抗战的经过。

二埠有华侨两千多人，侨领为邝瑶普、邝光彦、黄祝汉、谢祖荫、梁拭尘等人。二埠华人的团结，是为全美之冠。

2月1日，李汉魂往州府拜会了州长，并参观了当地的博物馆、兵营、军火库和自来水厂。李汉魂对美国自来水厂的卫生程度表示高度赞赏。

一行人当晚乘夜车返回旧金山。

按原计划，李汉魂本应在2月4日离开旧金山，再赴芝加哥和纽约，但由于他的两个儿子先后染病，住进了当地的东华医院，所以只好把行期延后。

东华医院是美国唯一一家专为华人提供中西医医疗服务的医院。

由于俩儿子住院，李汉魂决定先往斯托克顿（Stockton）拜访侨胞。

当地华人称斯托克顿作"市作顿"。该地距离旧金山仅八十多英里路程，聚居华侨有两千多人，李姓不多，大部分是黄姓，来自广东台山白沙潮境。台山籍侨胞在抗战期间捐款相当踊跃。

1947年1月31日，李汉魂在加州首府萨克拉门托的李氏公所受到欢迎

1947 年 2 月 2 日，李汉魂在旧金山市与总公所各昆仲欢宴

1947 年 1 月 31 日，李汉魂前往位于加州首府萨克拉门托的李氏公所拜访侨胞

2月5日，由侨胞李超凡开车，李杨圣作陪，李汉魂一行人于中午到达斯托克顿，与当地李氏公所和中华会馆的侨领刚见面，寒暄一番后，就先去参观一位赵姓侨胞的农场。

李汉魂对当地的农业机械化设备极感兴趣，询问了农场各种机器的操作，还亲自爬上拖拉机驾驶座作体验。接着，还参观了农田的灌溉排水系统和工人宿舍。

李汉魂对比了农场工人每天的工资，相当于国内一般工人一个月的收入，知道在美国，一人工作可以养活三四个人。李汉魂慨叹，美国的劳动阶层，都已经过上含哺鼓腹无忧无虑的生活了，中国人什么时候才可以达到这个水平呢？

参观农场后，李汉魂才回到中华会馆参加侨胞举行的欢迎大会。

李汉魂在发言时，除了感谢侨胞们对祖国抗战的支援，还希望当地青年学好中文，回国帮助祖国建设。由于当地的赌博业很蓬勃，李汉魂也真诚委婉地希望侨胞们不要过于沉迷赌博。

会后，李汉魂到侨胞李庚圣家中观赏收录音机。这个价值五百美元的设备，他认为如果能引进到中国，将会是电台和宣传部门极好的工具。

至半夜，他们才离开斯托克顿，驾车返回旧金山。

1947年2月10日，李汉魂受周锦朝之邀，参加了一场当地民主党的鸡尾酒会。期间一位议员向李汉魂诉说其最近赴华，被官员诱贿以及所见种种腐败情形，令李汉魂相当痛心并惭愧不已。

1947年2月5日，李汉魂参观了斯托克顿侨胞赵君的农场，对当地的农业机械化设备极感兴趣，还亲自爬上拖拉机驾驶座拍照

1947年2月5日，李汉魂偕吴菊芳在美国斯托克顿市与侨胞合照

2月12日，一行人上午乘车出发赴洛杉矶，由黄仁俊驾车，周锦朝、陈诚陪同，午后三点多来到弗雷斯诺市。

弗雷斯诺市（Fresno），当地侨胞译作"斐士那"。侨领周锦朝就是在这里出生的。此地曾是康有为"保皇党"的根据地，但此时已经不复当年，李汉魂在这里也受到侨胞的热烈欢迎。

第二天上午，他们继续南下，经过贝克斯菲尔德（Bakersfield）时，停下来参观了当地的煤油产区。

傍晚他们抵洛杉矶（Los Angeles）。洛杉矶，当地华人用广东话译"罗省"，有侨胞八千多人。

14日，驻洛杉矶总领事江易生陪同李汉魂参观了好莱坞（Hollywood）影城。广东侨胞称影城为"荷李活"。

当晚回到唐人街，李汉魂参加了中华会馆在新华埠叙贤楼举行的公宴，以及在中华会馆举行的欢迎大会。

2月15日，李汉魂受邀前往洛杉矶加州大学参观，李汉魂以《留美学生与中国前途》为题发表演讲，受到三百多位中国留学生的热烈欢迎。

当天下午，李汉魂参加了华侨中医师李寿明夫妇的家宴，在座的还有江总领事和吕鸿基教授。李汉魂参观了李寿明的药库后，觉得中医在美国颇有发展前途。

16日，李汉魂一行人从洛杉矶驾车回到旧金山。由于连日劳顿，感到耳病有些严重，即找医生打针后才得以缓解。

2月17日，李汉魂在汉园设鸡尾酒会，回请各位侨领。

宋子文的弟弟宋子安来访，他希望李汉魂能早日结束假期，提出回国与他一起合力开发海南岛的构想。

旧金山之行，李汉魂处处受到热情的招待，以致他想出街买点东西，店主都不收钱。李汉魂无奈之下，只好托人代购。旧金山侨胞对李汉魂的爱戴，在此也可见一斑。

不过，李汉魂也见识了个别唯利是图的侨胞。据说某间照相馆，李汉魂请其帮忙拍了几张照片，居然要价三百五十多美元，有侨胞知道后，提出要声讨，被李汉魂制止了，并照单付款。

1947年2月14日，李汉魂夫妇抵美国洛杉矶，洛杉矶中华全侨举行欢迎大会

1947年2月14日，在美国洛杉矶，李汉魂夫妇由旧金山侨领黄仁俊陪同参加洛杉矶中华总会馆暨党部举行的欢迎宴会

2月15日，李汉魂（前排右三）在美国洛杉矶参加华侨中医师李寿明夫妇（前排右一、右二）的家宴，在座的还有江总领事（前排右四）和吕鸿基教授（后排右四）

1947 年 2 月 17 日，李汉魂在汉园设鸡尾酒会回请各侨领

1947 年 2 月 17 日，李汉魂在汉园设鸡尾酒会回请各侨领并合影留念

求医纽约　请教专家

原计划在旧金山逗留一周，因为俩儿子患病，李汉魂的行期被耽误了一个月。

2 月 20 日下午，李汉魂等坐车通过当时号称全世界最长的不锈钢桥——海湾大桥，到一水之隔的奥克兰市（当地华人称"屋仑"），登上长途火车，与七十多位前来送行的侨胞挥别，启程赴纽约。

23 日上午抵达芝加哥，停站仅四个小时，当地侨领也前来火车站，把李汉魂迎到安良工商会稍作休息和会餐。

24 日上午九点，火车抵达纽约。当天的火车误点一个小时，但当地侨领五十多人仍在寒雨中守候接车。

曾任国民政府卫生署署长的医学专家颜福庆博士，也在迎候的队列中。

纽约有华侨数万人，五十多个社团组织，政治立场各异，派系林立，比旧金山复杂得多。李汉魂知道自己面对的是一个不容易应付的场面，所以一言一行皆比较谨慎。

3 月 5 日，纽约五十多个侨团一起宴请李汉魂，他对侨胞的发言重点，多集中

1947 年 3 月 2 日，李汉魂与吴菊芳在纽约赴宴

于报告侨胞捐款的用途，以及侨资垦殖的问题。

李汉魂并非避谈政治立场，在一个欢迎会上，他首次比较系统地谈到了他对三民主义的新理解。

他的观点比较与众不同，一度引起不少人的注意，在国民党内受到不少非议，认为他"另有立场"。

3月6日，李汉魂参观了纽约唯一的一所华侨学校。校长刘恩初召集全校学生二百多人，请李汉魂演讲。李汉魂对这所学校的前途感到忧虑，因为纽约侨胞有三万多人，但只有一所小学，没有中学。此学校不但设备陈旧落后，学生学习精神也欠佳。李汉魂很希望能通过中国银行捐助，或请孔祥熙拨款帮助，为纽约建立一所设备完善的中学。

3月13日，李汉魂受中国空军元老陈庆云和纽约中华公所主席陈中海的邀请，一起到陈祥鼐餐室吃午饭。

陈庆云是香山县人，1917年在美航空学校毕业，曾任孙中山侍从副官，协助创办空军，先后任中央航空委员会主任、中央空军东路前线总指挥、驻粤空军总指挥等职。1937年春调任中央航空学校校长兼教育长，再调任空军募款委员会主任委员。1941年为国民党中央执委，现任国民党中央海外部部长。

陈中海是台山人，哥伦比亚大学政治学博士，曾任国民党驻美总支部执行委员、美洲华侨教育会会长、旧金山市中华中学校校长。

陈庆云在饭后还特意跟李汉魂回到住所，委托李汉魂代查一宗1941年在台山发生的"三三事变"。当时，保一团营长古煌将台山六村民团缴械并勒索钱财。陈庆云对此事件非常重视，李汉魂答应帮忙彻底调查。

因为李汉魂此行来纽约的目的是治疗耳疾。经颜福庆博士介绍，李汉魂于3月18日住进了林柏医院，手术后住院十三天。

出院后，李汉魂的听力已经达到正常人的百分之七十，但遵医嘱还需在家休养四十天，每周换药。

三周后，李汉魂就坐不住了，开始出外作短暂的活动，每天出街散步两次。

为了检验听力恢复的效果，4月下旬，李汉魂专门去联合国一个特别会议作旁听。这时候，他确信自己已经能够很清楚地听到所有人的发言，觉得非常高兴。

然而在这里，他发现各国代表发言时，都有英、法、俄等语言的翻译，唯独没有中文。李汉魂觉得不解，认为这是对中国的歧视。经了解才知道，原来之前联合国会议也是配备有中文翻译员的，但自从宋子文在旧金山的联合国会议上全程用英语发言后，会议就取消了中文翻译。

据说当时就有中国人质问宋为何不说汉语，但宋认为直接说英语更方便。宋子文的英语表达能力比汉语好，他没有考虑到其他中国人的感受和需要。

5月中旬，李汉魂逐渐恢复正常生活，便开始了他的考察研究活动，他要抓紧时间学习美国的先进经验，以备将来带回中国去推广。

在纽约逗留期间，李汉魂密切接触了大量长期在美国作研究和工作的专家学者，与他们座谈、讨论，内容包括宪法、社会保险、地方行政及政党、社会结构等等。每次座谈讨论的内容，李汉魂都认真做笔记，作为专题加以研究。

李汉魂还通过学者吴茂荪的引见和充当翻译，与美国的学者座谈，讨论中国的政局及前景。当时美国国内普遍舆论是批评国民党太专制，认为共产党更民主。

通过与各方的接触，李汉魂充分了解了美国人的各种观点。

李汉魂对国民党的前途深以为虑，因为内战全面展开，物价飞涨，饿殍遍地，引发各地大规模的"反饥饿、反内战"示威游行，国民政府的对策只是加以严厉取缔镇压，并于7月下令"戡乱总动员"。

"戡乱总动员"发布后，一些原本保持中立的民主小党派纷纷倒向了共产党，国民党的统治地位受到了更严重的挑战。

广东省政府也在酝酿改组，国内要求李汉魂回粤主政的呼声很高，敦促他尽快回国的函电很多，但李汉魂没有动心，他写信给陈诚，请其代为申请续假半年。

他知道自己回去对政局无补于事，蒋介石只会派他去打内战，这是他最不愿意做的事。

6月6日晚上，李汉魂与吴菊芳登上驶往芝加哥的火车，他们买的是下铺，李汉魂见到他上铺的老太太上下不方便，主动与其对调铺位，老太太很感激。

7日下午抵达芝加哥，陈长乐总领事及数十位侨领前来接车。拜访了安良工商会、协胜公会、远东民生社、国民党美中支部、昭伦公所、至德三德公所等侨社后，李汉魂再赴中华会馆与侨胞见面。

1947 年 6 月 7 日，李汉魂抵达美国芝加哥，当地华侨举行大会欢迎李汉魂

8 日上午，侨领陈崑楼陪同李汉魂参观了科学馆。由于该馆规模很大，李汉魂只选择参观了采矿、农业和卫生三部分。

9 日，又参观了托儿所和救济院。

10 日，白天参观军队食品研究所和大型屠宰场，晚上参加安良工商会的晚宴。

11 日，参观农具制造厂及天主教儿童教养院。

由于连日劳累过度，左耳手术过的伤口出现微肿，李汉魂担心会恶化，遂于当晚结束行程，乘坐火车于 12 日晚上回到纽约。

在纽约休息期间，李汉魂写信给陈诚，请他代为向中央续假半年。之后一段时间，他就一边学英语，一边找了几位政治、保险和经济等方面的专家请教，并作专题研究。

6 月 29 日，李汉魂与叶福枢、李吉云、谢蔼明和梁桢等四位侨领一起，开车前往位于纽约北部哈得逊河西岸橙县的西点军校参观，并在华盛顿铜像纪念碑前留影。

可惜当天是星期天，他们看不到军校学生操演。李汉魂乃保定军校毕业，若有机会一睹此地军校的训练情形，也算一开眼界。

7 月 4 日独立日，李汉魂到林语堂家吃晚饭。林语堂刚刚发明了一部"明快中文打字机"，李汉魂试用后，在日记上表示，"倘能逐步改良，大量制造，以廉价供给社会，则实为我国文化上划时代之杰作也。可惜我政府素未注意扶助发明事业，虽有人才志士，成功亦未易言耳。"

6 月 10 日，李汉魂赴芝加哥安良工商会宴，与赴会的美国客人合照

1947 年 6 月 7 日，李汉魂抵达美国芝加哥，在当地华人的欢迎仪式上发言

1947 年 6 月 29 日，李汉魂与叶福枢、李吉云、谢蔼明和梁桢四位侨领一起，开车前往位于纽约北部哈得逊河西岸橙县的西点军校参观，在华盛顿铜像纪念碑前留影

1947 年 6 月 29 日，李汉魂与叶福枢、李吉云、谢蔼明和梁桢四位侨领一起，开车前往位于纽约北部哈得逊河西岸橙县的西点军校参观，在南北战争战斗纪念碑前留影

据说著名作家林语堂是第三位发明中文打字机的人，虽然他发明的打字机最为容易操作，但造价太昂贵，无法普及应用。

而第一位发明者是一位外国传教士，第二位是山东留美学生祁暄，祁暄在1915年所发明的打字机最为流行，通用了大半个世纪。

7月25日，李汉魂到纽约曼哈顿唐人街饮茶后，前往参观地方法院。正在审案的美国法官知道李汉魂的身份后，特意邀请他坐于其左上侧旁听。

李汉魂对于美国人的审案方式颇感惊奇，律师、原告和被告之间的质询和申述，皆如平常谈话，旁听者自由来去。李汉魂当天日记感叹道，"回视我国司法之腐败，滋可愧也。"

退庭后，李汉魂特邀法官共进午餐，向其请教美国司法及行政组织系统的有关问题，并作笔记整理。

身临加国　体验侨情

1947年8月18日，李汉魂与吴菊芳乘飞机飞往加拿大的蒙特利尔市，受到当地中华总会馆主席阮赓唐、李氏公所李仁林及致公堂黄金灼等侨领侨胞的热情欢迎。当晚由中华总会馆主席阮庚唐在重庆楼设宴款待。

蒙特利尔市，英文名Montreal，中文又译作"满地可"。

第二天，李汉魂就在阮赓唐夫妇陪同下参观了一处市民公立农林试验场。

他们先后参观了儿童实验场、儿童教室、大学实验室、土壤实验室和植物培养室。

下午，又在黄金灼陪同下参观了中华医院。

当地华侨对中国领事馆的侨务工作甚为不满，他们想办一所华文学校，因为严重缺乏经费和师资，却得不到使领馆的支持，

李汉魂参观了加拿大蒙特利尔市（满地可）一处市民公立农林试验场，图为其中的植物培养室

建校遭遇诸多波折。

加拿大自 1912 年立法禁止移民入境后，当地华人由于再无新到者，最年轻者也在四十多岁以上，而且大多是单身，很难见到妇女和小孩。

20 日中午，李汉魂飞临魁北克市（Quebec），由中华会馆主席司徒仕策等十多位侨领来接机，随后由胡介生、司徒洽养等侨领开车陪同，游览魁北克著名旅游区圣安娜－德博普雷（Sainte-Anne-de Beaupre），欣赏了耶路撒冷大名画及参观了大礼拜堂，并观看了大瀑布。

晚上，侨团设宴欢迎李汉魂。当地华侨只有二百余人，赴会者竟近百人，足见侨胞的热情。此地华侨都是从事餐馆和洗衣业，并无富人。李汉魂看到他们因为受到加拿大移民法限制，全都没有家眷，深为他们的苦况叹息。

21 日晚十一点，李汉魂飞抵渥太华（Ottawa），下飞机后发现并无人来接机，只好乘坐机场的车直接前往国泰楼餐馆，才知当地侨胞以为他从陆路来，全跑到车站去迎候了。

原来是因为李汉魂不懂英语，委托魁北克某侨领代发的电报表达不明确，导致他们的误会。

22 日早上，加拿大刘锴大使夫妇前来拜会并陪同游览国会大厦和市容。此地的中华会馆尚在筹备中，所以只由数位侨胞在国泰楼招待午餐。渥太华也有侨胞两百多人，且分民治和宪政两派，各有成见，所以李汉魂也不便与他们作更深入的交流。

晚餐在使馆由刘大使设宴招待，在使馆官邸后花园，李汉魂有幸观赏到了闻名已久的北极光，叹为观止。

当天深夜，李汉魂和吴菊芳乘坐火车前往多伦多（Toronto），23 日早上抵达。总领事熊应祚及侨领张子田等三十多人前来迎接。

多伦多的侨情与渥太华大不相同，共有华侨四千多人。当天，李汉魂依次拜访了中华会馆、民治党、《醒华报》《洪钟报》、李氏公所和三德公所之后，就有两位乡人前来求见。

此两人分别为信宜人罗道真和茂名人李配兰，他们来加拿大已经十五年，一面读书，一面从事生产，颇有成绩。此时准备返回中国，发起全国创办生产教育社，特来向李汉魂虚心求教。

李汉魂觉得他们其志可嘉,但觉得此时中国正处于内战期间,以他们的微薄力量,很难有所成。李汉魂不想打击他们的爱国热情,但仍向他们详细分析了当前的形势和他们可能遇到的难题,供他们参考。当时国外有相当多华裔青年人都抱有回去建设祖国的热诚。

24 日,李汉魂与比他早一天来到多伦多的陈庆云再次见面,并一起为加东党部与《醒华报》合建的大楼揭幕。前一天拜访李汉魂的茂名人李配兰,用相机拍下了他们握手言欢的镜头。

下午,李汉魂参加了两场隆重的欢迎大会,并抽空到多伦多博物馆参观了该馆收藏的大量中国古文物。

在全侨欢迎大会上,李汉魂偶遇了曾在韶关见过两次面的传教士微劳士,对他发言时一口流利的粤语相当佩服。

当晚,李汉魂又参观了两场欢迎活动,后连夜赶往尼亚加拉瀑布城(Niagara Falls)。当地华人将尼亚加拉瀑布译作尼加伙,李汉魂的日记则写成"乃架伙"。

半夜十一点抵达并入住旅馆,推窗欲看瀑布,但只闻其声,不见其形,至第二天才由邓鹤谱和李三民陪同,登上楼顶观瀑。当天,他们还参观了发电厂、大水闸等。

这是李汉魂旅加拿大最后一站,下午三时,他们就踏上了归途,乘坐出租车过桥进入美国境内,于五点到达水牛城(Buffalo)。李汉魂将水牛城译作"巴葫芦"。

傍晚七点,李汉魂乘坐美国航空飞机,于九点多回到纽约。

回到纽约后,李汉魂即获知他续假半年的申请已经获得批准。

1947 年 8 月 25 日,李汉魂与比他早一天来到多伦多的陈庆云再次见面,并一起为加东党部与《醒华报》合建的大楼揭幕

1947 年 8 月 25 日早上，李汉魂在加拿大尼亚加拉瀑布城观瀑

1947 年 8 月 25 日上午，李汉魂在加拿大参观安大略水电厂并留影

1947 年 8 月 24 日，李汉魂造访尼亚加拉瀑布城。在邓鹤谱、李三民陪同下，25 日下午在驻当地的国民党党部门前留影

名城揽胜　欧陆游踪

　　从加拿大回来，李汉魂只逗留了一天，就开始了他的欧洲之旅。

　　27日下午，李汉魂与吴菊芳在纽约九十号码头登上当时号称全世界最大的航船"玛丽皇后号"。开船后，李汉魂将整整十层的设施都参观了一遍。在航行途中，他对英国人的耐心细致服务精神也非常赞赏。

　　9月1日半夜，航船抵岸南汉普顿（South Hampton），第二天早上离船上岸，驻英大使馆派了赖恬昌馆员来接，一起乘车前往伦敦，沿途见到战时创痕历历在目，多有战时被炸毁尚未修复的房屋。

　　由于物质短缺，当地的牛奶都只配给儿童，每人每周只配给鸡蛋一个、肉半磅。上餐厅用餐，也是限量，如果吃不饱，只能到另一家再去吃。英国的贫穷，与美国的富足对比悬殊。李汉魂还注意到，人民生活虽然清苦，但街上并无乞丐和挨饿受冻之贫民，治安良好。

　　在接下来几天，李汉魂在郑大使和曾昭抡教授的陪同下，参观了大英博物馆、白金汉宫、海德公园、国会、西敏寺大教堂，还参观了伦敦东区的改造计划，访问了英国工党总部。

　　9月7日，李汉魂与吴菊芳，在熊式一博士和韩濬章将军的陪同下，游览了英国牛津。熊博士是蜚声国际的剧作家，当时在英国各大学讲学；韩是中国驻英国大使馆的陆军少将武官。

　　熊博士带领他们参观大学区，并在一罗马占领时代的千年古城墙前留影。

　　对于游英国一周的观感，李汉魂对英国人的刻苦守法精神甚为钦佩，唯觉得他们的生活节奏过于缓慢，很难与美苏等强国竞争。

　　9月8日，李汉魂离开伦敦

9月7日，李汉魂与吴菊芳，在熊式一博士（左）和韩濬章将军（右）的陪同下，游览英国牛津，在一罗马占领时代的千年古城墙前留影

飞往挪威首都奥斯陆，走马观花，对该国城市整洁、王宫前可以任游人和儿童嬉戏、国王生活平民化等皆印象良好，不好的是华侨在这里受歧视。整个首都仅有一名华侨。

9月10日，李汉魂飞瑞典，访游两天，对该国实施的住房合作社和消费合作社作了一些了解，并参观了合作社的住房，索取有关章程等，打算翻译后，加以研究完善，将来或有机会在中国推广。

12日，李汉魂飞抵丹麦。丹麦只有华侨二十六人，都很贫困。战后，中国驻丹麦使馆尚未恢复，临时请了一位曾经在中国做过生意的丹麦人做名誉领事。

李汉魂只在丹麦停留了六个小时，晚上即飞往荷兰首都阿姆斯特丹。

13日，李汉魂在中国驻荷兰大使馆秘书邱桂林的陪同下，参观了海牙国际法庭。李汉魂感慨，当今世界"有强权无公理"，国际法已根本动摇，此法庭只能作为游人景仰之处。当地华侨在远东酒楼设宴欢迎，李汉魂向侨胞发表了简短讲话。

14日和15日，李汉魂参观了当地规模宏大的水闸，以及到农业协会访问，参观农场。

15日傍晚，李汉魂飞抵比利时。比利时只有华侨数十人，在首都布鲁塞尔则只有两人。

1947年9月13日，李汉魂在访问荷兰时，在首都阿姆斯特丹远东酒楼，向欢迎会上的侨胞发表简短讲话

9月10日，李汉魂与吴菊芳在离开挪威前往瑞典时的留影

16日，李汉魂特约华侨之一黄瑞章为导游，游览了两处闻名已久的地方——滑铁卢和列日要塞。

17日，李汉魂飞往卢森堡，由于当地没有华侨，也没有熟人，他们只好在当地请了一位会说英语的司机开车出游，领略当地的风貌，还拜访了一户农家，李汉魂对其社会的安定和人民的守纪十分赞赏。

18日，李汉魂飞抵捷克。甫下机，便给了他一个不好的印象，机场人员态度不友善，检查行李诸多挑剔，幸好来接机的领馆人员赶来帮助交涉，才得以出关。

李汉魂于翌日上午参观了当地一所农林试验场。

20日晚上，李汉魂抵达意大利罗马，中国驻意大利大使于焌吉接机。意大利与西欧其他国家一样物资短缺，但政府并没有实施管制，街上也随处可见乞丐。

李汉魂还发现，这里的共产党人在街上的示威游行大行其道，意大利政府并没有像国民政府那样，动不动就开枪镇压。

随后数日，李汉魂在大使于焌吉和使馆武官郭寿华夫妇的陪同下，游览了庞贝古城、罗马古城、威尼斯水城的各处著名胜迹。

天气原因导致班机推迟，李汉魂直到27日才离开罗马，飞往法国巴黎。

在中国驻巴黎大使馆，李汉魂在前来出席太平洋会议的蒋梦麟口中得悉，广东省政府已改组，将由宋子文主政。

巴黎胜迹不少，李汉魂花了9天时间来游览。最令他激动的是10月5日下午一点，他在巴黎郊外一个跑马场外，亲眼目睹了戴高乐竞选演讲的风采。

10月6日，李汉魂乘坐火车离开巴黎，于第二天晚上来到德国柏林。沿途可见德国境内被盟军轰炸后的满目疮痍，柏林市区更加惨不忍睹，到处危墙断壁。

黄琪翔夫妇前来接车。

黄琪翔于当年6月奉派为中国政府驻德国军事代表团团长，正好在柏林。

李汉魂数日来游览柏林各处名胜，以及参加聚会等，皆由黄琪翔夫妇或军事代表团空军代表杨国柱夫妇陪同。

10月10日，中国国内因为内战的原因，均取消了庆祝活动，但在德国的侨胞仍举行了庆祝会，并请李汉魂发表演讲。

德国共有华侨七百多人，大部分是浙江青田人，广东人只占十五分之一。

1947 年 9 月 20 日，李汉魂与吴菊芳抵达意大利，由中国驻意大利大使于焌吉（右一）、使馆武官郭寿华夫人（右二）前来机场接机

1947 年 9 月 21 日，李汉魂与吴菊芳在中国驻意大利大使于焌吉（左）陪同下前往那不勒斯，遥望维苏威火山

1947 年 9 月 23 日，李汉魂与吴菊芳在意大利威尼斯市中心的圣马可大教堂前戏鸽留影

1947 年 9 月 30 日，李汉魂与吴菊芳飞到法国巴黎，登上巴黎铁塔留影

1947年10月，黄琪翔在柏林赠此照片予李汉魂。黄琪翔于6月份以中国政府驻德国军事代表团团长之身份赴德国

1947年10月10日，李汉魂到访德国柏林时，与中国派驻柏林的中国军事代表团空军代表杨国柱（穿军装者）同赴侨宴

德国在战后物价很低，食物定量分配，并盛行以物换物。李汉魂认为他们最大的奇迹是通货不胀，粮价不高，没有饿殍、乞丐游民，田园不荒，这虽然有赖于联军的维持之力，更在于其国民守法，国虽破而组织不乱，这是他们的长处。

欧洲之旅最后一程是瑞士，13日晚上来到瑞士，之后数日，他们游览了少妇山、洛桑等名胜，吴菊芳即因偶感风寒，数日留在住处休息，李汉魂独自前往日内瓦，参观了国际联盟大厦。

10月24日，李汉魂与吴菊芳乘火车取道法国，乘船横渡英吉利海峡抵达伦敦。因为买不到飞机票，他们在伦敦滞留一周，才在11月1日晚上回到纽约。

李汉魂检讨此次西欧考察收获时有此总结："……战胜国如英、如法，又如何？即得天独厚、卓绝一时之美，对于战后之救济负担亦太沉重，足见战争不是解决问题，只有增加困苦；而和平乃繁华之唯一条件也。予亲履柏林，夷考其盛衰之迹，亦凭吊其中心区之废墟后，憬然笃信'无论战争之动机如何，结果只有恶罪'，而益信'善战者服上刑'，应列为人类宪章之第一条也。"

治疗右耳　考察美东

出国考察这一年来，中国内战更趋激烈，国共双方军事力量势均力敌，已没有和平解决争端的可能。冯玉祥主导的"中华和平民主联盟"在纽约成立，呼吁"联共反蒋"，引起海外舆论沸腾。

国内纷乱的局势令李汉魂失望透顶，尽管获知自己在"国民大会"上被选为"国大代表"，很多人也希望他尽早归国，他都不为所动，只是继续深入他的考察。

12月3日，李汉魂约同水利专家陈克诚一起，坐火车前往参观慕名已久的田纳西流域管理局（Tennessee Valley Authori，简称TVA）。该局成立于1933年5月，是大萧条时代罗斯福总统规划专责解决田纳西河谷问题的机构，位于美国田纳西州诺克斯维尔。该局是整体规划水土保持、粮食生产、水库、发电、交通等，创新为"地理导向"的一个整体解决方案机构，是美国历史上第一次巧妙地安排一整个流域及其居民命运的有组织尝试。

美国田纳西河过去洪水为患，田纳西流域管理局在河上筑堤防洪，修建船闸通航，利用水力发电，获得很大的成功。

李汉魂在主政广东时，就深谙水利之重要，在抗战的战火中仍竭力完成了十处小型水利工程。李汉魂很希望在战争结束后，可以参考田纳西河水利工程，发展东江和瀹江的水利建设。

4日，李汉魂来到管理局办公室，陈克诚有一位同专业的同学胡煦华，恰好不久前来此实习，于是相约一起参观。得到两位专家的详细讲解，李汉魂收获良多。

一连四天，他们还参观了农场、牧场、水坝、船闸和电厂，对当地政府如何解

1947年12月4日，李汉魂视察美国田纳西流域管理局（Tennessee Valley Authori，简称TVA）。该局1933年5月成立，是大萧条时代罗斯福总统规划专责解决田纳西河谷一切问题的机构，位于田纳西诺克斯维尔。是整体规划水土保持、粮食生产、水库、发电、交通等，创新为"地理导向"的一个整体解决方案机构，最大的成就是利用水力生产及出售肥料与电力

决移民、迁墓和征地的问题，都作了详尽的了解。

美国田纳西河流管理局（Tennessee Valley Authori，简称 TVA）

对于 TVA 的巨大成功，李汉魂感触很大，回到纽约，即写了一篇《TVA 之建设与精神》，详细记录此行参观见闻与感受，并提出对我国各大江河的治理前景。

李汉魂在文章中有感而发，"以中国之大，河流之多，贫困之甚，急待开发者宁独一扬子江？单就流入太平洋之黑龙江、黄河、珠江、湄公河等干流及支流，已不知急需若何大量之开发。单就水电而言，不特三峡及英、渝江之水电厂已经测勘计划，随时可以动工；而珠江、闽江亦有可发二十万千瓦电力之潜能，着手亦甚容易。不过就使吾人能立即奋起仿效，但一将 TVA 成功之条件与我国当前环境作一比照，我事前缺乏准备，科学落后，技术人员缺乏，加以库帑空虚，物质方面即以瞠乎人后。至于组织、人事及合作方面，尚可操之在我者，如不能健全其机构，提高其气质，则无论何种 TVA，终不免一厘之差，千里之谬也。"

文章写好后，李汉魂即发回国内，希望刊登于报章让国人阅读。但是，其时国内正打得难分难解，人心已乱，这样的文章既不会有人关注，报纸也不会刊登。

回到纽约，李汉魂接到国内众多朋友的信函，都是劝谕他尽快回国开会，把握时机。李汉魂觉得他们所说虽然有理，但他知道自己回去对国事也发挥不了什么作用，所以仍然继续他的行程。

12 月 11 日，李汉魂和吴菊芳乘坐火车来到波士顿（Boston），受到侨界特别隆重的欢迎。

李汉魂本打算作三天行程，在众侨胞挽留之下，同意多留两天。波士顿有一位叫阮本万的台山籍老侨领，虽然双目失明，但在新英格兰六州的侨胞都唯其马首是瞻。李汉魂也特意到他府上拜访问候。

抗战期间，波士顿侨胞捐款数量经常是排名在前的，阮本万先生功不可没。

新英格兰六州分别为：缅因州、佛蒙特州、新罕布什尔州、马萨诸塞州、罗得岛州、康涅狄格州。

李汉魂此行的主旨定向是以游览古迹与文化为重点，所以第二天就由张子春博士导游，参观了哈佛大学的天文台、博物馆、图书馆和校本部。

1947 年 12 月 12 日中午，李汉魂在波士顿的大雪中游览美国哈佛天文台

12 日下午，李汉魂离开哈佛大学，参加当地国民党党部的欢迎茶会，然后拜访安良工商会、民治党和李氏公所等团体。

13 日，李汉魂又参观了美国独立战争的两处重要革命古迹——列克星敦（Lexington）和康科德（Concord）。还参观了一家纸厂。

14 日下午，波士顿全侨举行欢迎大会。波士顿总共有两千多侨胞，到会者有六七百人，大会举行时间长达四个多钟头。

李汉魂的演讲一小时十五分钟，掌声不断，足见李汉魂受欢迎程度之高。

当晚，有一位黄照兰夫人来见，她因为听演讲太受感动，特送来一百美元捐款用以救助难童。李汉魂以婉言劝慰，但没有接受款项。

15 日，李汉魂参观了麻省理工学院和波士顿大学等。当天，波士顿市长请他们吃饭，并赠送金钥匙留念。

回到纽约后，李汉魂向国民党中央递交了辞呈。蒋介石批准他出国考察治病的一年假期已经到期，他实在不想回去参加内战，只有提出辞职。

1948 年的元旦当天，李汉魂收到周锦朝从旧金山来电话转告，次子李焕赴美留学的奖学金已经获批。

李汉魂这段时间两次去找何应钦，委托他帮忙办两件事，一是尽快批准辞呈，二是帮他们把护照延期一年。此时何应钦正担任中国驻联合国安理会军事参谋团中国代表团团长，派驻纽约。

1 月 16 日下午，李汉魂与吴菊芳飞抵美国首府华盛顿，受到了前所未有的高规格欢迎，车队插中、美国旗，以警车开道。

小坐片刻，李汉魂便外出游览，参观了林肯纪念堂、杰斐逊纪念堂、华盛顿纪念碑等。第二天，又参观了白宫和华盛顿故居等。

1947 年 12 月 12 日下午，李汉魂参观完哈佛大学天文台和博物馆后，在当地国民党党部与侨领合照留念

1947 年 12 月 14 日，李汉魂在波士顿受当地侨胞的醒狮队和侨胞夹道欢迎

12 月 14 日，李汉魂在波士顿的全侨大会上演讲，感谢当地爱国侨胞为支援国内抗战，特别是救助沦陷区难童所作出的巨大贡献

1947年12月15日，李汉魂（左二）、吴菊芳（左三）在波士顿参观麻省理工学院。陪同参观的有侯卫民（左五）、李氏总公所主席李学玉的夫人（左四）和儿子（左一）

1947年12月15日，李汉魂在侯卫民陪同下游览波士顿的景点

李汉魂对白宫的简陋大出意外，他本以为美国的总统府，必定非常雄伟，戒备森严，谁知道眼前所见到的只是一间普通的三层楼房，其中的一、二层楼，还可以让游人任意参观！

18日，李汉魂赴顾维钧宴会、李氏公所宴会，以及全侨欢迎大会。

华盛顿有华侨一千多人，李姓占四百多。此间华人开设的餐馆有一百多家，洗衣馆则有四百多家，平均两人就有一份产业。听说此地华人也非常团结，互相之间从没有发生过官司纠纷。

20日，李汉魂往美国国防部拜访了魏德迈将军，进行了半小时的谈话。魏德迈对李汉魂表示，希望中国人民不要因为反英而反美。

魏德迈曾于1944年接替史迪威任盟军中国战区参谋长和驻华美军指挥官，至1946年回国。魏德迈在立场上比较偏向国民党，1947年其再获杜鲁门总统任命组成调查团赴中国，其调查报告指出国民党军事上处于劣势，建议美国提供援助，但杜鲁门总统不采纳他的意见。

回到纽约后，李汉魂接到通知，他的护照已给予半年延期，但辞职并不获批。

中国国内各种消息接踵而来，由于去年政府下令"戡乱总动员"不得人心，国内很多民主党派都一边倒，倾向共产党。

因为抗日战争导致的经济崩溃，生产未能短期内恢复，内战又起，军费日增，已导致全国物价飞涨，民怨沸腾。

2月初，李汉魂接到来信，他在上海寓所的房租已经升至一千三百多万元。李汉魂为此辗转不宁。新闻报道说上海在五天内发生了三起动乱，长春、沈阳方面尤其混乱，外侨纷纷逃离。

1948年被定为"行宪年"，3月在南京举行行宪"国民大会"。

国内不少人来信催促李汉魂回国与会，省港各报甚至有报道，说李汉魂将任五省副总司令。

1948年2月10日春节，李汉魂、吴菊芳与女儿李湞、李淇，儿子李沛、李浩在纽约的合照

2月16日，他到林柏医院去，让医生为他做右耳手术。

2月26日，李汉魂尚在住院期间，吴菊芳独自带病飞回南京，参加"国民大会"。之后李汉魂出院回家，独自静心养病达五个星期之久。

4月24日，李汉魂在辛之先生及其家人陪同下，往费城作短程旅游。

此期间，"国民大会"召开，蒋介石、李宗仁分别成为正、副总统，并于5月20日宣誓就职。

5月24日，吴菊芳从中国回到纽约，告诉李汉魂说，广东很多人都希望他回去竞选省长。

半年续假即将到期，李汉魂还打算到中南美一行，所以再次提请续假半年。7月中旬，申请获批准。

7月10日，李汉魂在侯卫民陪同下，专程再赴费城，参观民主党的竞选大会。

8月，国民政府改称为"中华民国政府"。

8月2日，李汉魂与侯卫民赴机场飞往匹兹堡，参观了养鸡场、农场、蜂场和军医院，翌日还参观了匹兹堡大学和一家钢铁公司以及食品公司。

8月4日，李汉魂抵达俄亥俄州克利夫兰，参观了一家飞机零件工厂后，当晚乘车于半夜抵达底特律。

当地华侨仅有千余人。侨领余宝和、梅友炳等十多人深夜前来迎候。

1948 年 5 月 9 日，李汉魂在侯卫民陪同下，游纽约长岛老罗斯福公园。此为侯与一对子女的合照

1948 年 4 月 24 日，李汉魂在辛之先生及其家人的陪同下到费城参观，在独立纪念厅后园被誉为"海军之父"的巴里将军雕像下留影纪念

1948 年 8 月 3 日，李汉魂在匹兹堡参观 H.L.Heinz 食品制造公司

底特律是美国汽车业中心，当地有七间汽车厂。李汉魂来此的目的就是参观美国的汽车制造业。

5 日中午，福特公司专门派出招待人员 D.L.Sticker 先生，接待前来参观访问的李汉魂和侯卫民一行，并全程陪同参观汽车装配流水线和玻璃制造厂。

7 日，李汉魂在当地一家汽车零件设计事务所华人老板李继德陪同下，游览了爱迪生博物馆和绿场村（今水务公园 Water Works Park）。

8 日，李汉魂从底特律返回克利夫兰，当地侨胞为他举行了全侨欢迎大会。

8 月 9 日回程，取道水牛城，李汉魂再度路经美国境内的尼亚加拉瀑布（Niagara Falls，当地华人译音为乃架伙）。

侨胞侯卫民也是摄影爱好者，坚持停车拍几张大瀑布的照片再走。

1948年8月5日，福特汽车公司派 D.L.Sticker（中）接待前来参观访问的李汉魂和侯卫民（右）

1948年8月7日，李汉魂在底特律访问期间与当地一家汽车零件设计事务所华人老板李继德（左）在绿场村（今水务公园 Water Works Park）的水钟 (Floral Clock) 前留影

1948年8月8日，李汉魂从底特律返回克利夫兰，当地侨胞举行全侨欢迎大会

1948年8月9日，李汉魂、侯卫民（左）由当地安良堂商会侨领李恭奕、黄均植等陪同出游水牛城

1948年8月9日，侯卫民在路经美国境内尼亚加拉瀑布时拍摄的景观

美洲穿越　孤雁回归

　　回纽约后，李汉魂逐渐萌生了归心。他在8月12日的日记上写："国事日益艰危，怅望狂流，忧心如捣，写信与吴逸志、郑瑞夫，预筹归计，明知身入火坑，亦不能置身度外也。"

李汉魂打算利用剩下的假期，把北美洲及中、南美洲游历一遍，即回国服务。

9月17日，李汉魂和吴菊芳携带李沩和李淇俩女儿到芝加哥安排入学。李汉魂让吴菊芳暂留芝加哥陪伴女儿，独自在20日飞往西雅图，翌日转飞加拿大温哥华。

21日，在温哥华侨领李日如、周汉枢等陪同下，李汉魂访问了各个侨团，参观了华侨公校及民疆、大公、广智等学校。

22日上午，李汉魂参观了一家木材

1948年9月22日，李汉魂在加拿大温哥华参观侨胞李日如（右）的温室种植场

加工厂。下午，又参观了侨领李日如的温室种植场。晚上，还参加了侨胞为他举行的欢迎会。

23日，李汉魂飞抵维多利亚。翌日参观了侨胞的木材加工厂、农场、畜牧场。25日参观了海军军港。当晚飞回西雅图，与吴菊芳会合。

26日，李汉魂在曹国宾领事的陪同下参观波音飞机制造厂。

当晚，李汉魂乘飞机抵达俄勒冈州的波特兰市。华人多称波特兰为砵仑。

之后一连三天，李汉魂除访问了俄勒冈日报社、哥伦比亚消息报社，以及水坝电站之外，都是访问当地侨胞。

26日，李汉魂在波特兰市，获侨胞李廷栋热情接待并送赠家庭合照留念。

李廷栋是新会人，时任旅美柯利近省（俄勒冈州）华侨救国统一会主席。李廷栋是美国捐款最多的十七位侨领之一。八年抗战期间，他总共向国内筹捐了三十六万多美元。

9月30日晚上，李汉魂飞往德州，两度转机后于10月1日到达圣安东尼市。

第二天，李汉魂应邀到市政府与市长会晤，在市政府内赫然见到有售卖食品杂物的摊档，令他甚为惊讶。

1948年9月26日，李汉魂访问美国俄勒冈州波特兰（砵仑）市，获侨胞李廷栋（右二）送赠家庭合照留念

对于当地华侨派别分歧，互不相容的现象，李汉魂感到十分难过与遗憾。

10月3日晚，李汉魂飞往休斯顿，三天中参观了几处油井和一间炼油厂。

10月6日深夜，李汉魂在大风雨中抵达墨西哥。墨西哥侨胞有一万四千多人，居住墨西哥首都的有一千多人，大多数来自台山海宴，以经营咖啡店为主。

五天的行程，李汉魂都是探访侨胞，从中感受到他们侨居国外的生活艰辛。

10日，墨西哥侨胞为李汉魂举行了全侨欢迎大会。

10月12日至16日，李汉魂先后到访了危地马拉、洪都拉斯、尼加拉瓜和巴拿马。其中巴拿马对华人歧视严重，禁止华人经营商业。有侨胞向李汉魂哭诉，希望中国政府能出面交涉。

当时中国东北正是辽沈大战、解放军攻占锦州之际，国民党政府自顾不暇，李汉魂爱莫能助，只能与侨胞相对喟然。

17日至30日，李汉魂到访了秘鲁、智利、阿根廷、乌拉圭、巴西、特立尼达、委内瑞拉诸国。

观察各国国情，李汉魂发觉，对比其他国家，委内瑞拉对华人较友善和尊重。

31日晚上，李汉魂抵达古巴卡马圭，受到当地侨胞的热情欢迎。翌日，李汉魂受当地军区司令邀请，参观了他们的兵营。

11月1日晚上，李汉魂飞到了古巴首都哈瓦那，有侨胞五六百人前来接机。

由于古巴侨胞特别热情挽留，李汉魂在哈瓦那逗留了十多天。

11月3日，全侨欢迎大会在哈瓦那金鹰戏院隆重举行，赴会者达两千人之多。

6日晚上，李汉魂在党部欢迎会上发言，有一段话诠释三民主义，见解新颖。

他认为，三民主义的"天下为公"就是共产主义的"均贫富"，相对共产主义，三民主义不主张暴力革命，而是"用不流血的革命手段来实现共产社会。"这也是李汉魂当时的见解。

14日，李汉魂离开古巴返回美国。

刚刚返回纽约，李汉魂就惊悉自己手创的第六十四军已经在淮海战役中全军覆没，痛心不已。

隶属黄百韬第七兵团主力的第六十四军，因时任军长的刘镇湘执意坚守，在碾庄之战中被解放军包围歼灭。

白崇禧于12月24日电请政府与中共谈和，随后蒋介石也在1949年元旦文告中表示愿意与中共商讨恢复和平办法。共产党在1月14日宣布"和平谈判八条件"与国民党已无谈判的基础。

国内局势日益严峻，白崇禧来电催促李汉魂速回。李汉魂感到国内局势危急，大丈夫不该远避异国偷安，明知回国是跳入火坑，也是义不容辞了。

知道李汉魂要回国，纽约侨胞连日设宴欢送。

1949年1月20日晚上8点，李汉魂告别吴菊芳，独自踏上了归国之途。

1948年11月3日，李汉魂到古巴与华侨同胞聚会

1948年11月10日，李汉魂到访古巴期间，在侨胞举行的欢迎会上发言

1948年11月10日，吴菊芳在侨胞举行的欢迎会上发言

1948年11月10日，李汉魂到访古巴圣地亚哥期间，汕爹咕埠（Santiago）侨胞在中华商会举行盛大欢迎会，座无虚席

1949年1月19日，李汉魂即将启程回国，离开纽约前，当地侨胞设宴欢送

1949年1月20日，李汉魂即将启程回国，当地侨胞到纽约车站欢送

第二十九篇　一心系国家
无力挽狂澜

（1949年1月至1949年12月）

1949 年 1 月 20 日，李汉魂在纽约握别众侨胞，第二天飞抵旧金山。隔日再飞檀香山，短暂停留后再起飞，于 24 日午后抵达菲律宾首都马尼拉。

李汉魂甫到马尼拉即闻消息，总统蒋介石已经在 21 日引退，由李宗仁代行"总统"职责。另外，薛岳也取代宋子文继任了广东省主席。

李汉魂在菲律宾停留两天，于 25 日上午 9 点赴机场，下午 1 点抵达香港，吴在民等一众旧部属都来接机。

1949 年 1 月 25 日，李汉魂在回国途中飞抵菲律宾马尼拉，当地侨团在中央旅社举行公宴欢迎

1949 年 1 月 25 日，李汉魂在归国途中，路经菲律宾马尼拉，在当地侨胞举行的欢迎会上发表演说

1949年1月25日，李汉魂在归国途中，到访南洋马尼拉，参观当地的华人学校中山小学

1949年1月25日，李汉魂到访南洋马尼拉，对当地侨胞发表演说

不少史书上都写李汉魂此行是奉李宗仁召回国任职，其实是谬传。

李汉魂请假出国治病兼考察，经数度申请延期后，已经期满，不能不回国。他在回国前完全不知道李宗仁会当代"总统"。至于自身回国后将何去何从，他也完全未有打算。

访谈故友 赴任南京

1月27日李汉魂回到广州的消息颇为轰动，其挚友何彤、邓龙光及各界千多人到大沙头迎候。当晚，各界代表设宴为李汉魂接风。广州南园酒家门口，挂出一副以鲜花砌成的对联，上下联分别是："万里乘风，聪回师旷；七年治粤，人似召公。"可见粤人对其评价甚高。

时值春节，国内形势动荡不安，闻傅作义不发一枪，北平已被解放军接管。

两三天之间，国币贬值数倍，颇令李汉魂内心惊忧。

回来不过数天，李汉魂在家忽接南京方面来电，谓代"总统"李宗仁希望他去南京一谈。

同时，蒋介石也托郑彦棻夫妇转告李汉魂，谓其五年内不会再揽政权，嘱咐他拥护李代"总统"。蒋的嘱咐，其实也不知是真心还是试探。

此时在广东执政的主要人物，全部都是早年第四军的同僚。而今非常时期，之前相互间的恩怨纠葛早已抛诸脑后。

李汉魂先后往访了张发奎、余汉谋、薛岳和陈济棠等人，朱晖日和缪培南也来探访，各人对当前局势都表示极度担忧。

省主席薛岳希望李汉魂能当其助手襄助省政，余汉谋也想把陆军总司令一职相让，张发奎则认为自己愿意接任总司令一职，让李汉魂继任琼崖行政长官更合适，因为自己只会打仗，李汉魂更擅长开发建设。

李汉魂正在犹豫，"行政院"院长孙科于2月9日来访，说"行政院"已经作出决议，让他出任琼崖行政长官。

孙科说的此项任命，事先并没有征求他的意见，所以李汉魂并没有立即应允，他刚回国，希望能先对全局有所了解，并赴南京见过李宗仁之后再决定是否赴任。

2月14日，李汉魂与国民党广东省党部执行委员陆匡文一起飞往汉口，当晚拜访了白崇禧并作长谈，遂得知李宗仁的想法，是希望他能赴南京出任参军长一职。

这天，李宗仁派出颜惠庆、章士钊等人士组成"上海人民代表团"赴北平，试探共产党对两党和谈的反应。

15日，李汉魂从汉口飞南京，到"总统府"会见了李宗仁代"总统"以及何应钦、黄绍竑等人，听取他们的意见。

李汉魂自然深知李宗仁此刻的难处，当天其在日记中有分析："蒋介石虽即引退，亦只交李代之。现中央金银外汇，继续运台，交由主席陈诚控制；陈并于蒋决心引退时就职，而海、空两军主力亦以台湾为基地。盖台为蒋总统特别重视，时势败坏如斯，虽已及时引退，而顷承德公分析详示全局，自堪顾虑；抑且健生距离过远，而复杂太繁，季宽又不免而相机自谋，前途则更堪虑矣。"

李汉魂本想再赴奉化谒见蒋介石，但俞济时向他转达了蒋的意见说，"辞修一切较悉，盼往台湾与之一谈。"（辞修即陈诚）蒋要他直接去找陈诚谈即可。

2月18日，李汉魂与陆匡文飞抵台湾。当晚及翌日，李汉魂都与陈诚交谈，希望交流对今后的想法和计划，并了解蒋介石对全局的意见。不过，陈诚对这些话题都不作表态，只是顾左右而言他。陈诚最后希望李汉魂仍到琼崖去任职，别管其他事。听其言下之意，李汉魂感觉到蒋介石对守住大陆已无太大信心，并暗示海南岛也可能会放弃。

国民党已失去半壁江山，但李汉魂当时仍觉得还有机会扭转"颓势"，对于蒋介石打算放弃大陆，感到十分失望。李汉魂觉得，莫说尚有长江以南在手，纵使只保住两广，"反攻"都有希望。这个想法，显然是基于当年北伐的经验。

22 日，李汉魂返回广州，知道李宗仁已正式任命他为"总统府"参军长。经过一番思考，李汉魂决定放弃去海南岛任职，前往南京辅助李宗仁。

1949 年 2 月 18 日，李汉魂与国民党广东省党部执行委员陆匡文飞抵台湾，在光复纪念碑下留影

这一决定，其实已经引致蒋介石的极度不满。李汉魂却没想那么多，他只是想着怎样能让内战平息，不再生灵涂炭。

3 月 4 日，李汉魂飞上海，翌日转火车赴南京"总统府"报到。

在与李宗仁及白崇禧的长谈中，李汉魂得知他们已决定由吴铁城、邵力子等人研讨和谈方案，并派张治中赴奉化请示蒋介石。

李汉魂这时才明了，其实李宗仁的代"总统"，并没有真正的决策之权，一切决策权仍在蒋介石掌控之中。

此时局势正在急剧变化，共产党的部队，不久前已经改名为解放军，大举南下。林彪所率的第四野战军，正在逼近武汉。

3 月 8 日，李汉魂正式宣誓就职"总统府"参军长，由司法院长居正监督。与李汉魂一起参加就任仪式的还有新任文官长翁文灏。

"总统府"参军长的职务相当于后来的侍卫长，参军处下辖军务处、典礼处和总务处，以及侍卫室和机要室。

李汉魂刚上任，就碰上"行政院长"孙科率内阁总辞职。李汉魂当即履行职责，与李宗仁和白崇禧一起商讨应对措施，最后一致决定请何应钦组阁。

白崇禧亲赴奉化请示，得到蒋的首肯后，何应钦才欣然同意就职。

想不到何应钦同意组阁后，即力邀李汉魂出任他的内政部长。

1949年3月8日，李汉魂在南京总统府参加就任参军长职务仪式，与他一起参加就任仪式的还有新任文官长翁文灏，由司法院长居正监誓

转担内政　退驻羊城

　　刚刚上任参军长没几天，李汉魂本来不想转换岗位，但想到自己现在虽然贵为首席幕僚，实际上李宗仁只是表面上倚重自己，其核心智囊团乃全以桂系人物为核心，自己的意见并不受重视，而且参军长只有参谋之责，没有决策权，实在不如当一名部长，可以独当一面，有所作为。

　　李汉魂考虑再三后，答应了何应钦的邀请。

3月22日，李汉魂正式上任内政部长，参军长一职，交"总统府"上将参谋长刘士毅暂代。

上任之后，李汉魂立即着手将部内各机构裁并为七司两署一局。七司为民政司、户政司、警政司、社会司、合作司、劳工司、总务司；两署为地政署和卫生署；一局即调查局。不过，调查局只是名义上属于内政部，实际上属中统局，鉴于中统局背景复杂，李汉魂绝对不插手其中任何事务，免招不必要的麻烦。

4月1日，李宗仁正式派出了以张治中为首席代表的和谈代表团赴北平。

国民党方面提出了谈判五项原则：一、停战须在和谈之前实现；二、国体不容变更；三、修改宪法须依法定手续；四、人民生活方式必须保障；五、土地改革首先实行，但反对以暴力实行土地革命。

国民党的谈判条件，是想与共产党划江而治。

不过，张治中等人在北平谈判了十多天，所取得的进展，只是在共产党拟定的八条二十四款中，把"反动分子""元凶"等过激字眼删掉而已。

共产党方面完全没有理会国民党提出的谈判原则，毛泽东和周恩来声言，"无论战和，人民解放军都要渡江。"毫无商量余地。

4月16日，谈判代表之一的黄绍竑，从北平带回由共产党方面拟定的《和平协定》。该协定限令国民党在20日前必须无条件签字。如果李宗仁答应签字，就可以得到联合政府副主席的职位及保留桂系的部队。

黄绍竑与其说是代表国民党去谈判，不如说是代表共产党来劝降李宗仁和白崇禧，因为他已经转换了立场。

李宗仁陷入两难，白崇禧却态度鲜明，"只要中共坚持渡江，便不能接纳和议"。和谈本是白崇禧最先提出的，但时不再来，而今国民党的形势已经逆转，军事颓败，民心尽失，他们现在手上的筹码已不足以与共产党抗衡了。

时任"监察院"副院长的黄绍竑，乃新桂系早期三巨头之一（李宗仁、白崇禧、黄绍竑，史称"李白黄"），但黄绍竑较早脱离了桂系，投向中央并为蒋介石所用。此次以国民党"和谈代表"身份赴北平，很快就转变了立场，最后还与张治中等人一起识时务者为俊杰，留在了北平。

这两天，李汉魂也是坐卧不宁，仍幻想着如何挽救局势，数次谒见李宗仁及何应钦，深恐他们动摇，再三提出"转移作战"的进言。直到黄绍竑离开南京，并得知李宗仁最后没有签字，李汉魂才松了一口气。

18 日，国民党中央执委会开会决议重申，谈判应以五项原则为依据。

19 日，国民党拒绝共产党提出的八条二十四款，并令各机关准备全部转移，迁往广东。

20 日，李汉魂开始着手内政部迁移和遣散事宜。

"内政部"内职员，大多疑虑重重，不愿填写去留表格，旋经李汉魂集合众人谈话，并承诺提高待遇，增加旅费之后，才稍微安定了人心。

同一天，解放军在陈毅的指挥下，发起了渡江作战。第二天，江阴要塞司令戴戎光在部属推动下，向解放军输诚，南京顿时陷入恐慌，行政院再下紧急通知，令各机关提前立即疏散。

白崇禧提出，基于谈判已经失败，眼前只剩下继续抵抗一途，李宗仁受命作为代"总统"与共产党谈判的任务已经结束，应该请辞，务必立即请蒋介石出来复职。如果蒋确实不出，就必须请他将军队、人事和财政的大权切实交与李宗仁调度指挥。

22 日，李宗仁、何应钦、白崇禧和张群等人飞到杭州，要求蒋介石复出主事。李汉魂与周至柔则留在南京，给疏散南下广州的各部门首长送行。

蒋介石依旧不肯复出，但他提议，可以由中央常务委员会中设立一个"非常委员会"，其自任主席，孙科和李宗仁为副，"以党驭政"。

此提议因李宗仁不同意，未能立即通过，最后获得共识的决议"唯有坚持作战"，不再求和，并改由"行政院长"何应钦兼任"国防部长"，没有涉及具体的权和钱两项。

李宗仁既调动不了军队，也动用不了财政，已注定他们是不可能有所作为的。

李宗仁等当晚即赶回南京，与李汉魂在官邸座谈至半夜。李汉魂跟李宗仁看法一致，也是对蒋"以党驭政"的提议颇有微词。

整晚炮声不绝，解放军已经迫近浦口，何应钦在半夜通知他们二人，第二天早晨务必一起离开南京飞往广州。

飞机原定早上八点起飞，后来因为南京所有警卫部队和警察都将在拂晓前撤离，所以他们不得不提前在六点离开。

由于时间过于仓促，李汉魂几乎没有合眼，匆匆处理好必要公事及收拾好私人物品，即乘车前往明故宫机场，会合李宗仁后，登上飞机，几可谓仓皇出走。

4月23日早上六点，飞机起飞。

飞机原计划飞广州，但李宗仁在途中改变主意，命飞机转飞桂林，但又因飞行员与桂林机场联络不上，只好改在柳州降落，然后再转飞桂林，害一众一大早就赶到广州白云机场接机的党政要员空等了大半天。

到桂林后，李宗仁写了几封信托李汉魂带往广州，自己却留了下来。李汉魂劝行无效，只好再上飞机，独自于晚上抵达广州。

4月24日凌晨，解放军长驱直入南京城。下午，南京"总统府"就被解放军第35军第104师312团占领了。

据说这支解放军部队本来并没有渡江任务，因此毫无准备。23日上午，他们突然接到粟裕的命令，让他们第35军全军立即渡江进占南京。由于所有船只早已被其他部队征用，他们手上一艘船也没有，只好立即派出几名侦察兵，千方百计找到一只小船，偷渡过江想办法。到了对岸，竟让他们发现这边全无守军。之后他们顺利找到一艘火车渡轮开回北岸，一夜之间就把全军运送过江了。可见当时国民党军队已经完全是弃守了。

群龙无首　无力"回天"

"内政部"迁来广州后，选址在位于文德路和文明路交界处的孔庙办公。

临时首府迁往广州，李宗仁却独自滞留在桂林，迟迟不来广州主持局面，令众人很是失望。李汉魂连日来试图联络他，也没得到回复，电话更打不通，群龙无首，不知如何是好。

为了稳住局面，李汉魂唯有四处联络各方，尽量勉作解释，他心里也不踏实，自知说什么也无法令人信服。

5月1日，张发奎专程赴桂林去劝说李宗仁回广州主持大局。同一天，李汉魂抽空再到力行中学巡视。

吴菊芳出国时已将力行中学校长之职交给徐惠仪，但李汉魂仍任该校董事长。李汉魂回广州后，已经数度到校视察。

时任力行中学校长徐惠仪的　　1949年5月1日，李汉魂到力行中学视察，在时任校长
照片　　　　　　　　　　　　徐惠仪（前右）陪同下步入校园

1949年5月1日，李汉魂到力行中学　力行中学的师生
视察

李汉魂在广州力行中学和儿教院联合为
他举办的欢迎会上与学生对话

李汉魂在广州力行中学和儿教院联合为
他举办的欢迎会结束后，与院方负责人
合照留念

5月2日，李汉魂又抽空往近郊龙眼洞，巡视"荫园农场"。此农场是他在1936年雇请工人开垦的，原打算作为退休后躬耕之处和身后葬身之地，但尚未建设完成，即因抗战爆发而停顿。李汉魂早前曾有把此处作为身后归葬之地的想法，后来其子李韶生夭折，又改为南华寺。

李汉魂现在已经改变了初衷，他找来乡长及二十几位父老乡亲座谈，宣布将农场连同田租八十余石一起赠送给乡公所私立小学。

由于李宗仁消极倦勤滞留桂林，蒋介石派了居正、阎锡山、朱家骅和陈济棠等人，前往桂林敦请李宗仁。

经过会商沟通，李宗仁订出了六项记录，请他们转呈蒋介石。

此六项记录提出的是，代"总统"应有军事指挥权、人事任免权、财政开支权，各级行政机构只向总统及行政院负责，反对"以党治国"，以及请蒋介石暂时出洋免碍其进行军政措施。

李汉魂以他对蒋介石的了解，认为这六项记录绝不可能兑现，所以在日记中写下这样一段话："予私意忖度蒋总裁或以局势险恶若是，自不愿悉将财政与用人两项权力完全授李，被李作孤注一掷；而李深觉事权不专，处处感受掣肘之隐痛，未免心灰意冷。加以双方左右的智囊人物，对当前大目标仍专事玩弄权术，尔虞我诈，未能放开襟怀为大局前途计，只见自己的是，不肯为对方设想；结果只为亲者痛而仇者快，却不免如俗语所云：'聪明反被聪明误！'"

蒋介石隔日让何应钦转达了他的答复，一是请李宗仁尽快赴广州履任，二是政治改革非短期可以有效，三是他本人无意复出领政，四是他拒绝放洋出国。

李宗仁大概觉得已有台阶可下，遂于5月8日下午乘飞机抵达广州天河机场，李汉魂与何应钦等均前往接机。

晚上，李汉魂与李宗仁电话沟通，知道其打算争取"美援"，于是又拨电话与奉命即将赴美的甘介侯作了一番长谈。

甘介侯乃哈佛大学毕业之哲学博士，回国后从事外交工作，抗战期间因拒绝出任汪伪政权伪职而遭软禁，抗战胜利后曾任北平行辕顾问。1949年年初，甘介侯曾被提名担任国民党赴北平的和谈代表，但被共产党方面拒绝。此次甘介侯又被推出来，以"中华民国"驻联合国代表身份，作为代总统李宗仁的私人代表，赴美争取"美援"。

李汉魂与甘介侯的合照

李宗仁到广州后，原以为蒋介石会有进一步让权的表示，谁知道蒋还是"以不变应万变"，不由十分失望。

李宗仁召集了所有能到场的各省主席、参议长和财政、粮食负责人来开会，商讨对策，但大家也是束手无策。作为中枢领导，虚有其名，一切皆指挥不动，更无从对前线战况有所帮助，解放军已经开始进攻上海，国民党军继续溃退，众高层中枢们只有徒叹奈何。

会后，广西省主席黄旭初特来拜访李汉魂，提出李宗仁希望加强粤桂合作的主张。李汉魂对此主张虽然赞同，但担心引起他人的误会，所以认为还须慎重考虑。

此一届的"行政院"，可算是国府历来最穷的内阁，军政费固不能按时清发，据说晚上办公非但没有电灯，就连蜡烛也买不起。国库的钱，全被蒋介石运到台湾去了，从代总统、"行政院"到"财政部"，一概无权支配动用。

6月，江南数省大水成灾，冲陷防堤，漫及数十县境，民众死伤数万，无数家庭流离失所，湘、粤、桂三省灾情尤其严重。李汉魂以职责所在，成立了"全国救灾委员会"，自任主任委员，负责统筹赈灾，并提请政府拨款倡助，但"财政部"也表示无能为力，仅拨款国币一百万元，聊胜于无。李汉魂只好故技重施，向侨胞发出呼吁，及向社会热心人募捐，并鼓励各省及重要地区组织救灾分会，尽其所能地拯救了部分灾民。

22日，李汉魂出席政务会议，获悉西安已失陷，解放军刚刚占领南昌和长沙，相信很快就要进入广东。而广东至此全无军事准备，政府只是忙于遣散员工和疏散民众，以及打算必要时将省府迁到海南岛，至于"中央政府"就可能要迁府西北。

24 日，何应钦决定内阁总辞，李宗仁挽留不住，只好着手物色继任人。李汉魂虽感意外，但鉴于形势恶劣，也乐于乘机解脱。当即令部属做好移交准备。想到自己回国后，虽有心报效，却只有庸庸碌碌毫无贡献，甚是歉疚。

鉴于解放军正极速南下，内阁又要改组，李宗仁派出于右任和阎锡山于 26 日飞台湾，请蒋介石即来广州主持大局。

密谋坚守　据理力争

27 日，李宗仁召集党内要员交换意见，大多数人提议推举民国元老居正出来组阁，李宗仁没有异议。第二天咨询一些立法委员，有人同意，但也有人认为战时内阁，应该找一位军人组阁。

原来李宗仁为了讨好蒋介石，暗中推举阎锡山出来竞选，阎更得到于右任和陈济棠等重要人物的大力支持，终于在 30 日"立法会"投票时，以多出一票而获胜选。

阎锡山曾是李汉魂早年于保定军校毕业后赴山西见习时的老长官，对其一贯作风虽熟悉却甚不喜欢，此时也不大愿意与其共事，所以婉拒了阎锡山的挽留，提出辞职。

阎锡山一时也找不到合适的继任人选，便派秘书长贾景德多番前来游说挽留，再加上李宗仁的力劝，李汉魂才勉为同意留任。愿意留任的还有教育、司法、交通等各部的首长。

新内阁以"战斗内阁"为号召，阎锡山还兼任了"国防部长"一职。白崇禧没能入阁，被委以"华中剿匪总司令"，派到武汉指挥军事。陆军总司令的职务也由顾祝同兼任，张发奎乐得赋闲，跑到香港去了。

阎锡山虽然挂名"国防部长"，但实际军事均由次长林蔚直接听命于蒋介石，对于解放军打到哪里，什么地方何时失守，他都不甚清楚。

对于这样一个无甚作为的内阁，李汉魂逐渐失去了信心，7 月初就提出了辞呈，并一度避居到陆军医院院长张扫庭处，以示决绝之意。

由于阎锡山不批准，李宗仁也一再苦劝，李汉魂才勉强恢复办公，但拒不收回辞呈。

　　为应付时变，李汉魂在这段时间抽空处理了自己的私事。他将原来准备留给后代的龙眼洞附近的产业，以及位于南岸河南小港的"韶兴园"，还有韶关河边厂的"毅洲农场"及"镜湖"的田产，全部捐给他所创办的力行中学作为校产和力行学会基金，只留下赖以栖身的东山住宅。

　　7月14日，蒋介石飞到广州，主持召开了"中央常务及政治委员会"联席会议，并正式成立了他早前提议的"中央非常委员会"，自任主席，李宗仁任副主席，全面开始实行"以党驭政"。

　　自此，"行政院"所有措施实行之前，均要由"非常委员会"核定批准。

　　蒋介石在广州逗留七天后，即转厦门再回台湾，8月底，又来广州停留了两天，再飞重庆，听取军事报告，举行西南行政长官公署会议。

　　8月27日是孔子诞辰纪念日，当天早上，由"内政部"主办的民国政府一年一度的祭孔活动，在广州文明路广府学宫内的孔庙举行。孔庙大门的石牌坊上，悬挂了红布金字制成的"至圣先师二千五百年诞辰纪念"横额。

　　上午8时许，政府官员数百人齐聚，惟代"总统"李宗仁没有参与。

　　九时整，典礼开始，纠仪官谢瀛洲肃立于前，执事官各就各位，正献官阎锡山、奉祀官孔德成、陪祀官朱家骅、邹鲁、于右任、丘昌渭、李文范、吴铁城、陈立夫、贾景德，分献官李汉魂、杭立武、欧阳驹、史延程等纷纷肃立于阶下。司仪唱礼后，与祭人员缓步上阶，正献官行政院长阎锡山率众人遥望殿上，向大成至圣先师行三鞠躬礼。

　　这是"中华民国政府"在中国大陆的最后一场祭孔活动。

1949年8月27日，民国政府在中国大陆最后一次祭孔活动在广州文明路上的广府学宫举行，在"行政院长"阎锡山带领下，于右任、钮永建、邹鲁、吴铁城、朱家骅、李文范、陈立夫、邱昌渭、李汉魂、杭立武、欧阳驹等进入会场

最后一次祭孔活动在广州文明
路上的广府学宫举行。图为殿
前击鼓

图为殿前文武百官进场

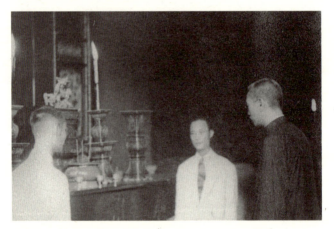

1949 年 8 月 27 日，祭孔活动在广州文明路上的广府学宫举行。
图为任奉祀官的孔子第 77 代孙孔德成站在祭台前

1949 年 8 月 27 日，祭孔活动在广州的广府学宫
举行。图为祭祀乐队在演奏

1949 年 8 月 27 日，图为祭孔仪式在进行中

总裁翻脸　居老通风

9月2日，闻重庆市中心陕西街发生特大火灾，造成数万人民无家可归。李汉魂迅速布置办理救济和善后，并在中旬飞往重庆检查善后情形。

4日，中山大学主任萧锡三及教授张作人等四名教授前来感谢李汉魂。事因月前，警备司令部以"共党嫌疑"罪名，逮捕了他们的十几名教授和百余名学生，李汉魂得知后，力加干预，最后仅有两名学生仍被拘留，其他师生皆以无罪获释。

当时，李济深的儿子李沛文也因涉"通共"被捕，李汉魂和余汉谋获知后都认为，虽然其父与共产党合作，但不能株连其子，所以两人都想尽办法尽力营救，并为其作保释。

李沛文是康奈尔大学农学院农科硕士，是中国很有成就的教育家和农业科学专家，1935年起历任岭南大学农学院园艺系、植物生产学系教授、系主任和院长。

9月初，解放军由湖南、江西、福建三个方向进逼广东。

李汉魂的长子李斌，已经升任第七十三军第十五师副师长，驻守福建担任防御任务。

9月19日，七十三军不敌解放军攻势，紧急撤离平潭岛。李斌奉军长李天霞命率两个营在观音墺附近掩护撤退，最终所部被解放军消灭，李斌负伤后下落不明。

李汉魂与白崇禧、薛岳和余汉谋等人，连日聚集"总统"官邸，讨论保卫广东，提出需要由省府直接统辖广州市，才能便于军政配合，统一指挥的计划。

此计划由于涉及人事更替，因此遭到巨大阻力，无法执行。李汉魂为此专门谒见阎锡山，痛陈利害。阎锡山虽然明白，但又怕得罪人，所以将此事一直拖到10月1日，才让李扬敬取代了欧阳驹，宣誓就任广州市长。

10月1日是中华人民共和国在北京宣布成立之日。北平在9月27日刚刚被宣布恢复北京之原名。也宣告蒋介石集团的彻底失败。

9月22日，蒋介石飞临广州，布置防守广东事宜，惟因内部矛盾重重，一直无法作出切实方案。

27日晚，李汉魂接获通知，蒋约其翌晚赴公馆进餐并叙谈。

李汉魂打听后，得知李宗仁、余汉谋、张发奎和薛岳等人都没在被邀之列。

28日晚，李汉魂如约前往，到会者还有邹鲁、李福林、王宠惠、吴铁城等二十多人。蒋介石训话，述及当前形势，完后征询大家的意见，并要大家尽量发挥，各抒己见，但是全场仍没有一人敢吭声。蒋介石于是直接点名李汉魂，让其畅所欲言。

李汉魂站起来侃侃而谈，讲了他对局势的忧虑，转而陈述自己的看法，言论大致如下，"广东一般的高级将领及地方民众的领导者，不特期望党政最高机关及领袖镇守台湾，尤盼以较大的军事力量，决心固守大陆。即令重要城市及海边逐次沦陷，亦当同众上山，分途死守，以待大局的渐渐好转，窃不愿径率所部，渡海孤悬……"

岂料不待李汉魂说完，蒋介石突然翻脸，厉声喝止，并斥责"此时此刻，非以党治国不可。"

李汉魂自然不敢再说下去，唯有肃然听训。气氛紧张之际，李福林突然站起来，大声打断了蒋介石的训话："报告总裁，汉魂同志所陈，确是代表广东同乡公意，我甚赞成。"

举座愕然，因为从来没有人敢这样跟蒋介石说话。吴铁城赶快上前劝止李福林。当众顶撞"最高领袖"，被视为"犯上"，是要付出生命代价的。

大概蒋介石也感到自己有点过分，口气也软了下来，宣布散会，为缓解难堪，临走还委托李汉魂转达其对陈济棠的问候，因陈济棠亦有受邀，但称病没来赴会。

陈济棠其实是诈病，因为不想卷入是非而已。

陈济棠跟李汉魂分析，蒋介石觉察广东籍的官员都主张固守大陆，以等待美援，与他制订退守台湾的计划相抵触，所以才特意召集其他广东官员表明态度。

蒋介石这时急于迁往台湾，不知算是失策还是有深一层的考虑。

当时美国有政客发出了台湾地位未定的论调，因此蒋要尽快进入台湾，建立政权机关实施控制，让"台湾为中华民国领土"成为事实。这也许是蒋当时的考虑，李汉魂等人当然都没有意识到这一点。

因为1895年甲午战争时清廷战败，被迫签订了《马关条约》，确实是把台湾及澎湖列岛割让给了日本。日据殖民统治台湾已有五十年，只是随着"二战"战败无条件投降，才被中华民国政府收回主权，但由于接收是在联军主导之下完成，故被外界说成是地位未定。

其实中华民国在1941年正式向日本宣战时，就已经宣告废除中日之间一切条约协议，包括《马关条约》。日本战败，中华民国政府收回台湾是顺理成章的。

10月2日，由叶剑英指挥的解放军十五兵团和四兵团开始向广州发起进攻。叶剑英正是李汉魂当年在四军的同袍。

10月3日，蒋介石离开广州飞台湾。李汉魂即往访白崇禧，知道之前所说的中南两区统一作战、移兵救粤的计划已经泡汤。原本调来帮助防守韶关的华中部队已开始撤往桂林，证明蒋已打算放弃广州。

10月10日，广州中山纪念堂举行民众大会，李汉魂作为大会主席团成员之一，主持"死守广州"的宣誓仪式，内心极为愧疚。解放军已在进攻广州，城内人心惶惶，守军正在紧急撤离，不知由谁来死守。

13日晚，李汉魂与跟随自己多年的卫士邓桂南一起，回到东山新河浦路20号的家中，最后一次拜祭历代祖先神位，将钥匙交予电器工友伍少苏，请他入住并嘱代为看守。

14日早上六点半，解放军已经进入市区。八时，李汉魂与李宗仁一同乘坐"建国"号飞机飞往桂林。当天，解放军全部占领广州。

15日，李宗仁和李汉魂再从桂林飞往重庆。

在重庆，李汉魂两度往勉仁书院去拜访梁漱溟，请益其对时局的见解。有鉴于时局变化，李汉魂还提议梁前往香港暂避，梁漱溟表示感谢好意，但婉拒了。

19日，美国飞虎将军陈纳德正好有飞机前往桂林和海口，李宗仁便派李汉魂同机前往联络，希望仍能实现两广合作撑持局面的初衷。李汉魂自然知道此行会惹怒蒋介石，但也顾不了那么多，自认为"一心为国"，问心无愧即可。

20日，李汉魂与陈纳德同机一起飞往桂林，与白崇禧商讨合作大计。23日，又与白崇禧一起飞往海口，与薛岳、余汉谋、陈济棠等密议。之后还到了柳州，30日才返回重庆。

此行其实没有得到任何结果，但经报界的报道渲染，各界对他们产生了很多负面的猜疑。

由于盛传蒋介石即将前来重庆"主持大计"，李宗仁于11月1日不辞而别，飞到昆明去了，李汉魂不明所以，但也不便去电追问。因为重庆群龙无首，白崇禧只好特约李汉魂一起商量如何维系局面。

11月7日深夜，李汉魂刚刚就寝，不料居正先生突然登门。李汉魂急忙披衣下床，邀进屋内坐谈。

居正先生问李汉魂，是否准备明日随周锦朝一起到昆明去见李宗仁？

旧金山侨领周锦朝正好在这两天率领旅美侨胞代表团从香港来到重庆，后日就要飞往昆明谒见李宗仁。

李汉魂告诉居正，到时只会去送机，并不打算随行。

民国元老居正先生

居正随即伸手紧握李汉魂双手，低声相告，"请务必要与周同机离开重庆，并应由云南再飞香港，在此再留，恐有意外发生……"

李汉魂大惊失色，急问祸从何来？居正以其所知密告，并嘱一定要保守秘密。

李汉魂慨诺遵从，恭送握别后，不禁双手颤抖，潸然泪下。

想不到自己大半生为三民主义"革命事业"出生入死、尽忠报国，却会引来蒋介石的猜忌，招致大祸临头！

江湖勇退　家国愁离

一夜无眠，细想因由，原是有迹可循。因为自己回国后，不去琼崖赴任而到南京任职，就已经让蒋觉得被背叛；广州餐会上又发表了不合时宜的坚守主张，与蒋的既定方针唱对台；近日又奔走于桂林与海口两地，明显就是要造反的行为。

第二天上班，李汉魂不动声色地清理好了份内的文件账目等事项。

11月9日，李汉魂将部务托交次长何彤代理，随即来到九龙坡机场。

陈立夫、郑彦棻、刘士毅等人都来给周锦朝送行，他们都以为李汉魂也是来送行的，互相寒暄说笑，漫不经心，直到飞机马上就要起飞，李汉魂一声再见，转身步上舷梯，他们才猛然醒悟，唯有勉为挥手作别。

下午一点，飞机安抵昆明。

10 日，李汉魂见了李宗仁，仍与之谈局势，并告知将会陪同周锦朝等同往香港。因为居正至嘱保密，李汉魂没将事因告知李宗仁。

11 日，李宗仁自飞桂林，李汉魂则陪同周锦朝等游览昆明。

13 日上午，李汉魂与周锦朝一行，离开了昆明，短暂停留柳州之后，径飞香港。

1949 年 11 月 16 日，李汉魂在香港给"行政院长"阎锡山拍发了辞职电文：

窃汉魂自抗战胜利后，遍游欧、美，深感世界潮流所趋，非民主不足以立国，非建设不足以图存。今春返国，拜辞海南之命，先后承乏国府参军长及内政部长，欲同在李代总统领导之下，对和平统一及政治改革两大主张，竭尽绵力，藉报国人。乃不幸而和平夭折，战祸绵延，和平既成绝望，改革益增困难。犹复不自量力，仍欲于职守范围之内，对地政改革、吏治澄清，以至社会卫生诸端，去腐生新，从头做起，以作补牢之计。拒以形格势禁，事与愿违，国步之艰危日深，而人事之牵掣益甚，民生之痛苦已剧，而政治之泄沓依然。幼读古文：灭六国者六国也，非秦也；族秦者，秦也，非天下也！以古证今，曷胜慨恸？现以心力交瘁，拂逆滋多，不特无补时艰，势将益违初志。伏乞准予辞去内政部部长及政务委员各职，另派能员接替。汉魂夙受三民主义熏陶，此来更为缨冠急难。古人有"道不行则乘桴而浮于海"，今人以志不同则辞职以谢国人，事无大小，用意正同。抑尤有进者：政治乃众人之事，兴亡则匹夫有责；众人之事，宜决诸大众；匹夫有责，当操在个人。是非利钝，间不容发！今大众所日夕期求者，为自由与生活；匹夫所为国家努力者，亦为自由与生活。罪民不如罪己；求人不如自求。以此望于当局，亦以此责诸自身。在朝在野之地位虽有不同，而为民为国之心志则无二致。知我罪我，伏乞鉴谅。

电报发出后，李汉魂又分别致信何彤、高人言、林维珍及李修天等人，嘱他们代为处理移交事宜。

李汉魂的辞职电文内容随后也在香港各大报纸登出。

虽然已经脱离宦海，但李汉魂内心波澜仍然未能平复，所以仍不时约请在香港的邓龙光和张发奎等人交谈，还多次拜访国民党老党员顾孟余。

顾孟余曾因反蒋被处分，此时正在筹组新党派，与桂系及张发奎和薛岳等皆有来往。

李汉魂与他们过从频密，很快也引起了香港社会各界的猜测。

坊间风传李汉魂正在密谋"另组政党"，不少朋友旧部闻言，还纷纷登门表示支持，令他百词莫辩。李汉魂无奈，只有再三重申，此生除了参加国民党和三青团，绝不会再参加任何其他政治组织。

11月20日，李宗仁突然也飞到了香港，并致电在美国的甘介侯，令他尽快向美政府接洽赴美就医手续。

李汉魂闻讯前往探视，当得知他是胃病复发后，便即送他住进了香港太和医院。

李宗仁确实有胃病，但除了胃病，大多数人都认为他更严重的是心病。

23日，中常委派居正、朱家骅和洪友兰三人，携带蒋介石的书信来港劝李宗仁回去。

据悉，蒋介石跟桂系的白崇禧表示，自己决不会复出，只希望李宗仁回来主持政局，如果一定要出国医病，则希望他依照宪法所定，把"代总统"职务移交给"行政院长"再行离开。

李宗仁自有自己的盘算，他坚持不辞职的目的，就是要在出国治病之余，以"代总统"的身份展开外交，争取美国的援助。

26日，李宗仁收到了美国务院表示欢迎其去美国的复电。

白崇禧无法劝服一意孤行的李宗仁，只好派参谋长刘致远带信给李汉魂，希望他能陪同李宗仁出国。他认为李汉魂在美国度假两年，已织就了一张关系网，李宗仁若得他作伴同行，可以助一臂之力。

李汉魂自忖寄居香港，食宿多靠亲友接济，不是长久之计，正有意赴美与家人团聚，今若得乘搭李宗仁的包机赴美，还可节省一程飞机票，何乐而不为？李汉魂稍加考虑就答应了。

此时李汉魂的亲属中，只有长子李斌因作战受伤仍滞留中国大陆，其余家人大都先后移居港澳和美国了。

吴菊芳与其四名子女三年前已经定居纽约。

次子李焕则已在年初偕未婚妻陈惟姗同船赴美，在伯克利加州大学读书。

三子李敢也在9月中旬到了美国费城大学研读电气工程，其未婚妻是邓龙光的长女邓静玄，仍未获批来美。

李汉魂次子李焕于 1949 年 8 月
在旧金山结婚。新娘子为原省
府秘书长陈元瑛的女儿陈惟姗

李汉魂将与李宗仁同机赴美的消息传出去后，外间又有流言，说他早在昆明时就已经与李宗仁商定了一起赴美的计划。

张发奎听到流言后，前来极力游说李汉魂，为证清白，切勿与李宗仁同行，并提出如果旅费不够，他可以代为出资，还提议李汉魂最好单独先飞往英国伦敦，稍住后再赴纽约，以避开嫌疑。

李汉魂却认为，别人要怎么说就让他们说，自己已是局外之人，不在乎流言蜚语，问心无愧则可。

在香港期间，李汉魂仍每天从报纸上留意局势。

解放军攻占桂林、贵阳、重庆的消息接踵而来。

3 日，李宗仁接阎锡山急电，恳请其疾速回去挽救危局。

远行在即，李宗仁自是置之不理。

张发奎本来极不赞成李宗仁赴美，但见他志在必行，唯有希望他到美国治好病，尽快回来，并嘱李汉魂从旁敦促。

李宗仁则信誓旦旦，保证"病愈后即返国续负应尽之责"云云。

李汉魂在日记上有载："此时予对张向华（发奎）尤深寄望，两作长谈，临别更多嘱托。张初虽不赞成德公（李宗仁）赴美，兹亦切望其于胃病告痊愈后立即归来，德公并表示当必力图遄返。予深知重责难膺，兴趣亦殊减少，只有听其自然已耳。"

1949 年 12 月 5 日上午九点，李汉魂陪同李宗仁夫妇，一同登上了泛美航空公司的包机，飞向天空。

回首故国，云遮雾罩，已是无家可归，从此刻始，驰骋沙场、沉浮宦海半生的李汉魂，刚刚过完了他的五十四岁生日，就离开了故土，变成了一名浪迹天涯的海外游子。

第三十篇　随遇安贫道
毕生证汉魂
（1949年12月至1987年6月）

　　1949年12月5日，李汉魂与李宗仁等人乘坐泛美航空公司的包机，离开香港。飞机乘客总共才十二人，分别是李宗仁夫妇及其两个儿子幼麟、志圣，以及机要秘书黄雪邨，还有甘介侯夫人、黄颖娴女士及周锦朝、王之、孙荫坤与其女佣人，加上李汉魂。

乐天认命　绝地求生

　　飞机在关岛停留一个半小时，然后飞到威克岛，小憩后再飞，于当地时间12月6日凌晨一点降落檀香山。

　　"中国驻檀香山总领事"唐榴登上飞机迎接。唐榴是唐绍仪的长子。

　　前来接机的还有当地侨领侨胞多人，并给李宗仁夫妇及李汉魂献上夏威夷传统特色的花环表示欢迎。

　　据李汉魂日记所记，在夏威夷仅停留了三个小时，飞机于凌晨四点再起飞，到了旧金山，当地时间已是12月7日下午六点。美国外交部及市府均派代表来接，还有领事馆及侨胞共数百人，由警察车队开道巡游华埠，然后赴中华会馆欢迎会，再到太平酒楼赴宴。

　　李汉魂的次子李焕也携妻陈惟姗前来会面，他们夫妇俩此时都在伯克利加州大学攻读，晚上在华埠华人中学兼职教中文赚取学费帮补开支。李焕并告知父亲，他

1949 年 12 月 6 日凌晨一点，李汉魂（右三）和李宗仁夫妇（左四、左五）乘飞机抵达檀香山，"中国驻檀香山总领事"唐榴（左二）等人前来迎接，侨胞并给李宗仁夫妇及李汉魂献上夏威夷传统特色的花环表示欢迎

打算在完成理科硕士课程后，继续研究土木工程，李汉魂听后十分欣慰。

当天深夜，李宗仁及李汉魂等一行人再赴机场飞纽约，张紫常"总领事"及众侨胞皆往送行。

12 月 8 日纽约时间下午两点半，飞机降落纽约拉瓜地亚机场。顾维钧、蒋廷黻、于焌吉等外交官及各界侨胞皆来迎接，再有警察开道巡游市区，之后赴联城公所开欢迎会，再把李宗仁送到一六八街的长老会医院办理留医。

李汉魂深夜回到他在河边大道（Riverside Drive）593 号的住所与家人团聚。阔别家人十个月零十八天，已是恍如隔世。而今他总算跳出火坑，逃出生天了。

到家当晚，李汉魂即与家人商量今后的生计。事到如今，中国大陆肯定是回不去了，去台湾更不可能，因为他并非黄埔嫡系出身，虽然战功与政绩皆获高评，但自从他与李宗仁合作，便已被视为异己，更差点被暗杀。出逃香港后，还有人风传他密谋组织第三党，此罪跳进黄河洗不清，而今除了扎根美国之外，已别无退路，要生存下去，就一定要依靠双手自力更生，寻找经济来源。

考虑到住在纽约生活开支昂贵，他首先想到的
出路，就是搬往新泽西的乡间，以养鸡过活，但是，
他又担心以他手中不多的存款，一旦把握不好就会
血本无归，想来想去，觉得还是开餐馆比较合适，
因为开餐馆不够钱，可以找几位侨胞合资。

吴菊芳说干就干，立即到哥伦比亚大学报读了
一年为期的烹饪课程，后来，她还上了三个月的调
酒培训班，取得了调酒师执照。

倒时差休息了几天，17日，李汉魂找来熟悉的
侨胞李吉宏帮忙开车，与吴菊芳一道到各处观察物
色合适的开餐馆地段，又找到开餐馆的侨领朋友李
岭明，请教经营手法。

李岭明热心地带他们参观了自己的两家餐馆，
并说如果不嫌弃，他可以出让一家让其接手经营。
李汉魂相当感动，但没有接受他的好意。

1949年12月，李汉魂飞抵美国后，
在纽约家门口留影

离港以来，消息闭塞，李汉魂翻看报纸，才知道这几天国民党政府已经迁往台
湾，长江以南除台湾、海南岛、西康及一些沿海小岛，其余各省几近全部溃败。

18日，李汉魂与吴菊芳一起去家访孔祥熙，意外地在他家见到蒋夫人宋美龄也
在座。

抗战期间，李汉魂经常谒见蒋介石，多次受蒋夫人邀请一起进餐。吴菊芳当年
也为劳军及妇女儿童的事务时常与她见面，都是熟人。但如今蒋李势不两立，李汉
魂已被认定是李宗仁的"亲信"，所以他们在这里不期而遇，倍感尴尬，彼此只有
保持沉默，客气地微笑点头而已。

宋美龄于1948年年底飞到美国，通过马歇尔的牵线，与杜鲁门总统会面谋求
美援，失败之后仍不甘心，还一直滞留不归等待机会，直到8月美国发表了《中美
关系白皮书》后才死了心。

当时坊间有传说，自从失去美国支持后，宋美龄觉得台湾也将不保，所以去信
动员蒋介石尽快前往瑞士避难。

因为蒋介石的态度不置可否，宋美龄便来找姐夫孔祥熙帮忙动员。消息不慎传出，还一度引得众多官员人心惶惶，纷纷自寻退路。

据说后来蒋介石答复她说，解放军就算要攻打台湾，最少也得花个三几天，到时再跑也来得及，况且要跑他也不会去瑞士，去日本不是更好吗?

蒋曾留学日本，至少不会陌生。

12月19日，李宗仁在医院做了四个小时的手术，把胃割掉了四分之三。

李汉魂当天两次前往探视，他都尚未醒来，第二天再去，仍在昏迷中，幸好医生告知说，李宗仁已经脱离危险期，才令一众探病者稍为放心。

由此看来，李宗仁确实不是装病，他患了确实不轻的胃病，此种健康状态还要临危受命支撑残局忍辱负重，也难怪他支撑不住。

李汉魂已无官无职，但一身未轻，他需要让自己快点适应平民生活，担起养家之责。

他在纽约的住所，已经残旧不堪，眼看已到年底，李汉魂决定对家居进行一次全面清洁并刷油漆。

为了节省金钱，也为了让儿女们认识到从此以后要靠自己双手开创新生活，他来了一个全家动员，不请装修工人，自己动手油漆墙壁。

由于缺乏经验，第一天的劳动，全家人都弄得满身油污，累得半死，效果还不理想，只完成了客厅和一个房间的油漆。

第二天继续工作，期间却有三位侨胞先后来访，李汉魂只好暂停工作，与来客稍谈即告别。唯独有一访客赖着不走，此人就是当时很著名的粤剧丑生马文先生，他坚持要留下来帮忙，直到全部完工才告别，令李汉魂相当感动。

李宗仁至年底仍在医院静养，李汉魂经常前往探视，其健康状况已经逐渐好转，但他对曾经的承诺并无表示，不知何时可以履行。

李汉魂因行前有承白崇禧所托，所以也常与甘介侯、黄雪邨联络，希望他们敦促李宗仁，痊愈后应早日履行承诺，赴华盛顿与美国政府沟通联络，并争取早日回去履职。

此时国内形势已发生剧变，李宗仁也确实进退失据了。

李汉魂12月26日的日记:此来原望对德公稍有臂助，所惜大计既以多不获悉，进言亦殆少予采纳。

李宗仁既听不进去李汉魂提的"建议"，又不愿坦诚相告自己的想法，李汉魂忙于生计，此后与他的关系也逐渐疏离。

李汉魂回到纽约不久，吴菊芳就怀孕了，并非意外，这是他们计划中的生育，再要一个孩子。

外人多不明白，他们已经有很多儿女，且目前生活尚未稳定，为什么还要临老生娃？

原来，他们也是不得已，美国的移民政策是，外国人若要在美国立足，就必须要有在美国出生的子女，才可以获得美国永久居留权。时年已经三十九岁的吴菊芳，只好冒着风险做了一名高龄产妇。

1951年初，李汉魂五十六岁，迎来了幺女李渼的出生。李渼在李汉魂的儿女中排行第十二，也是吴菊芳所生的第六个孩子。

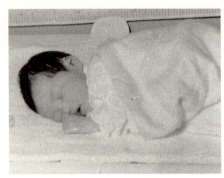

1951年，李汉魂家的新成员李渼出生

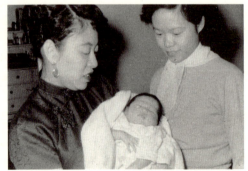

1951年，李汉魂家的新成员李渼出生。图为吴菊芳（左）抱着襁褓中的李渼

艰难创业　勤俭持家

就在小女儿出生不久，李汉魂和吴菊芳物色到了合适开餐馆的地方，位于曼哈顿百老汇街附近。

因为无钱独立开办餐馆，他们找到七位侨胞来合股，以每人拿出两千元，勉强凑够了开张的费用。

为了筹措开餐馆的费用，李汉魂挪用了原本预留给儿女的教育基金。在旧金山伯克利加州大学读书的次子李焕，还拿出了他仅有的积蓄，儿媳惟姗更放弃了密歇根大学的入学邀请，贡献了拿来买机票的旅费，七拼八凑之下，才凑够了他们所需的资金。

餐馆开张那天，他们连请印刷厂印刷好的菜单都没钱去取，全靠好心的厨师主动借钱，才得以把菜单取了回来。

当初筹钱开餐馆时，侨胞中并没有人相信李汉魂会没钱。

李汉魂乃堂堂一级上将，还当了七年的省主席，就算为官十分清廉正派，也不可能没有一点积蓄，开餐馆那么一点小钱都拿不出，还要找七个人来合股，有点说不过去。

多数人都认为李汉魂是装穷，因为坊间一直有人传说李汉魂是带了三十万美元来美国的。于是还有人在背后说他们太贪得无厌了，这么有钱还要继续赚。

据说胡适也相信了谣言，还专门写了一篇文章，发表在报纸上，把李汉魂狠狠批判了一通。

胡适当时就住在旧金山，与任教于伯克利加大的赵元任、爱因斯坦等著名教授过从甚密。

世事有时也是无巧不成书。

李汉魂的次子李焕，自从抗战胜利后，即从青年远征军退伍，重返中山大学攻读，并于1949年初赴美留学，入读伯克利加州大学，更有幸成为赵元任和爱因斯坦两位著名教授的高足。

李焕天性聪明好学，爱因斯坦欣赏这名年轻人勤奋踏实，让自己的儿子小爱因斯坦与他一起参与学术研究。在得知李焕经济拮据后，还特许其每周在实验室工作四十小时。李焕与陈惟姗这才把在夜校兼职教中文的工作辞掉。

爱因斯坦的夫人，一度还利用周末的时间在家中单独辅导李焕，纠正他的英语发音。

当时作为留学生，李焕不但要修足学分，还要长时间工作，其刻苦程度可想而知。

话说有一次，胡适在赵元任家见到一名衣着朴素的陌生年轻人在帮忙做家务，油生好感，打听之下，知道这是李汉魂的次子李焕，不由大为惊叹。

1952 年，李汉魂与家人的照片

　　如果李汉魂是身怀巨款来美的贪官，岂有可能培养出如斯朴实的儿子？胡适当时就对李焕委婉承认，自己是误信谣言，错怪了李汉魂。

　　令李汉魂引为自豪的是，次子李焕以他的上进心与毅力，数年后取得了伯克利加州大学土木工程博士学位，其妻陈惟姗也取得了教育硕士学位，自此他们就成了众多弟妹们的楷模榜样。

　　新开张的餐馆布置得颇有现代气派，取名"康乐"。康乐餐馆店务主要由吴菊芳及另一位李姓合伙人负责打理，两人具体分工是，吴菊芳从早上九点到晚上九点，李先生从下午五点到半夜。其他合伙人则分别负责跑堂招待等工作。

　　李汉魂自认笨手笨脚，一开始是每天抽空到餐馆来帮忙招呼客人，把年幼的李渼交由保姆照看。

　　五十多岁的保姆，是吴菊芳在1948年回国开会时，顺便申请过来帮忙带小孩的，想不到她来后不久，就认识了一位老华侨，此时非要结婚离开不可。

　　当时美国移民政策对华人很严苛，在美华侨很难把国内家眷申请过来，造成唐人街未婚华人女性奇缺，单身男性很多，于是无论年纪多大的女人，来到当地都是奇货可居，成为王老五们竞相追求的目标。

保姆走了，吴菊芳只好另找一位西人保姆来顶替，由于语言隔阂，李汉魂不放心把幼女交给陌生人看护，最后自告奋勇，自己做了男保姆。

为了让吴菊芳安心打理餐馆，李汉魂就留在家里，做起了平生从未体验过的喂奶换尿布工作，并包揽了全部家务。

餐馆开张时，基本上没有人看好他们，在大多数人眼中，省主席夫人根本就不可能会做生意，当初有些合伙人就是碍于面子，不好意思拒绝才勉强入股的，日子一久，甚至有合股人背地里放话，说那两千块就只当是赌博输掉了。吴菊芳听了压力更大，但想到全家人的生存，只有咬紧牙关，努力学习，虚心请教。

一般美国中餐馆的炒菜师傅都是来自社会底层，他们做的菜，注重的多是口味，不大重视外观。吴菊芳因为以前在上流社会行走，见识较多，心思也较灵活，所以经常对厨房师傅提出在色彩搭配和菜式形状上的建议和要求。

经过悉心调整改革，厨房端出来的菜，不但好吃，外观还赏心悦目，很快就受到食客的赞赏，生意越来越红火，故此一连三年，餐馆都有赚钱，生意也比其他餐馆兴旺得多。

这时候，他们已经真正像平民一样自食其力了。然而，在合伙人中，有个别小心眼的合伙人，看到有钱赚，遂起了独吞生意之心，开始做出故意刁难的诸多小动作。吴菊芳也是一有骨气的人，既然合作不愉快，她成人之美，选择自己退出。

餐馆一做五年，以这些年所获得的经验和积蓄，他们自信完全有能力独力再开一家餐馆。

利用这段空档，他们好好休养生息了几个月。

这几年，外面的世界早已面目全非了。蒋介石在李宗仁会见杜鲁门总统前一天宣布复职，引起了轩然大波。当李宗仁正满足于美国总统称他为"大总统"的时候，被蒋临门一脚踢破了他的算计，令他再也去不了台湾，从此滞留美国。

李汉魂早已淡出了政圈，连同此后一连串的纷纭政争，他都没有再去涉足。

唯一的一次政治表态是在1955年，当时李宗仁发表了《解决台湾问题的具体建议》，主张台湾解除武装，实行民主政治，然后国共谈判和平统一，或由公民投票决定台湾前途。李汉魂也在流言四起、众说纷纭之下，接受纽约各中文媒体的访问，澄清了自己与李宗仁不同的立场。

1955 年的平安夜，李汉魂和吴菊芳独家经营的餐厅正式开张。

餐厅选址在纽约郊外富人区的白原市（White Plains）。因为该地区中餐馆很少，竞争压力没唐人街那么大。

餐厅起名叫"国泰酒家"，英文名则是"中国花园饭店"。

他们还把住家也迁到了附近，往返餐厅只需五分钟车程。

餐厅开张当天，前来道贺的嘉宾中有孔祥熙及于斌。

孔祥熙自从被免去财政部长之后不久，便移居到了美国。因其当年曾积极支持广东兴办儿童教养院，与李汉魂和吴菊芳交情颇好。

于斌是一名热衷于参与政治的天主教主教，因其一向"反共"，被共产党列为"战犯"。

于斌曾在李汉魂 1947 年出国考察时，热心帮忙他的两个女儿申请到了芝加哥天主教会圣心中学的奖学金，让李汉魂心存感激。

这是一家与众不同的餐厅。吴菊芳为搞好这家餐厅，花了数月时间来悉心装修，除请画家在餐厅墙壁上画壁画，还挂上了名家张大千所赠送的国画作品，令餐厅充满了高雅的艺术气息。不过，因为刚刚开张，餐厅地处偏远，很多人还不知道它的存在，而且正值冬天下雪，因此生意清淡，只期望严寒过后才会有所好转。想不到之后不久，李汉魂就出了意外。

1955 年，李汉魂与四岁的小女儿李渼划船合照

1955 年圣诞平安夜国泰酒家开张时，孔祥熙（左）和于斌（右）前来道贺

受伤脱险　生意成功

1956年3月上旬的一个上午，李汉魂起来后，提了一桶水及拖把，要到楼下地库去搞清洁，不料脚下一绊，就在楼梯口摔倒，还顺楼梯一直滚下地库，躺在地上失去了知觉。

幸好当天吴菊芳因为有事，推迟了上班时间，她在房间突然听到巨大的响声，不知发生了什么事，跑出门外查看，却没发现异常，再回到屋内，行经楼梯口往下一看，才发现李汉魂躺在地上不省人事了。

1955年，李汉魂受伤前的照片，时年60岁

吴菊芳赶快冲下楼梯，用力把李汉魂扶起来，连喊几声都没见反应，赶快拖过一把椅子让他靠着，见到他左额渗出鲜血，于是赶快打电话报警。接着又打电话到餐厅，让女经理立即过来帮忙，又通知正在上学的李浈立即回来。

警车和救护车很快来到，随车医生检查后发现，李汉魂太阳穴被撞穿，以及右腿也骨折。

吴菊芳让餐厅女经理跟着救护车先赴医院，自己马上打电话给医院，为李汉魂订了一个单人房间，然后与李浈一起赶到医院。

令人意想不到的是，医院对待华人病人的态度十分敷衍。吴菊芳赶到时，值班护士说李汉魂还在X光室，叫她们在外等待。谁知等了一个多小时还没有消息，吴菊芳急起来，对值班护士发脾气，值班护士才到里面去查看。X光室里面居然人影都没有，再赶到她们订的单人房间，也没有人，把吴菊芳母女俩都急坏了。

原来是救护车把人送来后，值班医生也没做检查，就直接把他推到普通病房去了。

找到人后，值班医生还说病人睡着了。吴菊芳立即反驳，病人明明就是昏迷了，哪里是睡着！

最后院方明白病人是一位将军，还订了单人房间，才赶快表示了歉意。随后为

1955 年，李汉魂与女儿李淇的合照

李汉魂做检查的脑科医生还是李浈跑去找来的。

一查之下，医生就指出病人有生命危险，必须立即进行手术。

手术足足进行了七个小时才完成。医生解释，他的右太阳穴被撞破，空气的压力把左太阳穴也击穿了。因为拖延时间过久，头颅内的血迹已干涸在神经上，需要一点一点地刮掉，若再延迟，生命不保。

医生用头皮把洞口缝合，术后仍可看到两边太阳穴深陷。

手术后第八天，李汉魂才睁开了眼睛。醒来后，仍然头脸浮肿，面目全非，他的小女儿李渼前来探病看到他时，大哭着说这不是她爸爸。

三个星期后，李汉魂总算可以出院，但他的记忆力已经大大减退，只记得小时候的事情。幸好之后他的记忆力开始逐渐恢复。为了帮助康复，李汉魂也开始慢慢拿起笔，继续记述和写作。

经过三年的锻炼和休养，李汉魂才完全恢复了记忆，但精神状态已经无法恢复如前。医生建议他，不要常年闷在家里，要多出去走走。

1957 年，李汉魂前往加州，在次子李焕家里住了一个月。

由于李汉魂的受伤让吴菊芳及家人分心，刚刚开张的餐馆经营也受到了严重影响，随着李汉魂的逐渐康复，吴菊芳才有了更多的心思经营生意。

李汉魂逐渐康复后，也经常过来餐厅帮忙记账，招呼顾客，儿女们有时间也都会到餐厅来帮忙打杂。

三年后，"国泰酒家"以其与众不同的特色，在纽约名声鹊起，餐厅门外经常

1956 年，李汉魂头部受伤，出院之后五个月康复期间，到户外劳作

1957 年 8 月，李汉魂与他的次子李焕（后右）、儿媳妇陈惟姗（后左）以及三名孙女真如（前中）、洁如（前左）和慧如的合照

1957 年 7 月，李汉魂的小儿子李浩高中毕业

1956 年，李汉魂因在家中不慎坠楼致头部受伤，经五个月治疗和休养，此为伤愈出院后的留影

1957 年圣诞节，李汉魂在纽约的家中

出现排长龙的盛况。

此时 "国泰酒家" 的兴旺，可引述一篇署名李刚，题为《在美国食唐菜又好又便宜》的文章为证：

……中国花园饭店，它位置在高尚住宅区中，风景幽静，布置典雅，四壁挂有古今名家字画很多，配以明角宫灯，垂以璎珞，古色古香，以及垫的座椅，鹅黄的台布，中西合璧，堂皇富丽。每逢周末及星期日，喜欢吃中国菜的中西顾客，知味停车，闻香下马，其门如市，复至者咸抢向隅。所有侍者，全系港台毕业的大专学生，他们一面工作，一面读书，自给自足，自费读书，有十二名"准博士"在纽约各大学读书……

观摩两岸多个城市之后，笔者认为，值得推誉的华侨餐馆，应以纽约近郊白平原的国泰酒店堪居首位。这家由前广东省主席李汉魂的夫人主持的唐菜餐馆最著名，不在于其每年盈利之可观，而是其管理、设备菜式与公共关系的无一不佳。笔者详细参观了其厨房及材料、冻房设备，深感其科学化程度实非香港一般大酒店所能比较。撇开该餐馆精美的装修不谈，我们对李夫人独特设计的推销名菜新肴的戏剧化方式，尤有深刻印象。当介绍一种时令菜肴(冬瓜盅、乳猪、火锅、荔枝雪糕、水晶包等)之前，餐厅先是熄灯，继而打响铜锣，接着服饰华丽的中式仕女缓缓出场，领带着这种特别介绍餐点巡回一周。配以广播介绍，所谓"色香味皆全"，立刻赢得宾客的热烈掌声，订购纷至沓来，至此生意就有应接不暇之概。这种饮食业的殷勤招待（顾客稍不满意之菜式，立即免费更换，对顾客补偿订单，十分忠诚服务。对于熟客除予问候或征询意见外，每多予优惠等等），就使这家中型餐馆在剧烈的同业竞争中能够屹立不动（这小镇人口不多，国泰酒家成名后，附近又新设了两家餐馆，造成了竞争的现象，但是国泰仍然稳居优势，正如配合了中国菜如日东升的风气）。

纽约的侨胞此刻已经完全相信，李汉魂昔日的清廉之名并非虚传。当年认为他以堂堂一级上将身份开餐馆有失身份的人，也都改变了看法，认为李汉魂能屈能伸，真正称得上是大丈夫的楷模。

李汉魂一向尊崇佛教，又曾主导重修了南华寺，当年虚云大法师曾答应日后收其为徒。这次受重伤大难不死，李汉魂更加诚心信佛。1959 年 8 月，他托人辗转送了一封信给虚云大师，但其时大师已经病重，接到信时已经口不能言，翌日即圆寂了。

十年后的 1969 年 5 月 3 日，虚云的弟子日光居士代表虚云，为李汉魂做了隆重的皈依仪式。日光居士手书："遵照虚老和尚收皈依弟子之字派，命名为宽伯，字佛豪，又别字南华。"

从此，李汉魂便奉行三皈五戒，一心向佛了。

1961 年，66 岁的李汉魂退休。吴菊芳希望他有更丰富的退休生活，想让他恢复与故旧朋友的联系，便抽空借道香港去了一趟台湾，目的是探听一下让李汉魂到台湾小住一下的可能性。

但在台湾的老部下和老同事听了吴菊芳的想法，都叫李汉魂千万不能来，因为台湾扣"红帽子"的情况很严重，还叮嘱她转告李汉魂，希望他在美国也千万不要随便讲话，因为会牵连他们。

台湾方面仍然把李汉魂归类为李宗仁派系，加以排挤。

既然台湾不能去，李汉魂仅于 1961 年年底去了一趟香港，参加了张发奎等人发起的"黄埔广东陆军小学第六期留港同学会"的聚会。与会的是十多位在港居住的同学及他们的家属。那时他的长子李斌已经辗转来到香港，也应邀携妻庞秀贞参加了聚会并一起合照。庞秀贞的父亲就是当年引领李汉魂投身军旅的表兄庞玉辉。

李汉魂和吴菊芳的餐馆业，前后总共经营了 31 年。

辛辛苦苦起早摸黑的劳作，他们付出的心血和汗水，与所有到美国艰难创业的

1961 年，李汉魂、吴菊芳与国泰酒家员工合照

1961 年 8 月底，李汉魂为参加黄埔广东陆军小学第六期的同学聚会而在香港拍的照片，时近 66 岁

1961年9月2日，香港。李汉魂与缪培南、张发奎等黄埔广东陆军小学第六期的二十位留港同学携眷聚会，庆祝即将来临的"双十"节。图为参与聚会同学的照片排列以及全体与会者的签名

贫苦侨胞一样，是靠着经营餐馆的劳动所得，把下一代抚养成人的。

在次子李焕首获土木工程博士学位的带动下，三子李敢获电子工程博士、女儿李涓获公共卫生学博士、李澜芬获生物化学博士、李淇获物理学博士、李沛获医学博士、李浩获医学博士，最小的女儿李渼拿到商业管理硕士后，便升任为韦勃投资公司副总裁。

在众多子女当中，李浩的学习成绩也很突出，曾经获全美十大优秀学生前十名。1972年尼克松总统访华期间，李浩没有告知家人，也跟到了北京，在中国香港上飞机之前才打电话回美国告知父母，把李汉魂和吴菊芳吓了一跳。那段时间，他们每天担惊受怕，担心儿子会被"扣留"。想不到李浩不久竟得到了中国总理周恩来的接见。

当周恩来知道了李浩的身世后，还对他说，请你的父母有空回来看看。

李浩此后非常关心中美之间的问题，曾以国际问题专家的身份应邀参加美国国会听证会，检讨美国的对华政策，被国会聘为法律顾问，经常往返于中美两地。

1961年，李汉魂与缪培南、张发奎等黄埔广东陆军小学第六期留港同学聚会，庆祝即将来临的"双十"节，并与家属一起合照留念。李汉魂长子李斌（第五排右五）应邀携妻庞秀贞（第三排右四）参加了聚会

心怀汉土　魂系中华

李汉魂的家人们，除了上述的有所成就之外，正室妻子庞芷馨则经历了很多苦难。在与李汉魂结婚后，为李汉魂生下了五个子女，把李汉魂前妻所生的儿子李斌视为己出，长期留在家乡侍奉婆婆，教育子女，独力维持十多口人的生计，战乱期间还要带领家人到处逃难，战后又流落港澳，与儿子李扬、女儿李澜芬，以及从大陆逃出来的李斌一家六口，屈居于中国香港钻石山贫民区，后来才移居美国与家人团聚。

长子李斌的际遇也很坎坷，作战负伤，后来辗转赴香港，来到美国，因为生活压力大，没有机会继续深造，生活清苦；四子李扬因为负起了留家照顾母亲的责任，同样也没有机会继续进修。这都是李汉魂心中的遗憾。

李汉魂离开故土二十多年了，无时无刻不想回去，虽然周恩来表示欢迎他回去，他也知道李宗仁回去后，得以在故土终老，但他还是有顾虑，不敢轻举妄动。

李汉魂的正室夫人庞芷馨与儿孙的合照，后排中为李汉魂长子李斌夫妇

1975 年 1 月 1 日，李汉魂与吴菊芳在纽约国泰酒家庆祝元旦

1975 年，时已八十高龄的李汉魂在纽约街头过马路时，不幸被一名鲁莽驾车的美国青年撞倒，再次伤及头部。经过住院治疗，虽然再次大难不死，但是他的身体状况已经明显变差，记忆力减退，耳朵又开始聋了。

从此，李汉魂的思乡之情愈加浓烈，时常感叹不知何时可以回乡祭祖，并说在有生之年，无论如何都要回乡一次。

1978 年，中国内地由三起三落的邓小平复出主政，李汉魂当年的第四军同袍叶剑英，当选了全国人大常委会委员长，他通过旧属谢天培的关系，向李汉魂发出了回国观光的邀请，希望李汉魂能回国观光。

李汉魂开始有点心动，跃跃欲试，不料消息传出去后，在香港及台湾的朋友、亲戚纷纷来电来函加以劝止，他们认为如果李汉魂去大陆，必定会失去"自由"。为了不让亲友担心，李汉魂只好暂时打消了应邀回国观光的念头。

到了 1981 年，年已 86 岁的李汉魂不想再浪费时间，开始策划回乡的步骤。

此时台湾当局由蒋经国执政。李汉魂记得以前曾与蒋经国有过不少接触，执掌广东省政时，蒋经国经常来广东，并以晚辈身份称呼其为"李伯伯"，态度十分谦卑。

李汉魂决定想先赴台湾一行，探一探风向。

当年 10 月，李汉魂偕同吴菊芳赴夏威夷，参加完儿子李浩就任东西文化研究中心主任的仪式后，就近到檀岛的台湾当局驻当地办事处办理赴台签证。

由于李汉魂坚持不入美国籍，他使用的是"中华民国"公民护照。想不到，台湾驻夏威夷办事处竟然拒签。

吴菊芳非常愤怒，把办事处的负责人痛斥了一番。

两天后，李汉魂接到了办事处的电话。原来他们被吴菊芳痛骂之后，向台湾当局请示报告了。蒋经国亲自批示，同意给李汉魂签证，并表示欢迎他访台。

11月6日上午，李汉魂与吴菊芳终于抵达台湾，来接机的是高信、林荫溥和何宜武等几位当年在韶关共事的旧属。

好多想见的故旧都已经不在，如与李汉魂相交甚深的白崇禧、陈诚，都已经去世十多年了。

在台湾数天，李汉魂先后会见的旧识有郑丰、郑彦棻、张导民、陆宗骐、毛松年、胡木兰、陈立夫、颜准兹、马纪壮、冯启聪、蒋彦士……谷正纲、余汉谋、钱大钧、叶公超、袁晴晖、崔载阳、陈自翱、薛岳等。这些人大都垂垂老矣。

11月9日，蒋经国在台湾"总统府"抽出数分钟时间会见了李汉魂和吴菊芳，只寒暄了几句，互赠了礼物，会见便匆匆结束。蒋经国已不是当年的蒋公子，再无谦谦君子之风度。

由于会友赴宴太频繁，李汉魂于12日病倒，胡汉民的女儿胡木兰请来的医生，因见李年纪太大，怕出意外不敢用药。吴菊芳不敢怠慢，赶快买机票陪李汉魂飞回夏威夷另请医生检查。医生说，李汉魂已患了肺炎，幸好及时赶回来。

访台之行就这样匆匆结束了。

1982年5月初，全国人大常委会副委员长廖承志再次对李汉魂发出了正式访问邀请。李汉魂这次没有犹豫，很快就答应了。他不想再看台湾当局的脸色，立即准备成行，因为李浩正好要赴北京开学术会议，可以先到北京为他们打点。

1982年5月29日，凌晨四点，李汉魂、吴菊芳和女儿李浈乘飞机抵达北京，旧识谢天培夫妇、统战部马正信、政协程浩及政协委员郭秀仪，连同李浩一起来接机，下机后下榻于北京饭店。

当天下午，政协全国委员会在人民大会堂为他们举行了隆重的欢迎宴会。

31日上午，邓小平在人民大会堂的福建厅设宴接待了他们，廖承志等人陪同。邓小平对李汉魂回国观光表示欢迎。

李汉魂当年与邓小平并无交集，所以也是谨慎应对。吴菊芳则不改其耿直的性格，两次问邓说，你们以后还会不会搞运动？邓小平幽默回答说，我自己就是运动的受害者，难道还会搞运动吗？吴菊芳继续提出建言，希望共产党以后尊重人才，尊重知识分子。邓小平都一一表示接受，还承诺会把他们在广州东山的房产尽快归还。

见过邓小平之后，他们回北京饭店休息片刻，便前往叶剑英家中探访。

李汉魂与叶剑英是在1927年6月第四军从河南回师武汉后成为同事的。当时张发奎已经升任第二方面军总指挥。黄琪翔升任第四军军长，推荐叶剑英担任他的参谋长。叶剑英是在四军移驻九江后才到任的，当时他并没有暴露自己共产党员的身份。李汉魂时任第二十五师师长，与叶剑英官阶相同。

叶剑英并没有参与南昌起义，一直随部队南下回广东，直到1927年12月"张黄事变"发生后，才率他的教导团在广州发动起义。

叶剑英回顾了北伐与抗战时的往事，称大家年轻时都是凭满腔热情参加革命的。李汉魂则赞许他了不起，至今还能为国家再立新功，可惜现在大家都老了。

李汉魂指的是叶剑英在1976年抓捕了江青等"四人帮"，终结了中国国内长达十年的"文革"内乱。

此时叶剑英也因年纪太大，行动不大方便，需要人搀扶了。会谈时，萧克将军也在座。北伐时期，萧克曾在叶挺所部任连指导员。

6月1日，邓颖超还在人民大会堂会见了李汉魂一行。

1982年5月31日下午，邓小平在人民大会堂福建厅接见李汉魂和吴菊芳

1982 年 5 月 31 日下午，叶剑英会见李汉魂一行

1982 年 6 月 1 日，李汉魂一行在
人民大会堂与邓颖超见面叙旧

6 月 2 日，李汉魂一行人由谢天培夫妇和郭秀仪陪同，飞回广州。

第二天，李汉魂就迫不及待去了韶关，并到南华寺去参观。南华寺的重修，李汉魂花了非常多的心力，他和吴菊芳生的第一个儿子李韶生，就葬身于此。不过，这次他重来时，韶生的墓以及纪念小亭已经荡然无存了。

李汉魂原本还想回到吴川的祖居去祭祖扫墓，但听家乡来的亲戚说，故乡的祖墓以及他母亲的墓，也已经难以寻觅了。

李、吴两家留在国内的堂亲们，在过去的岁月中，都受到不同程度的牵连，有些亲人也亡故了。李汉魂听闻后，不由老泪纵横。

原本打算到吴川及宜昌一行的计划也取消了，面对祖先和父老乡亲，他们深感愧疚。

在广州，他们与上百名当年儿童教养院的学生见了面。

6月7日，李汉魂因为健康状况不好，由女儿李浈陪同提前返回美国。此行前后不足十天，也算还了他的回乡心愿。

1983年12月25日，抗战时期儿童教养院历届院校师生两三万人，在广州越秀山南音大厦举行了历来最大规模的大聚会，李汉魂在纽约获知消息，异常兴奋，因年事已高，不能再作远游，乃在纽约家中写成一诗寄意：

济济多士 民族之英 承前启后 实符其名

栋梁家国 斩棘披荆 枝分叶布 交错纵横

忆昔抗战 暴乱凭陵 哀鸿遍野 兴国鏖兵

流离失所 悲愤难平 拯危敌后 儿教斯兴

材皆可养 槐杏春荣 为师为友 如弟如兄

逶迤五岭 粤北钟灵 既施文教 亦励工耕

学兼六艺 家校场营 烽烟匝地 海倒天倾

弦歌不辍 作育干城 及锋而试 究极研精

冰寒于水 蓝逊于青 当年稚子 笑语盈盈

切磋磄砺 鼓瑟吹笙 桃芳李秀 好鸟嘤鸣

感时怀旧 蛰起雷惊 鸿筹共策 同奋鹏程

众擎大厦 举重若轻 尔神余契 我怀子情

白云海外 遥寄心声

李汉魂皈依佛教之后，遵循虚云老法师当年的教诲，已逐渐放下了一切，在家人的陪伴下，静心安度晚年。

1987年6月30日凌晨两点，李汉魂因患肺炎医治无效，在医院与世长辞，享年92岁。

悼念仪式于7月5日在埠上法兰克殡仪馆举行，前来吊唁致祭的亲友和各界人士达数百人。中国驻美大使馆、中国政协、广东省长叶选平都送了花圈或发来唁电，新华社发布了"抗日名将李汉魂将军逝世"的消息。

在台湾的故友也纷纷发来唁电，惟台湾当局保持沉默。

李汉魂曾有身后归葬南华寺的意愿。

　　为了实现李汉魂曾经的愿望，吴菊芳在南华寺为李汉魂供了一个灵位。后来有人传说，李汉魂的骨灰已经由其女儿李浈带回南华寺归葬，此说纯属误传。

　　赤子汉魂，长眠在美国纽约近郊威彻斯特县（West Chester County）的万寺山墓园。

李汉魂遗像（1895-1987）

后 记

谢为人

    大概在 2012 年，通过素有"文物挖掘机"之称的文友招思虹女士引荐，我结识了李汉魂将军的后人，意外看到了四大本由李将军亲手编辑粘贴的命名为《南华影集》的相册。从《南华影集》里的 740 多张照片中，我发现了不少十分珍贵的历史照片。

    原来李汉魂将军年轻时就热衷于摄影。北伐期间，第四军每位高级将领都人手配备了一部照相机，令他的业余兴趣得以养成。在他的影集中，每一个历史重要时期都有照片保留下来，而其中不少照片是由他亲手拍摄的。

    相册中，有不少当年叱咤风云的人物，比如叶挺、邓演达兄弟、张发奎、黄琪翔、白崇禧、汪精卫、何应钦等。距今近百年的照片，依然保存完好和清晰，确实不可多得。此外还有四册《李汉魂将军日记》，也颇有文献价值。征得同意后，我把这批珍贵的史料借回家细加观赏，还将所有照片扫描拍照，依不同时期分类存档。

    自以为对民国历史有点皮毛认识，我一度自告奋勇要帮李将军的后人将每张照片的拍摄时间、背景和人物故事写出详细的注释，好让他们的下一代能读懂先人的故事。

    然而到开始动笔时，我才发觉了自己的不自量力。因为，虽然李将军在相册上写有简单的注释，但我这隔了两代的局外人，还是有很多地方是看不明白的，于是我只能在那四本厚厚的日记中尽量找寻答案。

    翻开日记后，我才发现原来李将军日记是从 1936 年才开始写的，只写到

1950年就没有了，1936年之前的经历并无详细记述，仅由编者以寥寥几笔轻轻带过，而他《南华影集》里收藏的照片，是从1919年就开始的，横跨了大半个世纪，直到老年。

从1919年到1936年，其实是中国现代史上非常重要的时期，李将军曾亲历了当时很多影响深远的重大事件，此间的历史照片现今存世并不多，所以这批照片应该属于中国现代史上比较珍贵的历史文献。

为了了解李汉魂在那一时期的活动轨迹，我参考了李将军生前所著的其他文集《忆怀》《我是沙场过客》和《梦回集》，还有很多其他人写的回忆文章，以及翻查各种各样的历史资料，结果我花了超过一年的时间，才把一批图注写了出来。

坦白说，这批图注还是错漏百出的，但我当时并没有意识到，后来写这本传记时才逐渐发现，加以改正。我相信还会存在不少谬误，唯有待识者予以更正。

完成了图片注释后，我觉得这么珍贵的历史资料，既然让我有缘碰上了，我就不能有负天命，让其仅仅留在其后人手中，而应让世人看到。

2016年，我正式退休，决定开始敲键盘生涯，为李汉魂将军写一本加插大量历史照片的传记。

到2020年12月下旬，为数30篇，总共20多万字及接近600张插图的传记，终于完成。

毋庸置疑，为写这本书，花掉了我整整四年的时间。我每天起早贪黑，花在写作上的时间，比上班的八小时多得多。

首次尝试写历史人物传记，我知道并不像写小说、散文或游记那样，可以天马行空地发挥想象力，历史需要真实准确，要经得起严格考证，对于每个历史事件，都要作深入、细致和多角度的查证。查资料，是最耗时间的事情，有时仅为了查证一个人名、地名或事件，要反复比照各种来源不同的资料，力求准确无误，往往一天也写不了几行字，经常有花了很多工夫才写成的文字，因为发现有误差和疑点，就要全部删掉重写。

查证照片中的人物，也是很困难的事，因为可参照的图像资料不多，有些相貌特征并不突出的人，在特殊环境下拍的照片就不易分辨，比如张发奎，战时和闲时的相貌判若两人，甚至判若3人、4人。

另外，因为李汉魂将军曾于1956年3月头部严重受伤，一度失忆，据说3年后才完全康复。而这4本影集是1958年正月编成的，那时他尚在康复阶段，年代久远，李将军在编辑时难免会发生记忆错误，抑或疏忽手误。比如他在一张与朱晖日和张云逸的三人合照中，把张云逸写成了张云亮，就是很明显的缺失。张云逸当时是他的师参谋长，张云亮虽然确有其人，但只是一名下级军官。

再如有几张注释为"进抵山西太原"的照片，我查了很多资料都没有查到第四军有到过太原的记录。再细看照片，发现上面的景物其实是河南开封古迹龙亭公园。如此看来，他本人的记忆也不一定是百分之百准确的。

让时间去沉淀历史的说法，其实不全对，年代太久了，死无对证，就只剩下想当然。写作的人对当时的情景没有切身感受，最多是在主观上自认为写得比较接近事实而已。

在老一辈广东人的口碑中，但凡说到李汉魂的事迹，无论在抗日战场上，还是在主政广东期间，对他的表现都是好评如潮的。

我不是历史学家，在书中对某人某事偶尔做出一些主观臆测，当不属定论，而我本意只是依据我看到的资料和素材，平铺直叙地描述一下李汉魂当年曾经历的大大小小的事情而已，难免挂一漏万。

至于此书中李汉魂及其他历史人物的功过评定，不是由我说了算，我只是为历史研究及后来者提供一些珍贵的图文资料而已。

2020年12月27日于美国旧金山东湾